Multidisziplinäre Perspektiven im Innovations- und Wissensmanagement

Innovatives Wissensmanagement
Innovative Knowledge Management

Band 2

Zur Qualitätssicherung und Peer Review der vorliegenden Publikation

Die Qualität der in dieser Reihe erscheinenden Arbeiten wird vor der Publikation durch externe, von der Herausgeberschaft benannte Gutachter geprüft.

Notes on the quality assurance and peer review of this publication

Prior to publication, the quality of the work published in this series is reviewed by external referees appointed by the editorship.

Bernhard F. Seyr (Hrsg.)

Multidisziplinäre Perspektiven im Innovations- und Wissensmanagement

Multidisciplinary Perspectives in Innovation and Knowledge Management

PETER LANG

Bibliografische Information der Deutschen Nationalbibliothek
Die Deutsche Nationalbibliothek verzeichnet diese Publikation
in der Deutschen Nationalbibliografie; detaillierte bibliografische
Daten sind im Internet über http://dnb.d-nb.de abrufbar.

ISSN 2699-6324
ISBN 978-3-631-84457-1 (Print)
E-ISBN 978-3-631-84750-3 (E-PDF)
E-ISBN 978-3-631-84751-0 (EPUB)
E-ISBN 978-3-631-84752-7 (MOBI)
DOI 10.3726/b18048

Peter Lang – Berlin · Bern · Bruxelles · New York ·
Oxford · Warszawa · Wien

Diese Publikation wurde begutachtet.

www.peterlang.com

Inhalt

Autorenverzeichnis

in der Reihenfolge der Beiträge

Tit. Univ.-Prof. Dr. Dr. Dr. habil. Bernhard F. Seyr
Generaldirektor der Europäischen Gesellschaft für Wissensökonomie – European Association for Knowledge Economy – EURECO; Professor an der Universität Sopron, Alexandre Lamfalussy Fakultät für Wirtschaftswissenschaften (Ungarn); Sachverständiger beim Landesgericht Salzburg, Personal- und Unternehmensberater.
E-Mail: seyr@seyr.at

Dr. Volker C. Horsthemke
Organisationsentwickler, Personal-, Wissens- und Ideenmanager, derzeit in der Privatwirtschaft tätig als Leiter des People Development.
E-Mail: volker.horsthemke@outlook.de

FH-Prof. Mag. Dr. Thomas Wala, MBA
Fachbereichsleiter für Wirtschaft und Recht an der FH Technikum Wien. Die Schwerpunkte seiner Lehr- und Publikationstätigkeit liegen in den Bereichen Management, Controlling und Finanzwirtschaft.
E-Mail: wala@technikum-wien.at

Katharina Felleitner-Goll, BA MSc
Senior Lecturer für Betriebswirtschaftslehre an der FH Technikum Wien. Ihre Schwerpunkte in Lehre und Forschung liegen in den Bereichen Allgemeine Betriebswirtschaftslehre, Finanzwirtschaft und Hochschuldidaktik.
E-Mail: felleitn@technikum-wien.at

Caspar von der Crone, PhD
CEO der CD Consulting gUG, IG Bio-Initiative (Deutschland).
E-Mail: info@cvdc.de

Prof. Dr. Dr. habil. Nicole Mau
E.H.E. Europa Hochschule EurAKA CH (Schweiz); Universität Sopron, Alexandre Lamfalussy Fakultät für Wirtschaftswissenschaften (Ungarn).
E-Mail: nicole.mau@uni-sopron.hu

Prof. Dr. Markus Mau
Universität Sopron, Alexandre Lamfalussy Fakultät für Wirtschaftswissenschaften (Ungarn); Dekan der Fakultät für Ökonomie der E.H.E. Europa Hochschule EurAKA CH (Schweiz).
E-Mail: markus.mau@uni-sopron.hu

FH-Prof. Mag. Dr. Werner Hauser
Fachhochschul-Professor für öffentliches und privates Wirtschaftsrecht und Fachbereichskoordinator für Recht an der FH JOANNEUM GmbH sowie Honorarprofessor an der Alpen-Adria-Universität Klagenfurt.
E-Mail: werner.hauser@fh-joanneum.at

Dr. Gerhard Lechner, Diplom-Wirtschaftsingenieur (FH), MBA
Senior Consultant bei Günzel Consulting GmbH in München, Lehrbeauftragter an der Technischen Hochschule Nürnberg. Seine Schwerpunktthemen in der Beratung und im Interim-Management sind Einkauf, Lieferantenmanagement sowie Einkaufs-, Vertriebs- und Unternehmensstrategie.
E-Mail: gerhard_lechner@t-online.de

Augustin Nguh
PhD Candidate, International Joint Cross-Border PhD Programme in International Economic Relations and Management, University of Applied Sciences Burgenland – University of Economics in Bratislava (Slovakia).
E-Mail: augustin.nguh@gmail.com

Dipl.-Päd. Ing. Sonja Maria Schmolmüller, MA
Erziehungswissenschafterin, Bildungs- und Qualitätsmanagerin, HR-Managerin, Schulkonzeptentwicklerin, Privatschulgründerin und Vorstandsvorsitzende des Vereins MeineSchule1.
E-Mail: info@sonja-maria-schmolmueller.com

Editorial

Der vorliegende Band 2 der Schriftenreihe *Innovatives Wissensmanagement* hat sich das Ziel gesetzt, diesen Themenbereich aus einem multidisziplinären Blickwinkel zu betrachten. Die Beiträge sind daher den verschiedensten Fachgebieten zuzurechnen: der Organisations- und Systemtheorie, dem Tierschutz und der Ökologie, den Rechtswissenschaften, dem Lieferantenmanagement, den Migrationswissenschaften sowie der Pädagogik.

Band 2 ist in zwei Teile gegliedert: Teil I umfasst kompaktere wissenschaftliche Artikel. Teil II beinhaltet hingegen einen umfangreichen empirischen Forschungsbericht zur Personalentwicklung im Privatschulwesen.

Durch die Verschiedenartigkeit der Beiträge soll praxisnah und anwendungsorientiert demonstriert werden, dass Innovations- und Wissensmanagement keine rein wirtschaftswissenschaftlichen Disziplinen sind, sondern vielmehr Werkzeuge darstellen, die sich universell und multidisziplinär einsetzen lassen.

Salzburg, im März 2021

Tit. Univ.-Prof. Dr. Dr. Dr. habil. Bernhard F. Seyr
Herausgeber

Teil I: Wissenschaftliche Artikel

1. Wissensmanagement ist Wandel: Was man aus der Einführung eines Wissensmanagements im Unternehmen über die Steuerbarkeit von Veränderung lernen kann

Volker C. Horsthemke

Abstract: Grundlage für diesen Artikel liefert die Untersuchung einer besonderen Form der Einführung eines Wissensmanagements im Unternehmen. Das Kernanliegen war dabei die Analyse der Eignung des gewählten Ansatzes für eine faktische Einführung eines Wissensmanagements. Im Zentrum der Implementierung standen Interventionen, die von der Abteilung Wissensmanagement im Unternehmen zur Verstörung eingespielter Muster platziert wurden. Dabei konnte beobachtet werden, wie die Organisation auf diese Impulse zur Verhaltensänderung reagierte und ob sich so ein Wissensmanagement bildete. Die Reaktion der Organisation lässt zudem grundsätzliche Rückschlüsse auf organisationales Verhalten in Momenten des Wandels zu. Insbesondere interessant ist dabei der Aspekt der aktiv herbeigeführten Veränderung. Welche Erkenntnisse sich daraus für Transformationsprozesse ableiten lassen, und was diese wiederum für die Einführung eines Wissensmanagements bedeuten können, wird in diesem Artikel näher betrachtet.

Hinweis zur Verwendung des generischen Geschlechts

Werden Personenbezeichnungen nur in der männlichen oder weiblichen Form verwendet, so dient dies lediglich der besseren Lesbarkeit und ist explizit als geschlechtsunabhängig zu verstehen. Es sind stets Personen männlichen, weiblichen und diversen Geschlechts gleichermaßen gemeint. Aus Gründen der sprachlichen Vereinfachung wird im vorliegenden Artikel vorwiegend die männliche Form verwendet.

1.1 Einleitung

Kann man aus der Einführung eines Wissensmanagements Erkenntnisse über den Verlauf von Veränderungsprozessen und einer geeigneten Form ihrer Begleitung ziehen? Dieser Frage stellt sich der Autor dieses Artikels, der im Rahmen seiner Dissertation die Einführung eines Wissensmanagements im Unternehmen untersucht hat. Zugrunde liegt genannter Forschungsarbeit eine besondere

Form der Einführung eines Wissensmanagements, für die sich das beobachtete Unternehmen entschieden hatte. Anstatt das Wissensmanagement top-down oder nach einem vordefinierten Ansatz zu implementieren, hatte sich das Unternehmen für eine Einführung über Interventionen zur Verstörung eingespielter Muster entschieden. Handlungsleitend war das Verständnis der systemischen Organisationsberatung[1]. Unter Einfluss der Leitgedanken verschiedener Wissensmanagementansätze entstand ein eigener Weg der Einführung.

So wurde nach dem Ansatz des *Tacit Knowledge Management* unterstellt, dass Wissensmanagement in jedem Fall passiert, es unter Umständen jedoch nicht (als solches) wahrgenommen wird (Lehner, 2012, S. 47). Dem Verständnis der systemischen Organisationsberatung entlehnt hatte die Organisationseinheit Wissensmanagement dann die Aufgaben: a) Potentiale aufspüren, bei denen ein veränderter Umgang mit Wissen die Leistungsfähigkeit der Organisation erhöhen konnte, b) dort gezielt Impulse zu setzen, diese Potentiale zu heben und c) den daraus resultierenden Veränderungsprozess dann beratend zu begleiten. Für die Erbringung einer Beratungsleistung war es dabei notwendig, dass der Klient den (systemischen Wissensmanagement-)Berater explizit beauftragte (Lackner, 2009, S. 59). Andernfalls stand es dem Klienten frei, den Prozess alleine zu treiben, ihn anderweitig begleiten zu lassen oder zu verwerten. Einem Grundgedanken des systemischen Wissensmanagements folgend sollten Interventionen gut platzierte Pilotprojekte stimulieren, in denen dann auf den jeweiligen Bedarf abgestimmte Instrumente zum Einsatz kommen sollten (Willke, 2007a, S. 70; 72). Die Erwartungshaltung war, dass so die Bildung von Wissensnetzwerken stimuliert werden würde (Back, von Krogh, Seufert, & Enkel, 2005, S. 8), in denen dann Wissenskooperation (Moser & Schaffner, 2004) stattfinden würde. Trotz der unterstellten systemischen Leitmotive, die von der Unsteuerbarkeit von Wandel ausgehen, kam bei der Einführung des Wissensmanagements eine Form der Steuerung zum Einsatz. Diese erfolgte – in Anlehnung an den Ansatz der Smart Governance (Willke, 2007b, S. 30–31) – über die Beobachtung der Aktivitäten und die Aufrechterhaltung der Kommunikation zum Zweck der Koordination der Zusammenarbeit zur Erreichung eines gemeinsamen Ziels und zur Konstituierung des Systems durch die Reproduktion seiner operativen Zyklen.

Kernfrage der Forschungsarbeit war, ob bzw. welches Wissensmanagement über die Verstörung eingespielter Muster entstehen kann. Zudem konnte beobachtet werden, wie eine Organisation aktiv herbeigeführte Irritationen

---

1 Organisationsberatung sucht im sozialen System nach Handlungsoptionen (Krizanits, 2013, S. 13), die die Leistungsfähigkeit einer Organisation stärken (Krizanits, 2013, S. 20).

verarbeitet und wie sie auf den Versuch, steuernd auf Veränderungsprozesse einzuwirken reagiert. Dieser Artikel knüpft an vorab genannte Erkenntnisse im Zusammenhang mit der Einführung eines Wissensmanagements (Horsthemke, 2017) an, um zu untersuchen, welche Schlüsse sich für Transformationsprozesse ableiten lassen und wie diese wiederum für die Einführung eines Wissensmanagements nutzbar gemacht werden können.

1.2 Wissensmanagement und Wandel

1.2.1 Einführung eines Wissensmanagements im Unternehmen[2]

Bei dem in eingangs eingeführter Forschungsarbeit untersuchten Unternehmen handelte es sich um ein Großunternehmen aus der Automobilzulieferindustrie. Der gewählte Ansatz zur Einführung eines Wissensmanagements über Interventionen zur Stimulierung einer Verhaltensänderung war zum Untersuchungszeitpunkt als außerordentlich einzustufen. Insbesondere das der Systemtheorie entlehnte Verständnis von Veränderung als verkettete Schleifen von Variation, Selektion und Retention (Simon, 2013, S. 83–84) zuzulassen und so auch eine gewisse Unsteuerbarkeit in Kauf zu nehmen, war ungewöhnlich.

Jede erfolgreiche Initiative zur Einführung einer Veränderung im Wissensmanagement führte zu einem eigenständigen Projekt. Die Projekte waren unterschiedlich in Größe und Wissensmanagementfokus. In Bezug auf den Umgang mit der dadurch ausgelösten Veränderung wiesen sie jedoch erkennbare Ähnlichkeiten auf.

Der Wissensmanager agierte den Prinzipien der systemischen Organisationsberatung folgend. War ein Impuls erfolgreich, konnte er mithin erst nach Beauftragung durch einen Klienten in Aktion treten. Dann begleitete er den Verlauf der Projekte als neutraler Beobachter und Moderator, der fachliche Impulse anbot, nicht aber aktiv in das Geschehen eingriff. Er wies auf Konsequenzen, Chancen und Risiken hin und regte an, diese im Gestaltungsprozess zu berücksichtigen, beeinflusste Entscheidungen jedoch nicht direkt. Im Wesentlichen setzte er Impulse. Diese konnten angenommen werden oder nicht. Wurde er nach einem Impuls nicht beauftragt, den weiteren Prozess zu begleiten, wurden die Wissensmanagementprojekte der Selbststeuerung überlassen. Die

2 Wenn nicht anders erwähnt, bezieht sich der Inhalt dieses Kapitels auf Erkenntnisse aus der Forschungsarbeit zur Einführung eines Wissensmanagements im Unternehmen (Horsthemke, 2017).

Organisation entschied selbst über den weiteren Fortgang. In unregelmäßigen Abständen wurde nachgehalten, ob und wie ein Impuls durch das System verarbeitet worden war – meist verbunden mit der Erneuerung des Angebots, den weiteren Verlauf zu begleiten. In Abhängigkeit vom Erfolg der Impulse wurden die bisherigen Maßnahmen bewertet und gegebenenfalls ein neuer Impuls lanciert. Auf diese Weise fand eine gewisse kurskorrigierende Steuerung zum Zweck der Bildung eines unternehmensweit agierenden Wissensmanagements statt.

Durch die konsequente Aufrechterhaltung dieses Musters zur Begleitung der unterschiedlichen Veränderungsprozesse zum Ziel der Verbesserung des Umgangs mit der Ressource Wissen ergaben sich nicht nur Einsichten bezüglich des Wissensmanagements, das so entstehen kann. Da jedes Projekt ein Mikrokosmos innerhalb des Makrokosmos der unternehmensweiten Einführung von Wissensmanagement war, konnten auch wertvolle Erkenntnisse in Bezug auf die Fähigkeit eines Systems zu seiner eigenen Reproduktion (Willke, 2007a, S. 25) gewonnen werden. Die wichtigsten sind in Tabelle 1 zusammengefasst.[3]

Tabelle 1: Maßnahmen zur Unterstützung der Einführung eines Wissensmanagements über Interventionen (eigene Darstellung)

1. Lernprozesse stehen im wirtschaftlichen Zusammenhang oftmals nicht im Vordergrund. Sie scheinen vielmehr ein Zufallsprodukt zu sein und werden erst bei Dysfunktionalität des Systems als eigenständig evident.
2. Wissensmanagement ist eine Symbiose aus organisationalem und personalem Lernen, wird aber meist nicht ohne weiteres als solche von Organisationen erkannt oder anerkannt. Vielmehr besteht eine Neigung, Wissensmanagement auf ein Instrument und/oder Datenmanagement zu reduzieren.
3. Eine Organisation hat immer eine Form von Wissensmanagement. Wird es infrage gestellt, bedeutet das für das System eine kulturelle Veränderung.
4. Soll ein steuernder Eingriff möglich sein, empfiehlt sich *Sensemaking*[4] und eine Begleitung der Transformation[5].
5. Ziel darf nicht irgendein Wissensmanagement sein, sondern das Wissensmanagement, das dem Zweck der Organisation am dienlichsten ist. Eine Einbettung in die Organisationsentwicklung ist zu empfehlen.

3 Vgl. hierzu Kapitel 4.5.4 der Forschungsarbeit (Horsthemke, 2017, S. 271–277).

4 „Sensemaking is about such things as placement of items into frameworks, comprehending, redressing surprise, constructing meaning, interacting in pursuit of mutual understanding, and patterning" (Weick, 1995, S. 8).

5 Hierauf wird im späteren Verlauf des Artikels noch vertiefend eingegangen.

Tabelle 1: Fortgesetzt

6. Veränderungsprozesse entstehen und verlaufen nach dem Verständnis der Systemtheorie zufällig.[6] Ein aktives Management scheint weniger hilfreich als die Prozesse und ihre Entwicklung zu beobachten und zu gegebenem Zeitpunkt Impulse zu setzen, falls eine Richtungsänderung als sinnvoll angesehen wird.[7]
7. Promotoren und Sponsoren kommen bedeutende Rollen zu. Sie sorgen dafür, dass Veränderung ‚entschieden' wird und ‚verfolgt' werden kann. Tragen sie die Veränderung nicht mit, findet sie nicht statt oder entwickelt eigenständig unter Umständen verborgene oder verdeckte Subkulturen.
8. Die Etablierung von *Enablern* hält das System zusammen. Ihnen kommen verschiedene Aufgaben der Befähigung und Koordination zu. Sie sorgen für das *Sensemaking* und transportieren so den Sinn der Veränderung. Zudem suchen und gewinnen sie Promotoren und Sponsoren, stimulieren die Bildung von Netzwerken zwischen Sponsoren, Promotoren und Wissensmanagementaktivitäten und sorgen für die Aufrechterhaltung der Netzwerke. Ferner etablieren und koordinieren sie eine Art Transfer- und Nachhaltigkeitscontrolling.
9. Wissensmanagementberater begleiten die einzelnen Projekte zur Etablierung von Wissensmanagement.
10. Eine große Herausforderung ist, das Management davon abzuhalten, der Versuchung zu erliegen, managend in den Veränderungsprozess eingreifen zu wollen.

Die Studie bewertet das über den gewählten Weg der Einführung entstandene Wissensmanagement weniger als IT-basiertes Wissensmanagement mit klaren Abläufen und Strukturen. Sie kommt vielmehr zum Schluss, dass die Bildung einer Art Wissenskultur angestoßen worden war, die zum Zeitpunkt des Abschlusses der Untersuchung jedoch gerade erst in Entstehung befindlich und instabil war. Abschließend stellt der Autor die Hypothese auf, dass es unter der Prämisse, dass der gewählte Einführungsweg konsequent und kongruent weitergeführt wird, tatsächlich eine Wissenskultur entstehen kann.

6 Dem systemischen Evolutionsprozess fehlt die naturgesetzliche Steuerung (Simon, 2004, S. 20). Entweder nehmen Systeme eine aus einer Irritation entstandene Veränderung an oder stoßen sie ab (Simon, 2011, S. 26–27). Dabei behalten sie aber nicht die beste, sondern irgendeine Kompensation der Irritation bei (Simon, 2013, S. 84).

7 Erkenntnis findet ihre theoretische Basierung in dem aus der Systemtheorie abgeleiteten Verständnis, dass die Reaktion eines Systems auf eine Irritation nicht vorhersehbar ist (Simon, 2011, S. 25–26). Es gibt keinen linearen Zusammenhang zwischen Irritation und Reaktion (Krizanits, 2013, S. 21).

1.2.2 Bedeutung von Wandel für Wissensmanagement

Einige mitteleuropäische Wissensmanagementansätze[8] sind prozessorientiert und können dazu verleiten, das Management[9] in Wissensmanagement eng auszulegen. Eine beachtenswerte Erfolgsgeschichte im Wissensmanagement bezieht ihr Gelingen jedoch eher auf kulturelle Elemente. In ihrer Ausarbeitung zur Wissensspirale kommen Nonaka und Takeuchi (2012) demnach zum Schluss, dass der Erfolg des untersuchten unternehmerischen Wissensmanagements maßgeblich auf der besonders wissensflussförderlichen Kraft der japanischen Kultur basiert. Auch aus der Forschungsarbeit zur Einführung eines Wissensmanagements im Unternehmen (Horsthemke, 2017) ergibt sich als eine wesentliche Erkenntnis, dass ein Wissensmanagement eher aus der kulturellen Basierung als der Managementkompetenz zum Erfolg werden kann. Kultur wiederum hat in Organisationen einen wunderlichen Stellenwert. Sicherlich hat sich Kultur als relevantes Element erfolgreicher Zusammenarbeit etabliert. Schwer fällt es offensichtlich jedoch nach wie vor noch oft, die grundsätzliche Unsteuerbarkeit von Kultur anzunehmen und in kulturellen Evolutionsprozessen zu berücksichtigen. Kultur als erst im Rückblick erkennbares Resultat (Simon, 2011, S. 105) einer Identitätsfindung anzuerkennen, die nicht verschrieben werden kann, sondern sich zufällig im Verlauf der sozialen Interaktion evolutionär entwickelt (Lehner, 2012, S. 28), erweist sich als wenig kompatibel mit dem Streben nach ergebnisorientierter Planung und Kontrolle.

Obgleich in der Literatur mittlerweile immer mehr auf die Bedeutung der Schaffung einer Wissenskultur als essentielle Aufgabe eines Wissensmanagements eingegangen wird (Täubner, 2010, S. 58), konnte im Rahmen der Untersuchung eines Wissensmanagements im Unternehmen beobachtet werden, dass es für die Organisation eine Herausforderung darstellte, eine kulturelle Veränderung als Teil des Entstehens eines Wissensmanagements zu erkennen und zuzulassen. Andererseits konnte auch beobachtet werden, dass es einen Reifeprozess gab, den beinahe jedes Projekt zur Einführung eines Wissensmanagements mehr oder weniger deutlich durchlief. An dessen Ende stand in der Regel die Erkenntnis, dass Wissensmanagement, wenn es erfolgreich sein soll, kein Instrument, sondern ein Veränderungsprozess ist. Er betrifft Struktur, Prozesse und Kultur

---

8 Vgl. bspw. das Genfer Modell (Probst, Raub, & Romhardt, 2012), Münchener Modell (Reinmann-Rothmeier, 2001), Wissensmarktkonzept (North, 2005), Pragmatisch Prozessorientiertes Modell (Binner, 2008).

9 Managen wird hier als Planung, Organisation, Koordination und Kontrolle zum Zweck der Steigerung von Effizienz, Effektivität und Produktivität gedeutet (vgl. u. a. Koontz & Weihrich, 2007, S. 5).

und muss in allen Aspekten von der aktuellen Basierung aus in die erwünschte zukünftige Situation gedacht werden. Aus diesen Beobachtungen konnten nun im Rahmen der Untersuchung Einsichten abgeleitet werden, die auch eine generelle Bedeutung für Transformationsprozesse in Unternehmen haben (vgl. Tab. 2):[10]

Tabelle 2: Einführung eines Wissensmanagements: Erkenntnisse für Veränderungsprozesse (eigene Darstellung)

1.	Veränderung ist nur vordergründig steuerbar. Im Wesentlichen passiert sie einfach, und zwar auf Basis dessen, was System/Organisation gerade zuzulassen bereit sind.
2.	Stimuli lösen Veränderung aus. Das gute Platzieren von Interventionen ist somit geeignet, Veränderungsprozesse anzustoßen.
3.	Die Reaktion auf die Stimuli ist jedoch nicht vorherseh- oder steuerbar. Sie kann lediglich beobachtet werden.
4.	Falls die Reaktion auf einen Stimulus nicht die erwünschte Wirkung hat, können erneute Interventionen zur Kurskorrektur vorgenommen werden.
5.	Ein anderes Verständnis von Steuerung als Beobachter des Veränderungsprozesses ist sinnvoll. Steuerung hat dann die Aufgabe, die Form der Reaktion eines Systems auf eine Irritation sichtbar zu machen und zu bewerten. Ist die Reaktion nicht förderlich, findet ein steuernder Eingriff in Form einer neuen Irritation statt.
6.	Es bedarf eines koordinierenden Elements für die sich wiederholende Schleife aus aktivierender Intervention – Reaktion – Evaluation – reaktiver Intervention.
7.	Entstandene Erfolge sollten sichtbar gemacht werden und zu Leuchttürmen ausgebaut werden. Diese Leuchttürme sollten in ihrem Veränderungsprozess nicht nur bestätigt und begleitet, sondern auch gefördert werden.
8.	Das Kopieren von erfolgreichen Initiativen sollte nicht nur honoriert, sondern vielmehr angeregt und gefördert werden.
9.	Transformationsprozesse sind weder temporär noch lokal eindeutig abgrenzbar. Sie können – durch Impulse stimuliert – gegebenenfalls ein bestimmtes Startdatum haben, ein pre-determinierbares Enddatum haben sie jedoch nicht. Transformation sollte daher nicht zeitlich begrenzt oder in verschiedene Zeit-, Organisations- oder Projekteinheiten zersiedelt werden.
10.	Es empfiehlt sich, eine für die Begleitung von Transformation verantwortliche Organisationseinheit einzurichten, die die Transformation und ihre ureigene Evolution kontinuierlich begleitet.

Bestätigung finden diese Erkenntnisse in der Systemtheorie, nach der ein System in relativer Autonomie selbst entscheidet, welche Faktoren der Veränderung es für sich als bedeutsam definiert (Luhmann, 2006, S. 47). Aus systemtheoretischer Sicht ist die Kommunikation zwischen den Organisationsmitgliedern dabei das Steuerungsmedium, was dem in der Praxis verbreiteten

10 Vgl. hierzu Kapitel 5.3 der Forschungsarbeit des Autors (Horsthemke, 2017, S. 289–296).

Verständnis von Steuerung als kennzahlenbasiertem Controlling (vgl. u. a. Oelsnitz, 2012, S. 261; Fischer, 2009, S. 105) wenig entspricht. Kennzahlen gehen mit Messbarkeit einher, Kommunikation ist nur bedingt messbar. Es überrascht daher wenig, dass auch bei Transformationsprozessen gerne auf ein Controlling gesetzt wird, das auf in spezifischer Form ausgedrückter, quantifizierbarer und in Kennzahlen darstellbarer Information basiert (Wagner & Kluge, 2012, S. 15). Controlling mag dabei auch gleichzeitig der Versuch sein, einem unterstellten, arbeitsscheuen und deswegen zu kontrollierenden Menschentyp nach McGregors Theorie X[11] gerecht zu werden. Fraglich ist aber, ob dieser Menschentyp tatsächlich der vorherrschende ist.

Veränderung steuernd managen zu wollen ist nicht zwingend für das Entstehen oder die Begleitung von Veränderung. Sicherlich gibt es Veränderung die im Sinne von Planung und Kontrolle gemanagt werden muss. Auf diese Form von Veränderungsmanagement, die zum Beispiel in Notsituationen oder Krisenzeiten auch aus Sicht des Autors unumgänglich scheint, soll an dieser Stelle jedoch nicht näher eingegangen werden, da die Veränderung, die im Rahmen der Forschungsarbeit beobachtet wurde, eher einer kulturellen Evolution entsprach. Hierfür empfehlen sich auf Basis der Erkenntnisse aus der Untersuchung weniger Management und mehr Begleitung. Stimmig scheint in diesem Zusammenhang eine Transformation im Sinne eines fundamentalen, systemweiten Wandels, der von allen Organisationsmitgliedern eine neue Art der Wahrnehmung, des Denkens und des Verhaltens erfordert (Kilman & Covin, 1989, S. 14). Aus diesem Grund wird dem Begriff Transformationsbegleitung der Vorzug gegeben.

In Analogie zur Hypothese, dass man Wandel nicht planen kann, dass er vielmehr erst in der Rückbetrachtung erklärbar wird (Simon, 2011, S. 105), sollte bei der Transformationsbegleitung kein festes Ziel vorgegeben werden. Da eine Organisation jedoch genau den Zweck hat, Handlungen von Individuen zur Erreichung eines gemeinsamen Ziels zu koordinieren (Scherer, 2006, S. 19), ist es schwer vorstellbar, dass Individuen, deren Aufgabe die Steuerung einer Organisation ist, die vollkommene Unplanbarkeit eines Wandels hinnehmen. An dieser Stelle kann ein Kompromiss helfen, bei dem zwar kein fixes Ziel, wohl aber ein Zielhorizont vorgegeben wird. Ein Zielhorizont ist dabei

11 Nach McGregor gibt es zwei Menschentypen: Theorie X und Theorie Y. Menschen nach Theorie X sind arbeitsscheu und brauchen Anweisung, Kontrolle und Belohnung, Menschen nach Theorie Y hingegen sind intrinsisch motiviert und streben nach Selbstverwirklichung (Oelsnitz, 2012, S. 28).

vergleichbar einer Vision, die klar genug ist, einen definierten Spielraum von nicht erwünschten Zielpunkten abzugrenzen. So wäre es bespielweise für Microsoft durchaus legitim gewesen, Bill Gates Vision *„a computer in every home"* nicht als Softwareanbieter, sondern als Computerhersteller oder Händler zu erreichen.

Ist der Zielhorizont beschrieben, können Transformationsbegleiter auf dem Weg dorthin helfen. Sie beaufsichtigten den Kreislauf aus Irritation, Reaktion und Evaluation, der als Veränderungsstimulator grundsätzlich geeignet scheint. Ihre Aufgabe besteht in erster Linie darin, das System zu beobachten. Ungeachtet dessen, ob Transformationsbegleiter Veränderungspotential selbst aufdecken, Stimuli zur Veränderung initiieren oder im Schwerpunkt nur für die Begleitung einer wie auch immer gestarteten Transformation verantwortlich sind, muss Kern ihrer Aufgabe und Hoheit sein, Reaktionen des Systems zu beobachten und zu evaluieren sowie weitere Maßnahmen abzuleiten und zu initiieren, sofern sie nötig sind. Letzteres sind Maßnahmen dann, wenn der Transformationsbegleiter zum Schluss kommt, dass die Reaktion des Systems nicht erfolgt ist oder eine Richtung einschlägt, die für das Erreichen des Zielhorizonts nicht förderlich ist. Sensibilisierung und *Sensemaking*, das Sichtbarmachen von Erfolgen, die Stimulierung und Koordination von Vernetzung und die kontinuierliche Selbstkontrolle und Verbesserungsarbeit unterstützen die Veränderung von Haltung und *Mindset*. Aufmerksamkeit verlangt hier sicherlich die Frage nach den Ressourcen (insbesondere Humankapazität und Zeit). Auf diese Weise ergibt sich eine Fusion aus Zufall und Determinierung. Während die grundsätzliche Unplanbarkeit von Veränderung akzeptiert wird, besteht dennoch die Möglichkeit, korrigierend auf eine unerwünschte Entwicklung einzuwirken.

Auch wenn Agilität nach wie vor unterschiedlich verstanden wird, sind hier Parallelen erkennbar. Trotz großer Diversität im Verständnis agilen Handelns steht Agilität in erster Linie für sowohl reaktives als auch proaktives, flexibles Reagieren auf Veränderung (Weber, Fischer, & Einreiner, 2018, S. 28–30). Aufgrund vieler Erfolge in der Softwareentwicklung hat Agilität unter anderem in Form agiler Entwicklung, agilen Projektmanagements oder agiler Führung in vielen Organisationen Einzug gehalten. Auf Veränderungsprozesse an sich wurde Agilität bisher selten angewandt. Die Forschungsarbeit zur Einführung eines Wissensmanagements im Unternehmen leitet in diesem Zusammenhang einen, an agiles Gedankengut anschlussfähigen, alternativen Ansatz zur Implementierung eines Wissensmanagements ab, der auch grundsätzlich tauglich für die Begleitung von Transformationsprozessen scheint.

1.2.3 Begleitung von Veränderungsprozessen

Wie im vorherigen Kapitel aufgezeigt, ist es insbesondere dann empfehlenswert, Wandel intensiv zu begleiten, wenn sein Eintreten bewusst ausgelöst worden ist. Dem gegenüber steht der in der Praxis gern gehegte Reflex, Veränderung so schnell und aufwandsarm wie möglich durch eine Organisation hindurch managen zu wollen. Ziel, Zeitrahmen und Messpunkte werden oft vorgegeben und die Veränderung nach Erreichen gesetzter Kennzahlen als erfolgreich abgeschlossen deklariert. Das ist jedoch kein hinreichender Indikator für den Abschluss eines Wandels. Nimmt man ihn zu früh aus dem Fokus, tritt die Selbststeuerung ein, und die Veränderung sucht sich ihren eigenen Weg.

Messbarkeit hat natürlich auch Vorzüge. Dem soll auch in Bezug auf eine kulturelle Messbarkeit, die sicherlich in vielen Fällen interessante Erkenntnisse generieren würde, hier keine generelle Absage erteilt werden. Eine große Herausforderung bleibt jedoch, wie man konkret Kultur messen kann. Bestehende Vorschläge zu ihrer Messung sind in der Regel aufwendig und erzeugen eine andere Aussage als Modelle quantifizierbarer Kennzahlen. Dennoch verwundert es wenig, dass Organisationen, die gewohnt sind, mit Kennzahlen zu arbeiten, auch versuchen, kulturelle Veränderung messbar zu machen. Nicht selten greifen sie dabei auf bewährte Kennzahlensysteme zurück, die für kulturellen Wandel meist nur bedingt tauglich sind.

Überlegenswert ist offensichtlich tatsächlich, Change-Management anders zu denken, nicht den Managementaspekt des Planens, Anweisens, Kontrollierens und determinierbaren Beendens in den Vordergrund zu stellen. Als Alternative bietet sich eine Begleitung von Transformation an. Unterstellt wird dabei, dass Veränderung zwar nicht verordnet, wohl aber stimuliert werden kann (Ziegengeist, Weber, & Gronau, 2014, S. 422). Seine Stimulierung und Förderung ist dann Aufgabe der Organisation (Ziegengeist, Weber, & Gronau, 2014, S. 425). Erfolgsversprechend ist hier, nicht zu propagieren, deklarieren oder anzuordnen, sondern Partizipation zu ermöglichen und Überzeugungsarbeit zu leisten (Krischen, 2014, S. 62). Die konsequente Berücksichtigung der drei Schritte des Wandels (Variation, Selektion, Retention) spielen dabei eine tragende Rolle. Kommt eine Veränderung nicht in die Retention, wird sie also vom System nicht beibehalten, ist sie faktisch nicht erfolgt (Simon, 2011, S. 107). Ebenfalls bedeutend ist die Annahme, dass erst in der Rückbetrachtung erkennbar wird, welche Veränderung aus welchem Grund überlebt hat (Simon, 2011, S. 105) und dass es keinesfalls die beste Lösung gewesen sein muss, die vom System beibehalten worden ist (Simon, 2013, S. 84). Daraus lässt sich ableiten, dass es wohl ein Kontrollgremium geben darf. Dessen Aufgabe sollte aber weniger anweisen, kontrollieren und sanktionieren sein, als vielmehr zu beobachten, was sich wie verändert hat und ob der neue Status förderlich für den Fortbestand der Organisation ist. Ferner sollte es darauf achten, dass es weder zu einer Überreaktion (zum Beispiel Aktionismus) noch zu einer Unterreaktion (zum Beispiel Lethargie oder Resignation) kommt. Dabei kann insbesondere Überreaktion dazu führen, dass sich nach der Veränderung kein stabiler Zustand nach mehr einstellt, zum Beispiel dann, wenn noch während einer Veränderung die nächste Veränderung initiiert wird. Auch wenn Variation, Selektion und Retention ein sich wiederholender Zyklus sind, muss einem System zudem zunächst die Chance eingeräumt werden, neue Prozesse, Strukturen und Verhaltensweisen zu fixieren und zur Routine werden zu lassen.

1.3 Transformation Nudging und Wissensmanagement

1.3.1 Transformation und Nudging

Zum Zweck der Überführung der aufgezeigten Erkenntnisse in eine organisationspraxistaugliche Form wird hier der Ansatz des *Transformation Nudgings* eingeführt. Transformation Nudging nimmt nicht in Anspruch, Unsteuerbares steuerbar machen zu wollen. Das vermag auch dieser Ansatz nicht. Es stellt ein alternatives Vorgehen zur Begleitung von Transformation dar. Dabei wird davon ausgegangen, dass Transformation zwar nicht gesteuert, wohl aber beeinflusst werden kann.

Grundlage ist die Idee des *Nudgings* von Thaler und Sunstein (2017). Beim Nudging geht es darum, jemanden auf eine subtile Art dazu zu veranlassen, etwas Bestimmtes einmal oder dauerhaft zu tun oder nicht zu tun (Bendel, 2019). Ein *Nudge* ist im Wesentlichen ein gesteuerter Impuls, der eine Verhaltensänderung herbeiführen soll. Zwar wird eine bestimmte Reaktion erwartet, ihr Eintreten bleibt dennoch nicht pre-determinierbar. Aus diesem Grund wird sie beobachtet und bewertet. Führt sie zu einem neuen, aber nicht erwünschten Zustand, erfolgt ein neuer Impuls zur ‚Kurskorrektur'. Diese Form der Beeinflussung, die zu einer Verhaltensänderung führen soll, scheint auch für kulturelle Veränderungsprozesse geeignet.

Überträgt man nun die Idee des *Nudgings* auf die Begleitung von Transformationsprozessen, entsteht *Transformation Nudging*. Im Wesentlichen geht es dabei um eine Serie von Interventionen, die im Verlauf eines Veränderungsprozesses dann platziert werden, wenn eine Veränderung einen Weg einschlägt, der nicht förderlich für die Evolution einer Organisation ist. Die Interventionen erfolgen auf Basis der Beobachtung des Selektionsverhaltens eines Systems. Nach einer initialen Intervention zum Anstoß einer Transformation (Variation) wird beobachtet, welche Form der Kompensation ein System auswählt (Selektion) und beizubehalten versucht (Retention). Ist die Selektion nicht förderlich im Sinne des gewünschten Evolutionsprozesses, wird eine neue Intervention gestaltet und platziert. Dieser Ablauf erfolgt solange, bis eine Kompensation vom System ausgewählt worden ist, die zu einem förderlichen Verlauf der Evolution führt. Es empfiehlt sich dabei, auch kein festes Ziel festzulegen, sondern mit einem Zielhorizont zu arbeiten. Auf diese Weise hat der evolutionäre Prozess Entfaltungsspielraum, und Ausgangssituation und Ziel können sich im evolutionären Prozess abgleichen. Andernfalls besteht die Gefahr, dass eine nicht förderliche oder gar keine Evolution stattfindet.

Transformation Nudging kann eine Alternative zu Ansätzen des *Change-Managements* darstellen. Da *Change-Management* eine Vielzahl verschiedenster Ansätze meinen kann[12], soll es hier für alle Veränderungsansätze stehen, bei denen es um das projekthafte Management[13] einer seitens der Unternehmensleitung beschlossenen Veränderung innerhalb eines konkreten Veränderungsszenarios mit fest definiertem Ziel geht (Personio, 2019).[14] *Transformation Nudging* grenzt sich hiervon dadurch ab, dass es keinen determinierenden Eingriff vornehmen will. Andererseits will es die Veränderung auch nicht gänzlich sich selbst überlassen. Wie beim Grundkonzept des *Nudgings* geht es darum, etwas anzustoßen, um dann danach die Reaktion darauf zu beobachten und je nach Resultat in Form eines neuen Impulses darauf zu reagieren. Die Art des Eingriffs gleicht dabei am ehesten einem maritimen Steuerungsverständnis. Ein Steuermann nimmt Kurs auf einen bestimmten Zielhafen. Dafür steuert er das Schiff, das Schiff jedoch reagiert nicht nur auf seinen Steuerimpuls, sondern auch auf die Umgebung, wie Meer und Wetter. Letztere hingegen reagieren nicht auf den Steuermann. Also muss er sein Schiff durch kontinuierliches Überprüfen der Rahmenbedingungen und Konditionen immer wieder neu ausrichten. Durch diese Kurskorrekturen erreicht er unabhängig vom tatsächlichen Weg den Zielhafen. An welchem Kai er dort konkret anlegt, ist wiederum zweitrangig. Manchmal erreicht er auch Neuland. Man denke nur an Christoph Kolumbus. Dieser Vergleich beschreibt die Quintessenz des *Transformation Nudging*.

---

12 Veränderungsmanagement, Change-Management, Organisationsentwicklung, Transformation Management und weitere.

13 Management hier im Sinne von planen, anweisen, kontrollieren und gegebenenfalls sanktionieren.

14 Es wurde bewusst eine Definition aus der Praxis gewählt, da dies aus der Sicht des Autors die Realität besser widerspiegelt als eine theoriebasierte, wissenschaftliche Definition.

1.3.2 Abgeleitete Ansätze für die Begleitung kulturellen Wandels

Ein Veränderungsimpuls kann exogen oder endogen ausgelöst werden. Bei exogenen Impulsen ändern sich die Rahmenbedingungen im Umfeld. Die Organisation reagiert hierauf und versucht, sich anzupassen. Endogene Impulse werden von der Organisation selbst aktiv erzeugt. Covid-19 war beispielsweise ein exogener Impuls, der dazu führte, dass Organisationen sich schnell auf digitales Arbeiten und Home Office einstellen mussten. Organisationen, die vor der Pandemie bereits aus endogenem Antrieb die Digitalisierung vorangetrieben hatten, waren hier durch ihre Proaktion im Vorteil. Dessen ungeachtet wird in beiden Fällen nach Willkes (2007b, S. 14–31) Governance-Verständnis unterstellt, dass eine Organisation in ihrer Reaktion auf einen Impuls zur Selbststeuerung in der Lage ist. Auf Basis der Annahme, dass eine vom System beibehaltene Veränderung jedoch nicht die beste Lösung sein muss, kann es sinnvoll sein, die Selektion zu beeinflussen. Eine Organisation ist dabei selbst dafür verantwortlich, die Sinnhaftigkeit einer solchen Maßnahme einzuschätzen. Im *Transformation Nudging* kommt der Begleitung der Transformation daher eine bedeutende Rolle zu. Damit *Transformation Nudging* erfolgreich sein kann, sollten einige Voraussetzungen erfüllt sein (siehe Tabelle 3).

Tabelle 3: Voraussetzungen für Transformation Nudging (eigene Darstellung)

1.	Von der Organisationsleitung gemeinsam getragener Wunsch nach Transformation.
2.	Geteilte Vorstellung von Ausgangssituation und Zielbild.
3.	Akzeptanz der Begleitung durch Transformation Nudging als nur mittelbar steuerbare Begleitung der Transformation über Stimulation von Kurskorrekturen durch Impulse mit begleitendem Sensemaking und Transformation Coaching.
4.	Abgestimmtes Vorgehen, um Multipletten oder konfliktäre Impulse zu vermeiden.
5.	Gemeinsame Unterstützung der Nudges (aktiv als Promotor und Sponsor).
6.	Einrichtung einer Organisationseinheit zur Evaluation der Reaktion des Systems auf die Impulse und zur Begleitung der Transformation.

Die in Tabelle 3 erwähnte Einheit zur Evaluation der Reaktion des Systems auf Impulse kann verschiedene Namen haben. *Transformation Coaching* scheint aus Sicht des Autors aufgrund des Coachings als zentrale Aufgabe stimmig (siehe Tabelle 4).

Tabelle 4: Aufgaben eines Transformation Coaching (eigene Darstellung)

1.	Maßnahmen zu Sensemaking und Sinnstiftung planen und durchführen. Betroffene zu Beteiligten machen.
2.	Nudges planen, durchführen und evaluieren.
3.	Auf Basis der Reaktion des Systems auf einen Nudge bewerten, ob ein weiterer Nudge sinnvoll ist (Chancen, Risiken sowie Aufwand und Nutzen seiner Durchführung und Nicht-Durchführung einschätzen, ihn gestalten, durchführen und bewerten).
4.	Coachen der Beteiligten im Veränderungsprozess.
5.	Identifikation und Sichtbarmachen von Leuchtturmprojekten (als Projekte, Initiativen oder Aktionen besonderer Aufmerksamkeit und/oder besonderen Erfolgs im Sinne der erwünschten Veränderung).
6.	Anreize schaffen, Leuchtturmprojekte zu kopieren.
7.	Kontinuierliche Gesamtkontrolle und Bewertung der Transformation: wann ist ein förderlicher Zustand erreicht?

Auch wenn eine Organisation im Rahmen eines *Transformation Nudgings* nicht in ein vollumfängliches Change-Projekt investieren muss, ist offensichtlich, dass Transformation Nudging nicht aufwandsarm ist. Besondere Bedeutung kommt der Freigabe entsprechender finanzieller und Humanressourcen und der Vergabe der Befugnis, die Transformation begleiten zu dürfen sowie dem Zugeständnis von Zeit zu. Die Triade aus Kosten, Qualität und Zeit wirkt maßgeblich auf die Erfolgsaussicht ein. Schnelle Geschwindigkeit führt zu hohen Kosten und/oder schlechterer Qualität. Hohe Qualität bedeutet in der Regel höhere Kosten und größeren Zeitbedarf. Geringe Kosten gehen u. a. mit geringerer Qualität einher. Damit *Transformation Nudging* keine einmalige Aktion bleibt, wird im optimalen Fall der Zeithorizont nicht begrenzt, sondern Transformation Nudging als kontinuierlicher Veränderungsprozess fest verankert.

Stimmt die Einschätzung, dass ein System trotz der landläufigen Managementerwartung, auch Change könnte gemanagt werden, nicht zum Umbruch bereit ist, solange seine Überlebensfähigkeit nicht in Frage steht (Starr, 1991, S. 124), stellt *Transformation Nudging* ein Konzept dar, das Wandel initiieren kann, ohne dass die Überlebensfähigkeit gefährdet sein muss. Aus den Erkenntnissen der Studie zur Einführung eines Wissensmanagements (Horsthemke, 2017) lassen sich in diesem Zusammenhang drei Archetypen der Begleitung von Transformation ableiten: kultureller Umbruch, Stimulation kulturellen Wandels[15] und Kulturgenese (siehe Abb. 1).

15 In Analogie des hier vorgeschlagenen Vorgehens wurde die im Original verwendete Stimulation kulturellen Wandels in der Tabelle bereits durch die Begrifflichkeit des Transformation Nudings ersetzt.

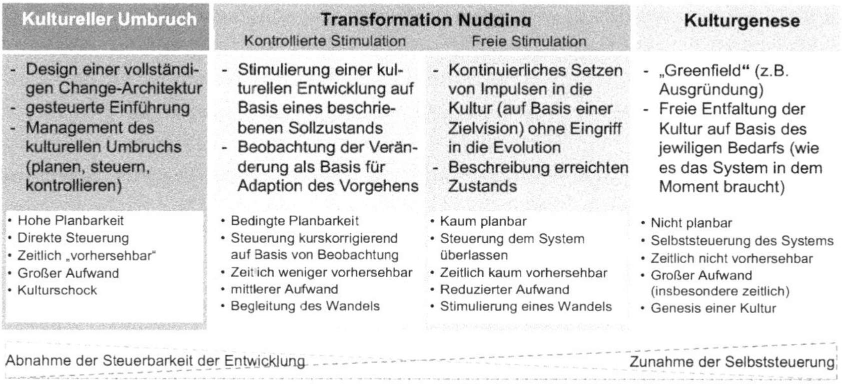

Abbildung 1: Übersicht alternativer Ansätze zur Begleitung einer Transformation (in Anlehnung an Horsthemke, 2017, S. 300)

Abbildung 1 zeigt die aus der Beobachtung der Einführung eines Wissensmanagements abgeleiteten Ansätze zur Begleitung einer Veränderung (Horsthemke 2017). Der kulturelle Umbruch kommt eher einem ‚klassischeren‘ Change-Management nach dem in Kapitel 1.3.1 beschriebenen Verständnis nahe und teilt sich mit ihm den Charme einer erwarteten Steuer- und Planbarkeit mit definierbarem Endzeitpunkt. Er geht in der Regel einher mit einem relevanten finanziellen und personellen Aufwand und könnte als einmaliges Projekt durchgeführt werden. Denkbar ist auch eine Task Force oder Stabsabteilung für Projektmanagement als Durchführer. Weniger Aufmerksamkeit kommt dabei häufig der Bedeutung der Begleitung der Betroffenen zuteil. Gibt es eine Art begleitendes *Culture Management*, ist die Versuchung groß, auch dieses zeitlich und inhaltlich determinieren zu wollen. Da Menschen dazu neigen, ihre Erfahrungen unabhängig davon, ob aus eigenem Antrieb oder durch fremde Anregung, aus sich selbst heraus erklären zu wollen (Maturana, 1997, S. 68), ist die Gefahr groß, dass der kulturelle Veränderungsprozess bei Projektende tatsächlich noch gar nicht abgeschlossen, vielleicht sogar erst angestoßen worden ist. Auch ein kultureller Umbruch kann in *Transformation Nudging* überführt werden. Die initiale Initiative zum Umbruch wird dabei schlicht als erster *Nudge* angesehen, an dessen Ende dann aber kein Abschluss, sondern eine Evaluation stattfindet. Wird der erreichte Zustand als noch nicht hinreichend förderlich für die gewünschte Transformation angesehen, kann ein weiterer *Nudge* platziert werden.

Dem kulturellen Umbruch gegenüber steht die Kulturgenese. Diese wird bereits heute häufig als Option gewählt, wenn ein System eine Veränderung mit den aktuellen Strukturen, Prozessen und/oder Menschen nicht erreichen kann, das bestehende System gleichzeitig aber nicht vollends aufgegeben werden kann oder soll. Unternehmen mit langfristig natürlich gewachsenen Strukturen und Prozessen nutzen diesen Weg bisweilen zur Steigerung ihrer Innovationskraft oder Erschließung neuer Geschäftsfelder außerhalb ihrer tradierten Geschäftstätigkeit. Im Wesentlichen ist die Kulturgenese vergleichbar einer Befreiung von den Altlasten gewachsener Strukturen und Prozesse. Eine Neugründung geht dann mit der Freiheit einher, sich unabhängig von Rahmenbedingungen eines Mutterkonzerns exakt so entwickeln zu dürfen, wie es nötig ist. So entsteht auf natürliche Weise die Kultur neu, die das System zum Überleben braucht. Auch eine solche Neugründung kann als ein *Nudge* angesehen werden.

Die im Original (Horsthemke, 2017) als Stimulation kulturellen Wandels bezeichnete kontrollierte und freie Stimulation entsprechen im Kern dem *Transformation Nudging*. Kontrollierte Stimulation beobachtet den Veränderungsprozess kontinuierlich und gleicht ihn mit einem beschriebenen Zielhorizont ab. Ist die Entwicklung nicht dienlich für das Erreichen eines förderlichen Zustands, wird ein neuer *Nudge* platziert, der die Veränderung wieder auf einen akzeptierbaren Kurs zurückbringen kann. Bei der freien Stimulation werden kontinuierlich *Nudges* platziert, die von der für *Transformation Nudging* verantwortlichen Einheit als grundsätzlich sinnvoll erachtet werden, dem Erreichen des Veränderungsziels dienlich zu sein. *Nudges* werden dementsprechend zu Beginn und im Verlauf der Veränderung auf Basis des erwünschten Zielbilds entwickelt und platziert. *Contra-Nudges* für eine Kurskorrektur erfolgen nicht. Die freie Stimulation endet, wenn zu einem gegebenen, frei im Verlauf der Transformation bestimmten Zeitpunkt ein Zustand als akzeptabel definiert wird. Freie und kontrollierte Stimulation unterscheiden sich also im Wesentlichen in der Basis, auf der ein *Nudge* gestaltet wird und dem Zeitpunkt, zu dem er platziert wird (vgl. Tabelle 5).

Tabelle 5: Freie und kontrollierte freie Stimulation (eigene Darstellung)

Kontrollierte Stimulation	Freie Stiumulation
• Gestaltung eines Nudges (Intervention) auf Basis des Abgleichs zwischen gewünschtem Sollzustand und der nach dem letzten Nudge selektierten Form der Kompensation • Platzierung dann, wenn eine Kurskorrektur nach Beobachtung und Evalution als förderlich erachtet wird	• Gestaltung von Nudges (Interventionen) während des gesamten Veränderungsprozesses auf Basis des erwünschten Sollzustands • kontinuierliche Platzierung

1.3.3 Einführung eines Wissensmanagements mit Transformation Nudging

Wird nun die Idee des Transformation Nudgings zurückgeworfen auf die Einführung eines Wissensmanagements, ergeben sich die zuvor erläuterten Alternativen:

1. Kultureller Umbruch im Sinne eins Change-Managements
2. *Transformation Nudging* als freie oder kontrollierte Stimulation
3. Kulturgenese

Organisationsleitungen erwarten in der Regel, neue Spielregeln forcieren (Simon, 2011, S. 50) und Veränderung planen und kontrolliert in eine neue Kultur überführen zu können (Simon, 2011, S. 107). In diesem Licht stellt *Transformation Nudging* den Versuch einer Symbiose aus natürlicher Evolution und steuerndem Eingriff dar und soll hier daher in der Form der kontrollierten Stimulation als mögliche Alternative zu *Change Management* näher betrachtet werden.

Am Anfang steht die gemeinsam durch die Leitung getragene Entscheidung, ein Wissensmanagement mit dem Hilfsmittel des *Transformation Nudgings* einführen zu wollen. Sowohl über die derzeitigen Defizite als auch die gewünschte Veränderung sowie darüber, was Wissensmanagement grundsätzlich leisten kann, sollen Klarheit und Einverständnis bestehen. Hierzu empfiehlt sich eine Organisations-/Kulturanalyse, mit der bewertet werden kann, welches Wissensmanagement auf Basis der bestehenden Strukturen, Prozesse und Kultur überhaupt möglich sein kann.[16] Auf dieser Basis soll ein Zielhorizont beschrieben werden. Hierbei geht es weniger um Strukturen und Prozesse oder eine Vision als um eine klare Vorstellung von der Form der Zusammenarbeit nach der Veränderung. Zudem darf Wissensmanagement nicht auf ein Instrument reduziert werden. Schlussendlich wird der Erfolg der Einführung eines Wissensmanagements davon abhängen, inwieweit es tatsächlich gelingt, alte Routinen durch neue zu ersetzen. Andernfalls besteht die Gefahr, dass sich Parallelstrukturen bilden und offen oder verdeckt koexistieren. Jedes Wissensmanagement, das dabei nicht mindestens mittelfristig eine spürbare

16 Wie Nonaka und Takeuchi (2012) beschrieben haben, gründete der Erfolg des von ihnen untersuchten Wissensmanagements in japanischen Unternehmen im Wesentlichen auf der wissensflussförderlichen Kultur Japans. Weder sind diese besonderen kulturellen Elemente auf andere Kulturen, noch das daraus entstandene Wissensmanagement auf andere Organisationen ohne Weiteres übertragbar.

Erleichterung schafft, wird schwerlich im System überleben können. Die dann folgenden wichtigsten Schritte sind in Abbildung 2 aufgeführt:

Etablierung eines **verbindenden Elements** (einheitlich, geteilt, verbindlich, vorgegebene Nutzungsregeln, IT-basiert) bestehend aus Informationsspeicher und Austauschplattform

Definierter Pool weiterer interpersonell wirksamer Instrumente zur Aktivierung eines Wissensdialogs auf Basis o. g. verbindenden Elements in der täglichen Routine (optional, aber basierend auf einheitlichen Grundsätzen und Anwendungsregeln)

Kontinuierliche Bewerbung und Nutzungsstimulierung (Zeigen, Üben, Vorleben) des verbindlichen Instruments und der optionalen Instrumente über den gesamten Zeitraum der kulturellen Veränderung und über die gesamte Organisation hinweg

Zurverfügungstellung (kostenneutraler) **beratender Unterstützung** (zentraler Beraterpool mit geteiltem Grundverständnis und gemeinsames Regelwerk)

Kontinuierliche Überprüfung der eingetretenen Veränderung (z.B. über Surveys, Interviews), **konsekutive Anpassung** des Interventionsportfolios, **Aufrechthalten der Stimulierung** (Intensität / Qualität) bis erreichter Zustand als akzeptabel zu bewerten ist

Abbildung 2: Einführung eines Wissensmanagements über Transformation Nudging (in Anlehnung an Horsthemke, 2017, S. 300)

Es empfiehlt sich, insbesondere in großen Organisationen oder Organisationen mit bestehenden Wissensmanagementaktivitäten, ein verbindendes Element einzurichten. Dieses Element sollte ein interpersoneller Wissenstauschprozess sein, der mit einer IT- Lösung gekoppelt ist. Die IT-Lösung sollte zunächst zentral koordiniert werden, um Doppelaufwand für Datenpflege und Systemadministration zu vermeiden. Altsysteme sollten zügig überführt und dann abgestellt werden. Andernfalls ist das Risiko groß ist, dass sie sichtbar oder im Verborgenen weitergeführt werden. Um die organisationale Trägheit zu überwinden, ist es für die Einrichtung interpersoneller Austauschplattformen notwendig, Promotoren ihrer Nutzung zu etablieren. Sie haben die Aufgabe, den Austausch zu organisieren und darauf zu achten, dass die Möglichkeit zum Austausch genutzt wird sowie dafür zu sorgen, dass die Kommunikation tatsächlich erfolgt. Hierfür gestalten sie Hilfsmittel zur Stimulierung der Kommunikation und sind ihre Moderatoren.[17] Ihnen kommt ferner die Aufgabe zu,

17 Ein Beispiel für eine gesprächsbasierte Typologie, bei der Wissen durch Gespräche expliziert und ins Fließen gebracht wird, liefern Eppler und Mengis (2005). Ein Wissensdialog besteht dabei aus Sharealog (gemeinsame Wissens- und Entscheidungsbasis), Crealog (Innovation, Ideen), Assessalog (ausgewogene Bewertung) und Doalog (Umsetzung) (Eppler & Mengis, 2005, S. 18).

die Selektionsprozesse des Systems zu beobachten und zu bewerten. Es macht Sinn, dass sie auch die Aufgabe wahrnehmen, *Nudges* zu gestalten und zu platzieren. Dafür müssen sie in der Lage sein, aus den Reaktionen des Systems abzuleiten, ob ein weiterer *Nudge* notwendig beziehungsweise förderlich für die gewünschte Veränderung ist oder nicht. Sie können die Evaluation aus ihren ethnografischen Beobachtungen ableiten. Sinnvollerweise greifen sie jedoch auf zusätzliche Hilfsmittel wie Interviews und Befragungen[18] zurück und etablieren untereinander ihren eigenen Wissensdialog, um ein vollständigeres Bild der Veränderungsaktivitäten zu bekommen. Als Cultural Change Agents begleiten sie betroffene Bereiche zudem im Sinne einer systemischen Organisationsberatung, damit genau die Lösungen entwickelt werden können, die für die jeweilige Einheit gerade hilfreich sind. Da die für diese Aufgaben erforderlichen Fähigkeiten sehr spezifisch sind, empfiehlt sich die Einrichtung einer Einheit mit entsprechend qualifizierten Transformationsspezialisten.

Nicht nur zu Beginn des *Transformation Nudgings*, sondern während des gesamten Verlaufs sollten Sensibilisierung und Sensemaking betrieben werden. Diese Rolle kann sowohl von vorgenannter als auch von einer eigenen Einheit übernommen werden. Ihre Kernaufgabe ist, sowohl die Sinnhaftigkeit der angestoßenen Transformation zur Einführung eines Wissensmanagements als auch der jeweiligen *Nudges* deutlich zu machen. Zudem hat sie die Aufgabe, aufzuspüren, was die jeweiligen *Nudges* bei den Betroffenen ausgelöst haben. Sie spiegelt diese Erkenntnisse wertschätzend in den Transformationsprozess zurück, so dass die Moderatoren sie in mögliche neue *Nudges* überführen oder in bestehende *Nudges* integrieren können.

Ein weiterer bedeutender Punkt ist die technische Seite eines Wissensmanagements. Im Rahmen seiner Einführung über *Transformation Nudging* muss auch die Technik erklärt werden. Dabei geht es um die Funktionsweise der IT-Lösung(en) und der Austauschplattform(en): Wie und wofür sind IT-Lösung und Austauschplattform zu nutzen? Die dazugehörende Rolle, die der eines Fachberaters ähnelt, nimmt zudem die Aufgabe wahr, mögliche übergeordnete Prozess- und Strukturanpassungen vorzunehmen. So ist beispielsweise zu erwarten, dass die bestehenden Prozesse, Strukturen und Formen der Zusammenarbeit nicht geeignet sind, den gewünschten Sollzustand zu erreichen. Ihre

18 Befragungen sollten repräsentativ sein und aus allen relevanten Bereichen Inputs liefern können.

Anpassung sollte durch den Fachberater begleitet werden. Er kennt das Regelwerk, die Funktionsweisen von IT und Austauschplattform sowie die bestehenden Strukturen, Prozesse und Routinen und berät den betroffenen Bereich fachlich.

Tabelle 6: Aufgaben eines Transformation Coaching (eigene Darstellung)

Rollen im Transformation Nudging		
1	Transformation Sponsor	Aus dem Top Management. Aktiver Treiber und Unterstützer der Transformation über Transformation Nudging.
2.	Nudge Agent	Beobachtet das System und seine Reaktion auf Impulse, gestaltet auf dieser Basis Nudges und führt sie durch. Macht Leuchttürme sichtbar und regt zum Kopieren an.
3.	Knowledge Sharing Facilitator	Ist verantwortlich für die Aufrechterhaltung der Kommunikation auf den intrapersonellen und technischen Plattformen. Moderiert die Austauschplattformen.
4.	Transformation Coach	Begleitet die Menschen im Transformationsprozess, spiegelt Erkenntnisse in den Veränderungsprozess zurück.
5.	Culture Agent	Ist verantwortlich für Sensemaking und Sensibilisierung, spiegelt Erkenntnisse in den Veränderungsprozess zurück.
6.	Technical Advisor	Ist technischer und inhaltlicher Experte zu den Instrumenten (insbesondere IT-Lösung).

Mögliche Rollen im *Transformation Nudging* sind in Tabelle 6 beschrieben. Eine Kombination verschiedener Rollen in einer Funktion ist dabei überlegenswert.

Auch wenn Wandel langfristig ein Kontinuum ist, gibt es bei jeder Veränderung einen Moment, in dem sie zur Stabilisierung der Organisation temporär vom System beibehalten werden muss (Retention). Tritt dieser Moment nicht ein, trudelt das System in einen Zustand dauerhafter Unruhe (Kühl, 2015, S. 44) und läuft Gefahr dysfunktional zu werden oder auf der Suche nach Sicherheit und Kontinuität in den Zustand der alten Stabilität zurückzukehren (Welsch, 2010, S. 60–61). Daher ist es für ein System überlebenswichtig, Prozesse zu etablieren, die für das Umsetzen von Routinen zur Veränderung von Routinen notwendig sind (Simon, 2011, S. 65). Folglich sollten *Transformation Nudging* und *Transformation Coaching* auch in der Retentionsphase aktiv bleiben, um die Organisation auch in der Routinisierung zu coachen und zu beobachten, ob der förderliche Zustand beibehalten wird bzw. Optimierungspotential besteht.

1.4. Fazit

Auf Basis einer Studie zur Einführung eines Wissensmanagements (Horsthemke, 2017) konnte gezeigt werden, dass Wissensmanagement und Wandel Geschwister sind. Wissensmanagement als Instrument oder Projekt zu denken, ist zu kurz gesprungen. Es ist vielmehr eine besondere, häufig IT-gestützte Form der Zusammenarbeit, die nicht nur prozessuale und strukturelle, sondern auch kulturelle Veränderung mit sich bringt. Wird diese Veränderung nicht begleitet, ist die Wahrscheinlichkeit groß, dass maximal unabhängige nur fallweise kooperierende Wissensinseln entstehen (Horsthemke, 2017, S. 286). Wissen wird dann nicht in Handeln umgesetzt und bleibt organisational irrelevant (North, 2005, S. 34). Im besten Fall bilden sich irgendein oder irgendwelche ‚Wissensmanagements', jedoch nicht das für die Organisation stimmige Wissensmanagement.

Da durch Veränderungen im Wissensmanagement ausgelöster Wandel sich nicht wesentlich von anderen Veränderungsprozessen unterscheidet, kann der abgeleitete, als *Transformation Nudging* bezeichnete Vorschlag zur Begleitung von Transformation im Wissensmanagement grundsätzlich bei Transformationen zum Einsatz kommen. In Form einer beeinflussten Evolution wirkt er auf den evolutionären Prozess ein, ohne ihn managen zu wollen, und ist damit eine Art Governance im Sinne eines Mittels zur Einflussnahme auf organisationale Prozesse (Eberl & Volkenandt, 2015, S. 245).

Bei dem Versuch der Beschreibung einer Einführung von Wissensmanagement mit *Transformation Nudging* lässt sich zu guter Letzt erkennen, dass *Transformation Nudging* eine Alternative zu Change-Management darstellen kann, aber nicht wesentlich aufwandsärmer ist. Es ist allerdings zu erwarten, dass die Erfolgswahrscheinlichkeit derart höher sein wird, als dass ein *Transformation Nudging* Spannungen, Ablehnungen und Widerstände zwar nicht vermeiden, wohl aber schmälern kann. In Bezug auf den zeitlichen Horizont hat *Transformation Nudging* den Nachteil, dass es deutlich mehr Zeit in Anspruch nimmt. Auf der Habenseite steht dem gegenüber, dass die Verankerung einer Veränderung in den Routinen hingegen stabiler gelingen sollte. Für die schnelle Umsetzung einer Veränderung ohne Blick auf ihre Nachhaltigkeit wird auch in Zukunft *Change Management* die stimmigere Alternative sein. Ob es jedoch angesichts der Tatsache, dass es bei Veränderung ja in der Regel genau um Nachhaltigkeit geht, die grundsätzlich geeignetere Lösung ist, ist fraglich. *Transformation Nudging* stellt aus Sicht des Autors mit Blick auf nachhaltige Veränderung eine attraktive Option dar.

Literaturverzeichnis

Back, A., von Krogh, G., Seufert, A., & Enkel, E. (2005). *Putting Knowledge Networks into Action: Methodology, Development, Maintenance.* Berlin u. a.

Bendel, O. (2019). *Nudging – Definition: was ist "Nudging"?* (Gabler Wirtschafslexikon, Hrsg.) Abgerufen am 01.06.2020 von https://wirtschaftslexikon.gabler.de/definition/nudging-99919/version-369156

Binner, H. F. (2008). Pragmatisches prozessorientiertes Wissensmanagement. *Leistung und Lohn – Zeitschrift für Arbeitswirtschaft, BDA Bundesvereinigung der Deutschen Arbeitgebervrbände (Hrsg.), Leistung und Lohn – Zeitschrift für Arbeitswirtschaft, Berlin* (Nr. 450/451/452/453 Juli 2008).

Eberl, M., & Volkenandt, G. (2015). Governance strategischer Projekte – Wie die Umsetzung gelingen kann. *zfd Zeitschrift Führung + Organisation, Ausgabe 4/2015* (Juli/August), S. 245–253.

Eppler, M. J., & Mengis, J. (2005). Wissensdialoge – ein gesprächsorientierter Ansatz des Wissensmanagements. *OrganisationsEntwicklung 4_05*(04/2005), S. 14–23.

Fischer, J.-H. (2009). *Steuerung in Organisationen.* Wiesbaden.

Horsthemke, V. C. (2017). *Zur Implementierbarkeit eines Systems des Wissensmanagements im Unternehmen.* (Repositorium der Zeppelin Universität, Hrsg.) Abgerufen am 19.03.2019 von Repositorium der Zeppelin Universität: https://repositorium.zu.de/frontdoor/deliver/index/docId/21/file/Zur+Implementierbarkeit+eines+Systems+des+Wisssensmanagements+im+Unternehmen_Dissertation +ZU_Volker+C.+Horsthemke.pdf

Kühl, S. (2015). Entzauberung der lernenden Organisation – Warum die Hoffnung auf die „guten" Regeln des Wandels weitestgehend vergeblich ist. *OrganisationsEntwicklung* (Nr. 1/2015), S. 44–51.

Kilman, R. L., & Covin, T. J. (1989). *Corporate Transformation.* San Francisco.

Koontz, H., & Weihrich, H. (2007). *The Essentials of Management – an International Perspective.* New Delhi.

Krischen, H. (September 2014). Die Lehren des Scheiterns. *Personalwirtschaft: Magazin für Human Resources* (09/2014), S. 62–63.

Krizanits, J. (2013). *Einführung in die Methoden der systemischen Organisationsberatung.* Heidelberg.

Lackner, K. (2009). *Beratung – (k)eine Wissenschaft?* (Bd. Quo vadis Beratungswissenschaft?). (H. Möller, & B. Hausinger, Hrsg.) Wiesbaden.

Lehner, F. (2012). *Wissensmanagement: Grundlagen, Methoden und technische Unterstützung.* München.

Luhmann, N. (2006). *Einführung in die Systemtheorie.* Heidelberg.

Maturana, H. R. (1997). *Was ist erkennen?* München.

Moser, K. S., & Schaffner, D. (2004). *Die Bedeutung der Wissenskooperation für ein nachhaltiges Wissensmanagement* (Bde. Wissensmanagement komplex – Perspektiven und soziale Praxis). (B. Wyssusek, Hrsg.) Berlin.

Nonaka, I., & Takeuchi, H. (2012). *Die Organisation des Wissens – Wie japanische Unternehmen eine brachliegende Ressource nutzbar machen.* Frankfurt a. M.

North, K. (2005). *Wissensorientierte Unternehmensführung: Wertschöpfung durch Wissen.* Wiesbaden.

Oelsnitz, D. v. (2012). *Einführung in die systemische Personalführung.* Wiesbaden.

Personio. (2019). *Organisationsentwicklung: So wird Ihr Unternehmen fit für den Wandel.* (Personio GmbH, Hrsg.) Abgerufen am 22.05.2020 von www.personio.de: https://www.personio.de/blog/organisationsentwicklung/

Probst, G. J., Raub, S. P., & Romhardt, K. (2012). *Wissen managen: Wie Unternehmen ihre wertvollste Ressource optimal nutzen.* Wiesbaden.

Reinmann-Rothmeier, G. (2001). *Wissen managen: Das Münchener Modell.* Forschungsbericht Nr. 131, Ludwig-Maximilians-Universität München, Lehrstuhl für Empirische Pädagogik und Pädagogische Psychologie, München.

Scherer, A. (2006). Kritik der Organisation oder Organisation der Kritik? – Wissenschaftstheoretische Bemerkungen zum kritischen Umgang mit Organisationstheorien. In A. Kieser, & M. Ebers, *Organisationstheorie* (S. 19–62). Stuttgart.

Simon, F. B. (2004). *Gemeinsam sind wir blöd!? – Die Intelligenz von Unternehmen, Managern und Märkten.* Heidelberg.

Simon, F. B. (2011). *Einführung in die systemische Organisationstheorie.* Heidelberg.

Simon, F. B. (2013). *Einführung in Systemtheorie und Konstruktivismus.* Heidelberg.

Starr, C. G. (1991). *A History of the Ancient World.* New York.

Täubner, S. (2010). Der verborgene Schatz. *Brand 1* (11/2010), S. 54–58.

Thaler, R. T., & Sunstein, C. R. (2017). *Nudge – Wie man kluge Entscheidungen anstößt.* Berlin.

Wagner, F., & Kluge, A. (2012). *Zielorientierte Unternehmenssteuerung mit Hilfe verknüpfter Informationsgrundlagen aus Jahresabschlussanalyse und Marktforschung – Zur Nützlichkeit frei verfügbarer Informationen für die Steuerung.* Karlsruhe.

Weber, I., Fischer, S., & Einreiner, C. (2018). *Wissenschaftliche Grundlagen für ein agiles Reifegradmodell* (Bde. Agile Organisationen – Transformationen erfolgreich gestalten – Beispiele agiler Pioniere). (A. Häusling, Hrsg.) Freiburg u. a.

Weick, K. E. (1995). *Sensemaking in Organizations.* Thousand Oaks.

Welsch, C. (2010). Organisationale Trägheit und ihre Wirkung auf die strategische Früherkennung von Unternehmenskrisen. In Network R. Berger Strategy Consultants – Academic, *Schriften zum europäischen Management.* Wiesbaden.

Willke, H. (2007a). *Einführung in das systemische Wissensmanagement.* Heidelberg.

Willke, H. (2007b). *Smart Governance: Governing the Global Knowledge Society.* Frankfurt u. a.

Ziegengeist, M., Weber, E., & Gronau, N. (Juni 2014). Wandlungsbereitschaft von Mitarbeitern – Wie lässt sie sich messen und welche Faktoren sind ausschlaggebend? *zfo – Zeitschrift für Führung und Organisation* (6/2014 November/Dezember), S. 421–426.

2. Rahmenbedingungen der betrieblichen Innovationsarbeit

Thomas Wala & Katharina Felleitner-Goll

Abstract: Empirische Untersuchungen bestätigen, dass innovative Unternehmen in der Regel profitabler sind als weniger innovative Unternehmen. Innovationen sind somit für die Wettbewerbsfähigkeit von Unternehmen von höchster Bedeutung, weshalb sie nicht dem Zufall überlassen werden sollten.

Um den Zielbezug und die synergetische Koordination sämtlicher Innovationsanstrengungen im Unternehmen zu gewährleisten, müssen die erforderlichen organisatorischen, räumlichen und kulturellen Rahmenbedingungen geschaffen werden. Im vorliegenden Beitrag werden diesbezügliche Herausforderungen und Gestaltungsoptionen diskutiert.

In Bezug auf die organisatorischen Rahmenbedingungen werden sowohl die Verankerung der Innovationsfunktion in der Organisationsstruktur (Aufbauorganisation) als auch die Gestaltung des Innovationsprozesses (Ablauforganisation) adressiert. Mit der Holokratie und der ambidextren Organisation werden außerdem zwei jüngere Organisationskonzepte, von denen sich einige Akteure aus Praxis und Lehre eine verbesserte Abbildung der Innovationsfunktion im Unternehmen versprechen, näher vorgestellt.

Betreffend die räumlichen Aspekte geht es zunächst um die Frage des optimalen Zentraliserungsgrads der betrieblichen Innovationsarbeit. Außerdem wird dargestellt, wie moderne Bürokonzepte abteilungsübergreifende Kreativprozesse unterstützen und auf diese Weise zur Steigerung der Innovationskraft des Unternehmens beitragen können.

Schließlich werden Stellhebel zur Etablierung einer Unternehmenskultur, die durch Veränderungsbereitschaft, Experimentierfreudigkeit und Fehlertoleranz gekennzeichnet ist, diskutiert.

2.1 Einleitung

Empirische Untersuchungen bestätigen, dass *innovative Unternehmen* in aller Regel profitabler sind als weniger innovative Unternehmen (Hecht, 2014, S. 251–263).

Aus technologischem Know-how und kreativen Ideen entstehen in innovativen Unternehmen regelmäßig neue Produkte oder kostengünstigere Produktionsprozesse, die auf immer härter umkämpften Käufermärkten zu Differenzierungs- oder Kostenvorteilen gegenüber der Konkurrenz führen und sich letztlich in messbaren Erfolgsgrößen wie Umsatz, Gewinn oder Rentabilität niederschlagen (Gleich et al., 2017, S. 314; Hecht, 2014, S. 251; Franken & Franken, 2011, S. 192; Vahs & Schäfer-Kunz, 2015, S. 574; Landwehr-Zloch, 2019b, S. 471–472; Nelke, 2020, S. 399–400).

Eine erfolgreiche Innovationsarbeit ist somit von entscheidender Bedeutung für den langfristigen Erfolg eines Unternehmens.

Um den Zielbezug und die synergetische Koordination sämtlicher Innovationsanstrengungen im Unternehmen sicherzustellen, müssen die erforderlichen *organisatorischen, räumlichen und kulturellen Rahmenbedingungen* geschaffen werden. Grundsätzlich gilt diesbezüglich, dass Flexibilität und Kreativität als zentrale Voraussetzungen für innovatives Arbeiten nicht durch zu viel Formalismus und Bürokratie (z. B. rigide Budgetvorgaben, komplexe Genehmigungsverfahren etc.) verloren gehen dürfen (Kraus, 2019, S. 47). Mit zunehmender Größe eines Unternehmens ist allerdings ein gewisses Maß an Zentralisierung, Strukturierung und Standardisierung der betrieblichen Innovationsaktivitäten nötig, um eine strategiekompatible Priorisierung, effiziente Umsetzung und objektive Evaluierung der Innovationsprojekte zu gewährleisten (Hecht, 2014, S. 251–263).

Der vorliegende Beitrag skizziert einige bei der Herstellung möglichst optimaler organisatorischer, räumlicher und kultureller Rahmenbedingungen auftretende Herausforderungen und zeigt Gestaltungsoptionen zu deren Bewältigung auf.

2.2 Aufbauorganisation

Die organisatorische Verankerung der Innovationsfunktion hat zwei Aspekte: Einerseits die Eingliederung in die Organisationsstruktur (Aufbauorganisation) und andererseits die Gestaltung des Innovationsprozesses (Ablauforganisation) (Franken & Franken, 2011, S. 246).

In diesem Kapitel werden zentrale *Gestaltungsoptionen* im Zusammenhang mit der aufbauorganisatorischen Verankerung der Innovationsfunktion in Unternehmen diskutiert (Franken & Franken, 2011, S. 246–248). Ablauforganisatorische Aspekte der Innovationsarbeit werden im Folgekapitel behandelt.

2.2.1 Dauerhafte vs. temporäre Verankerung der Innovationsarbeit

Größere Innovationsvorhaben werden meistens in Form temporärer *Projektarbeit* abgewickelt. Meist laufen mehrere Projekte gleichzeitig, wodurch ein erheblicher Koordinationsbedarf in Bezug auf Sach-, Personal- und Finanzmittel entsteht. Daher bedarf es eines professionell betriebenen

Multiprojektmanagements, in dessen Rahmen laufend die Schnittstellen zwischen den Innovationsprojekten sowie jene zwischen den Projekten und der Linie abgestimmt werden (Franken & Franken, 2011, S. 247). Nicht zuletzt zwecks Sicherstellung dieser Abstimmungsarbeit sollte ab einer gewissen Unternehmensgröße das Innovationsmanagement in Form einer spezialisierten *Linien- oder Stabsabteilung* dauerhaft in der Organisationstruktur verankert sein.

2.2.2 Zentralisation vs. Dezentralisation der Innovationsarbeit

Entschließt man sich in größeren Unternehmen zu einer dauerhaften Verankerung der Innovationsarbeit in der Primärorganisation stellt sich die Frage, inwieweit man die Innovationsaufgaben in einer zentralen Organisationseinheit bündeln oder sie auf mehrere dezentrale Einheiten verteilen soll.

Bei der *zentralen Organisation* wird eine eigene (Stabs-)Abteilung für Innovationsmanagement eingerichtet und diese oft direkt bei der Unternehmensleitung angesiedelt. Bei einer *dezentralen Organisation* des Innovationsmanagements werden hingegen den einzelnen Funktionsbereichen (z. B. Produktion, Vertrieb etc.) oder Sparten (z. B. Produktgruppen, Regionen etc.) eigene (Stabs-)Abteilungen zugeordnet, die mit Innovationsarbeit beauftragt sind.

Durch die Verteilung der Innovationsarbeit auf mehrere *dezentrale Organisationseinheiten* können der Marktbezug der Innovationsarbeit gestärkt und die Reaktionsgeschwindigkeit bei Umfeldveränderungen erhöht werden. Andererseits kann es bei ungenügender Koordination der dezentralen Einheiten zu Doppelarbeiten und einem daraus resultierenden überhöhten Ressourcenverbrauch kommen (Franken & Franken, 2011, S. 248).

Eine *Zentralisierung* der Innovationsarbeit in einer bei der Unternehmensleitung eingerichteten (Stabs-)Abteilung vermeidet hingegen ineffiziente Doppelarbeiten, ermöglicht die Realisierung von Größen- und Spezialisierungsvorteilen und führt zu einem geringen Koordinationsaufwand. Eine Gefahr besteht allerdings darin, dass im Falle einer zentralen Innovationsabteilung die anderen Abteilungen einen Schritt zurücktreten und sagen: „Na, wenn die jetzt für Innovation zuständig sind, dann müssen wir ja nichts mehr machen." (Augsten et al., 2017, S. 118).

Um die Vor- und Nachteile dieser idealtypischen Ausgestaltungsformen auszutarieren, werden in der betrieblichen Praxis oftmals *Kombinationen* mit zentralen und dezentralen Elementen gebildet. Dabei befasst sich eine möglichst nahe bei der Konzernleitung angesiedelte zentrale Organisationseinheit vor allem mit strategischen und übergreifenden Fragestellungen mit Innovationsbezug (z. B. Innovationsstrategie, Multiprojektmanagement, Innovationscontrolling etc.) und koordiniert – zwecks Hebung von Synergiepotenzialen – die unternehmens- und standortübergreifende Innovationsarbeit; dezentrale Einheiten beschäftigen sich hingegen vorwiegend mit produkt- und marktnahen Entwicklungsaufgaben, für die sie spezifisches Fach- und Erfahrungswissen besitzen (Wirtz, 2018, S. 129–136).

2.2.3 Funktionale Verortung der Innovationsarbeit

In Abhängigkeit der primären Innovationsauslöser (Market Pull Innovation vs. Technology Push Innovation) und der gewählten Innovationsstrategie kann die organisatorische Eingliederung des Innovationsmanagements entweder in das *Marketing* oder in den Bereich *Forschung und Entwicklung* erfolgen. Die Eingliederung in das Marketing unterstützt eine intensive Ausrichtung der Innovationsarbeit an den Kundenbedürfnissen. Eine Ansiedlung im Bereich Forschung und Entwicklung bietet sich hingegen bei primär technologieinduzierten Innovationen an (Franken & Franken, 2011, S. 247–248).

2.2.4 Promotoren der Innovationsarbeit

In der Praxis hat sich gezeigt, dass für eine erfolgreiche Innovationsarbeit das (informelle) Zusammenspiel mehrerer *Akteure,* die jeweils spezifische Rollen und entsprechende Aufgaben im Innovationsprozess übernehmen, höchst dienlich ist. Man unterscheidet diesbezüglich zumeist zwischen Fach-, Prozess-, Macht- und Beziehungspromotoren. Die Besetzung dieser Rollen muss wohlüberlegt sein. In kleineren Unternehmen kann es vorkommen, dass einzelne Personen mehr als eine dieser Rollen, im Extremfall sogar sämtliche Rollen, wahrnehmen. Bei komplexeren Vorhaben und in größeren Unternehmen ist davon eher abzuraten; die einzelnen Rollen sollten dann vielmehr von verschiedenen, untereinander jedoch gut abgestimmten Personen wahrgenommen werden (Wirtz, 2018, S. 137–138).

- Der **Machtpromotor** kann einen Veränderungs- oder Innovationsprozess aufgrund seiner hierarchisch legitimierten Macht positiv beeinflussen. Das heißt, er hat eine höherrangige Position in der Aufbauorganisation inne und kann Ressourcen für seine Belange frei einteilen. Durch seine Stellung in der Hierarchie ist der Machtpromotor einerseits in der Lage Opponenten mit Sanktionen zu belegen, andererseits kann er Innovationswillige schützen und unterstützen.

- Der *Fachpromotor* unterstützt einen Veränderungsprozess durch sein objektspezifisches Fach- und Methodenwissen. Seine hierarchische Position in der Aufbauorganisation ist dabei eher nebensächlich, da er die Mitglieder der Organisation dadurch nicht beeinflussen kann. Fachpromotoren sind oft auf mittleren Linienpositionen angesiedelt, wo sie im Arbeitsalltag öfters mit technischen Neuheiten in Berührung kommen.
- Der *Prozesspromotor* zeichnet sich durch die besondere Kenntnisse der (formellen und informellen) Aufbau- und Ablauforganisation einer Unternehmung aus. Er stellt aufgrund seines Wissens Kontakte und Verbindungen zwischen den Fach- und Machtpromotoren sowie anderen Beteiligten her. Er steuert den Innovationsprozess maßgeblich und übt oft die Rolle des Projektleiters aus.
- Sobald mit einem Innovationsvorhaben die Grenzen des eigenen Unternehmens überschritten werden, etwa im Rahmen von Kooperationen mit anderen Unternehmen oder Forschungseinrichtungen, wird ein *Beziehungspromotor* benötigt. Dieser verfügt über ein umfangreiches Netzwerk und sehr gute Beziehungen zu wichtigen Akteuren außerhalb des Unternehmens (z. B. Partnerunternehmen, Kunden, Lieferanten, Forschungseinrichtungen, Förderagenturen etc.). Seine Hauptaufgaben bestehen darin, die richtigen Innovationspartner zusammenzubringen, Vertragsverhandlungen zu führen und ggf. als Mediator zu fungieren.

2.2.5 Alternative Organisationskonzepte

In der Praxis kann beobachtet werden, dass sich vor allem kleine Einheiten, klar definierte Zuständigkeiten, flache Hierarchien, die Delegation von Aufgaben und Entscheidungen auf nachgelagerte Ebenen sowie flexible Kooperationsstrukturen tendenziell positiv auf den Innovationserfolg auswirken (Hecht, 2014, S. 251–263).

Eine die Innovationsarbeit beeinträchtigende *Bürokratisierung* wird oftmals dadurch eingeleitet, dass Unternehmen erfolgreich sind und wachsen, jedoch mit zunehmender Größe – verständlicherweise – das Bedürfnis nach ausgefeilteren Organisationssystemen wächst, die es ermöglichen, das Unternehmen straff zu steuern. Im Ergebnis mündet eine solche Entwicklung dann aber leider allzu oft in eine wuchernde Bürokratie, die zwar auf der einen Seite Ordnung und Koordination sicherstellt, jedoch auf der anderen Seite Elan und Kreativität aufseiten der Mitarbeiter lähmt. Unternehmen, die innovativ und dynamisch sind und es auch bleiben wollen, müssen daher eine optimale Balance zwischen kreativer Innovationsarbeit und effizienzgetriebenem Tagesgeschäft finden und sich rasch und flexibel an ein sich immer schneller veränderndes Umfeld anpassen können (Sure, 2017, S. 183). Zwei in diesem Zusammenhang intensiv diskutierte Organisationkonzepte sind die Holokratie sowie die ambidextre Organisation.

2.2.5.1 Holokratie

In diesem sehr stark von der Soziokratie beeinflussten Modell werden die aus den Kundenbedürfnissen und Marktanforderungen abgeleiteten Aufgaben von autonom agierenden und personell wechselseitig verflochtenen *Kreisen* übernommen. Die einzelnen Kreise setzen sich wiederum aus verschiedenen *Rollen* zusammen, die von einzelnen Teammitgliedern bekleidet werden (siehe Abbildung 1). Jeder Rolleninhaber kann innerhalb seiner Zuständigkeit eigenständig operative Entscheidungen treffen. Er kann auch darüber hinausgehende Vorschläge machen, die dann umgesetzt werden, wenn kein anderes Kreismitglied

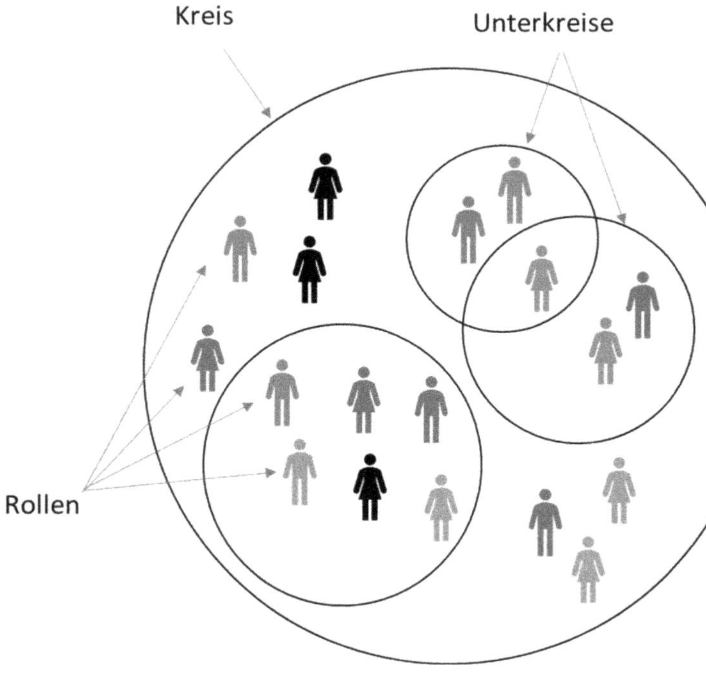

Abbildung 1: Holokratie

gewichtige Einwände vorbringt *(sog. Konsent-Prinzip)*. Die Zuständigkeiten und Kompetenzen der Kreise und Rollen werden bei Auftreten neuer Herausforderungen im Rahmen regelmäßig stattfindender *Governance-Meetings* aktualisiert. Auf diese Weise findet fortlaufend eine dezentrale Organisationsentwicklung statt, die einen evolutionären Charakter besitzt.

Vertreter der Holokratie loben das „flache“ Arbeitsumfeld, das zu mehr Flexibilität, Produktivität und eben auch Kreativität führt. Kritiker weisen hingegen daraufhin, dass die Holokratie ebenfalls starke bürokratische Züge aufweist, weil die Mitarbeiter ihr Handeln an einem umfangreichen und komplexen Regelwerk, der sog. *Holokratie-Verfassung,* ausrichten müssen. Außerdem erfordert die Holokratie ausgeprägte soziale Kompetenzen bei allen Mitarbeitern, was in der Praxis nicht immer vorausgesetzt werden kann.

2.2.5.2 Ambidextre Organisation

Die Praxis zeigt, dass sich etablierte Unternehmen häufig schwertun, etablierte Erfolgsmuster zugunsten neuer und unsicherer Geschäftsfelder und Technologien zu verlassen (sog. *Erfolgsfalle)*. Das bestehende Geschäftsmodell wird zwar regelmäßig verbessert, tiefgreifende Veränderungen werden hingegen angesichts hoher gegenwärtiger Gewinne für nicht erforderlich gehalten oder zumindest als nicht dringlich eingestuft und folglich auf die lange Bank geschoben. In einem sich dynamisch ändernden Marktumfeld hat das jedoch zur Folge, dass die langfristige Existenz des Unternehmens stark gefährdet wird. Um dies zu vermeiden, muss das Unternehmen eine *ambidextre (“beidhändige”) Organisationsstruktur* schaffen, in deren Rahmen kontextspezifisch angestrebt wird, eine sinnvolle Balance zwischen dem effizienzgetriebenen Tagesgeschäft *(Exploitation)* und radikaler Innovationsarbeit *(Exploration)* zu finden (siehe Abbildung 2).

- Bei der *Exploitation* geht es darum, die kurzfristigen Kundenwünsche zu erfüllen, dabei Kosten zu sparen und angebotene Lösungen in kleinen Schritten inkrementell weiter zu entwickeln. Um diese Zielsetzung möglichst gut umzusetzen, ist die Abwicklung der im Rahmen der bestehenden Geschäftstätigkeit anfallenden Routineaufgaben auf Effektivität und Effizienz hin zu optimieren. Dabei sind Organisationsstrukturen und Prozesse zu formalisieren, um in Verbindung mit einem aufgabenorientierten Führungsstil möglichst stabil und fehlerfrei zu arbeiten und auf diese Weise eine immer höhere Produktivität sowie entsprechende Margenverbesserungen zu realisieren (Olivian & Schimpf, 2018, S. 113–114).

Ambidextrie bzw. ambidextres Verhalten

verfolgt gleichzeitig Exploitation und Exploration, um kurz- und langfristig erfolgreich zu sein

Rahmenbedingungen → Verhalten

	Exploitation (Effizienz)	Exploration (Innovation)
Zielsetzung	aktuelle Kundenwünsche erfüllen	zukünftige Kundenwünsche erfüllen
Aufgabe	effektive und effiziente Abwicklung bestehender Produkte und Geschäfte, inkrementelle Innovationen	Suche, Verknüpfung, Meinungsbildung, kreative Entwicklung neuer Produkte und Geschäfte, radikale Innovationen
Kultur	Effizienz, geringes Risiko, Stabilität, hohe Qualität	Risikofreude, Flexibilität, Experimentieren, Veränderung
KPIs & Maßstäbe	Produktivität, Kosten, Gewinn, Rentabilität, Qualität	Meilensteine, Wachstum, Erkenntnisse, Neuheitsgrad
Strukturen & Prozesse	Hierarchie, klare und formale Prozesse und Verantwortlichkeiten, Routine	anpassungsfähig, agil, iterativ, organisch
Mitarbeiter	„Umsetzer", Spezialisten	Intrepreneure, Generalisten
Führungsstil	Aufgabenorientiert, autoritär, top down	Visionär, involvierend

Abbildung 2: Ambidextre Organisation: Exploitation vs. Exploration (Olivian und Schimpf, 2018, S. 113)

- Die Zielsetzung von *Exploration* ist es hingegen, die sich immer rascher verändernden Kundenbedürfnisse durch innovative Geschäftsmodelle und neue Produkte zu adressieren, um dadurch Chancen für zukünftiges Wachstum zu eröffnen. Zu den für kreative und radikal neue Lösungen erforderlichen Rahmenbedingungen gehört neben schlanken und flexiblen Strukturen und Abläufen vor allem auch ein visionärer Führungsstil, der motivierte Mitarbeiter darin bestärkt, Ideen und Wissen neu zu verknüpfen, um hoch gesteckte Ziele zu erreichen. Die zu etablierende Kultur im Bereich der Exploration ist durch Risiko-, Experimentier- und Veränderungsfreudigkeit gekennzeichnet. Dadurch wird ein Mitarbeiterverhalten gefördert, bei dem man bereit ist, Fehler zu machen, um aus diesen zu lernen und erforderlichenfalls andere Wege einzuschlagen (Olivian & Schimpf, 2018, S. 115).

Je nach Aufgabenstellung sind daher unterschiedliche Rahmenbedingungen im Unternehmen zu schaffen, um das gewünschte Verhalten und die gewünschte Arbeitsweise der Mitarbeiter zu erreichen.

Um kontextspezifisch Exploitation oder Exploration in einem Unternehmen umsetzen zu können, bedarf es geeigneter Trennlinien, die es ermöglichen, für die verschiedenen Aufgabenbereiche die jeweils adäquaten organisatorischen Rahmenbedingungen vorzuhalten. Diesbezüglich sind drei grundlegende Gestaltungsmöglichkeiten denkbar: *die sequenzielle, die kontextuale und die strukturelle Trennung* (siehe Abbildung 3). Die strukturelle Trennung nutzt im Gegensatz zur sequenziellen und zu kontextuellen Trennung unterschiedliche Mitarbeiter in getrennten organisatorischen Einheiten. Ein wesentlicher Vorteil ist, dass eine Spezialisierung und die damit verbundene Arbeitskultur leicht umzusetzen ist. Zu den Nachteilen gehört, dass der Wissenstransfer zwischen den getrennten strukturellen Einheiten organisiert und abgesichert werden muss (Olivian & Schimpf, 2018, S. 115–116).

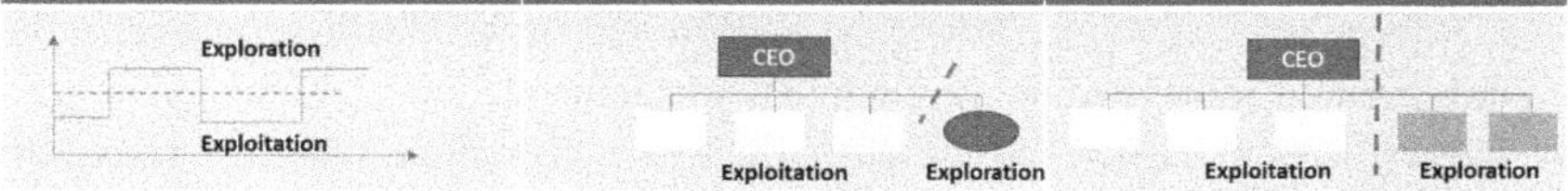

Sequentielle Trennung	Kontextuale Trennung	Strukturelle Trennung
• Exploitation und Exploration werden im Unternehmen in jeweils längeren aufeinander folgenden Phasen wahrgenommen • Die organisatorischen Rahmenbedingungen werden jeweils den spezifischen Erfordernissen der beiden Phasen angepasst	• Unternehmen schaffen Netzwerkstrukturen, um die auf Exploitation ausgerichtete Primärorganisation mit auf Exploration ausgerichteten Arbeits- und Projektgruppen zu erweitern • Dieselben Mitarbeiter wechseln je nach Erfordernis zwischen Primär- und Sekundärorganisation; Exploitation und Exploration werden somit weitgehend gleichzeitig wahrgenommen	• Unternehmer sind in zwei (oder mehr) getrennte Einheiten mit unterschiedlichen organisatorischen Rahmenbedingungen geteilt. • Exploitation und Exploration werden im Unternehmen gleichzeitig wahrgenommen • Je Aufgabe werden unterschiedliche Mitarbeiter eingesetzt, denn Mitarbeiter und organisatorische Einheiten sind nur auf eine Aufgabe und organisatorische Rahmenbedingung spezialisiert
✓ Spezialisierung auf jeweils eine Aufgabenstellung – Schwer in großen Unternehmen umzusetzen – Exploitation und Exploration finden nicht gleichzeitig statt	✓ Hoher Wissenstransfer sichergestellt, da dieselben Mitarbeiter beide Aufgabenstellungen wahrnehmen ✓ Flexible Lösung, da je nach Bedarf ein Mitarbeiter weniger oder mehr in einer Aufgabenstellung verweilen kann – Weniger klare Abgrenzung der unterschiedlichen Spielregeln ersichtlich – Mitarbeiter müssen fähig sein, beide Verhaltensweisen umzusetzen	✓ Einfach für Mitarbeiter sich auf eine Aufgabenstellung zu spezialisieren ✓ Klare Abgrenzung der Aufgabenstellung durch getrennte Organisationsstrukturen sichtbar – Wissenstransfer nicht gegeben; muss daher zusätzlich aufgebaut und gepflegt werden – Weniger flexible Lösung, da Mitarbeiter nicht schnell zwischen Aufgabenstellungen getauscht werden können

Abbildung 3: Trennungsvarianten für eine ambidextre Organisation (Olivian & Schimpf, 2018, S. 115)

2.3 Ablauforganisation

2.3.1 Innovationsprozess

Sobald eine aus der Unternehmensstrategie abgeleitete Innovationsstrategie vorliegt und darauf basierend eine Suchfeldbestimmung vorgenommen wurde, kann der *Innovationsprozess* in Gang gesetzt werden. Dieser hat die Aufgabe, eine Idee mit den momentan verfügbaren Ressourcen zeitgerecht in ein marktfähiges Produkt bzw. eine marktfähige Dienstleistung umzusetzen. Dabei sollte der Innovationsprozess alle notwendigen Schritte von der Ideengenerierung bis hin zur Markteinführung einbeziehen, die notwendigen Prozessaufgaben strukturiert abbilden, sowie Prozessverantwortung und Prozesskompetenzen regeln (Amberg et al., 2011, S. 114–115; Wunder & Bausch, 2014, S. 49–51; Gleich et al., 2017, S. 319–320; Nelke, 2016, S. 9–11; Franken & Franken, 2011, S. 248–253; Nelke, 2020, S. 405–406).

- *Anstoß* für einen konkreten Durchlauf des Innovationsprozesses kann z. B. eine im Zuge einer Situationsanalyse erkannte Marktchance sein, die durch eine Produktinnovation genützt werden soll.
- Dazu gilt es in einem ersten Schritt bereits vorhandene Ideen zu sammeln sowie neue Ideen zu generieren. Im Rahmen der *Ideensammlung* sollten verschiedene Stakeholdergruppen (z. B. Lieferanten, Kunden, Beschäftigte etc.) einbezogen werden. Bei der *Ideengenerierung* können durch den Einsatz von Kreativitätstechniken (z. B. Brainstorming, Morphologischer Kasten etc.) neue Lösungsansätze entwickelt werden.
- Alle in einem groben *Screening* als potenziell zielführend eingestuften Ideen sollten in einem Ideensteckbrief strukturiert beschrieben und sodann in einer Ideendatenbank gespeichert werden.
- Anschließend werden die Ideen von einem möglichst interdisziplinär besetzten Gremium aus Fach- und Führungskräften anhand definierter Kriterien *bewertet* und entsprechend priorisiert.
- Nach der Bewertung erfolgt die finale *Entscheidung* darüber, welche Ideen tatsächlich umgesetzt werden sollen. Wenn die Umsetzung mit einem großen Ressourcenaufwand verbunden ist und/oder besonders riskant ist, entscheidet in vielen Fällen das Top-Management, da dieses auch die Verantwortung für den wirtschaftlichen Erfolg bzw. Misserfolg trägt.
- Ist die Entscheidung gefallen, beginnt die *Umsetzungsphase*. Während kleinere Neuerungen von der Linienorganisation neben dem Tagesgeschäft umgesetzt werden können, ist bei größeren Innovationsvorhaben jedenfalls

die Verwirklichung im Rahmen eines professionell gemanagten Projekts angezeigt.

- Nach der Umsetzung erfolgt die *Markteinführung*, d. h. das Produkt wird für den Kunden verfügbar gemacht. Damit beginnt im Rahmen dieser produktpolitischen Entscheidungen der Marktzyklus und die Invention wird zur Innovation. Bereits im Vorfeld der Markteinführung müssen die weiteren Instrumente des *Marketing-Mix* (Preis- und Konditionenpolitik, Kommunikationspolitik, Distributionspolitik) aufeinander sowie auf die Unternehmensstrategie abgestimmt werden.

Die angeführten Phasen des Innovationsprozesses werden von einer kontinuierlichen *Controllingphase* begleitet, um Fehlentwicklungen frühzeitig zu entdecken und erforderliche Gegenmaßnahmen einzuleiten (siehe Abbildung 4) (Nelke, 2020, S. 410).

2.3.2 Stage-Gate-Modell

Mit zunehmendem Fortgang eines Innovationsvorhabens nimmt die Kostenbeeinflussbarkeit immer weiter ab, weil im Rahmen der Entwicklung naturgemäß

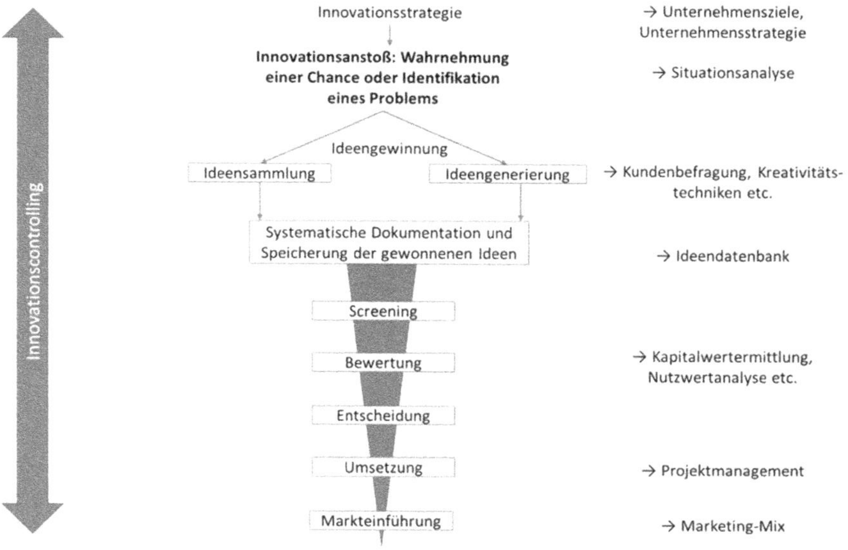

Abbildung 4: Innovationsprozess (Nelke, 2016, S. 23; Nelke, 2020, S. 409)

immer mehr Parameter festgelegt werden müssen und dadurch zugehörige Kosten zementiert werden, weswegen ein später Ausstieg aus einem entsprechenden Vorhaben extrem kostenintensiv sein kann. Dies soll durch sog. *Stage-Gate-Prozesse* verhindert werden. Stage-Gate-Prozesse teilen den Innovationsprozess und die damit verbundene Produkt- bzw. Dienstleistungsentwicklung in mehrere Abschnitte ein und versehen diese an bestimmten Stellen mit sog. *Gates* bzw. Toren. Die Anzahl dieser Tore variiert je nach Komplexität und Aggregationsgrad eines Entwicklungsprojektes. Die Tore dienen ähnlich wie Meilensteine als Kontrollpunkte für den Projektfortschritt, welcher von einem hochkarätig besetzten Gremium begutachtet wird, um darüber zu entscheiden, ob ein Innovationsprojekt fortgeführt wird oder nicht (siehe Abbildung 5). Dabei wird stark auf einen partizipativen und interdisziplinären Entscheidungsprozess geachtet, was durch die Einbindung interner und externer Experten aus verschiedenen Fachbereichen (z. B. Controlling, Produktion, Vertrieb etc.) gewährleistet werden soll (Dillerup & Stoi, 2016, S. 978–980; Haberstock & Finken, 2015, S. 917; Kovarova-Simecek, 2015, S. 263; Landwehr-Zloch, 2019b, S. 475–476). Kriterienbasierte und damit objektivierte Fortführungsentscheidungen an den verschiedenen Gates sind nicht zuletzt deshalb wichtig, weil ein Projektinitiator und/oder -leiter aufgrund einer emotionalen Bindung an „sein" Projekt oder aus Angst vor einem Reputationsverlust dazu tendieren könnte, das Innovationsprojekt selbst dann fortzuführen, wenn seine aktuelle Erfolgsaussicht unter rationalen Gesichtspunkten einen Abbruch nahelegen würde (sog. *Escalating Commitment)* (Landwehr-Zloch, 2019a, S. 60–61, 2019b, S. 481).

In einer Weiterentwicklung des Stage-Gate-Prozesses erfolgt eine Gliederung in *drei Sub-Prozesse*. Nach einer initialen Ideeneingabe erfolgt am ersten Gate eine Vorauswahl, ob im weiteren Verlauf der *Full Stage-Gate-Prozess*, der *Stage-Gate Xpress-Prozess* oder der *Stage-Gate Lite-Prozess* zur Anwendung kommt. Der Full Stage-Gate-Prozess wird nur verwendet, wenn es sich um sehr neue und große Innovationsprojekte handelt. Der Stage-Gate Xpress-Prozess wird dagegen angewendet bei Projekten mit kalkulierbarem Risiko, also z. B. bei Modifikationen, Erweiterungen oder Verbesserungen von bestehenden Produkten oder Dienstleistungen. Der Stage-Gate Lite-Prozess kommt zum Zug, wenn es sich nur um kleine Änderungen handelt. Diese Erweiterung und Differenzierung des Prozessmodells soll zu einer erhöhten Ressourceneffizienz beitragen, da nur jener Aufwand betrieben wird, der bei dem jeweiligen Innovationsvorhaben wirklich notwendig ist. Dies wirkt sich positiv auf die Zielgrößen Kosten und Zeit aus (Wirtz, 2018, S. 32–33).

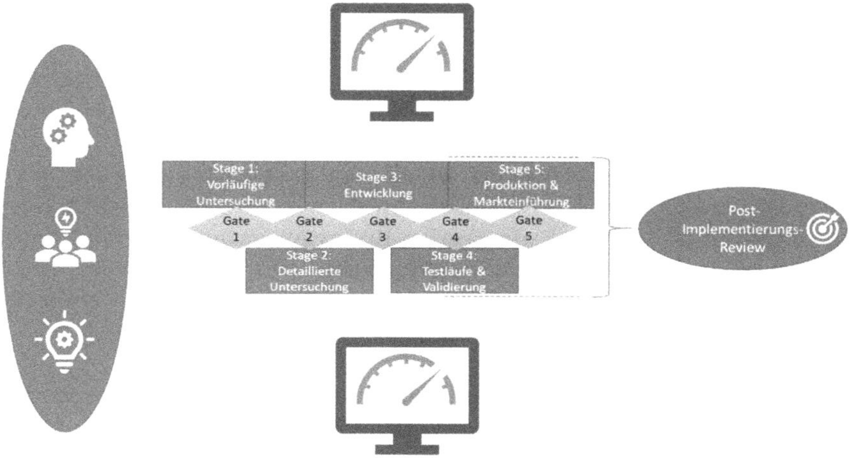

Abbildung 5: Stage-Gate-Prozess (Wirtz, 2018, S. 33)

2.4 Räumliche Aspekte der Innovationsarbeit

2.4.1 Inhouse vs. Offsite Innovation

Führt man größere Innovationsprojekte innerhalb der bestehenden Strukturen durch, werden sie oftmals durch bürokratische Barrieren und Konflikte um knappe Ressourcen mit Vertretern des Stammgeschäfts behindert. Viele Unternehmen setzen daher in punkto Innovationsarbeit auf räumlich und organisatorisch getrennte Umgebungen (sog. *Innovation Labs*). Daraus versprechen sie sich eine höhere Autonomie und damit einhergehend eine gesteigerte Motivation und Performance des Innovationsteams. Ein noch höherer Autonomiegrad lässt sich bei großen Innovationsprojekten durch eine rechtliche Ausgliederung erreichen (sog. *Spin-off*).

Zu bedenken bleibt allerdings, dass eine Trennung des Neugeschäfts vom Kerngeschäft zwar einerseits zu einer höheren Transparenz, Geschwindigkeit und Autonomie der abgetrennten Innovationseinheit führen mag. Andererseits besteht dann aber die Gefahr, dass sich die ohnehin als mangelhaft empfundene Innovationskompetenz im Stammhaus noch weiter verschlechtern könnte (Gassmann et al., 2017, S. 16). Auch der *Transfer* von Ergebnissen der ausgelagerten Innovationsarbeit in das Stammhaus gestaltet sich umso schwieriger, je unabhängiger das ausgelagerte Innovation Lab agieren kann (Leitl, 2017, S. 2–4).

Auch ohne eine räumliche und organisatorische Auslagerung der Innovationsarbeit besteht die Möglichkeit, bei Bedarf externe Räumlichkeiten für die kreative Teamarbeit *anzumieten*. In aller Regel tun sich Personen, die gemeinsam an einer Innovationsherausforderung arbeiten, an einem neutralen Ort viel leichter, in ungewohnten Bahnen und mutiger zu denken (Gerstbach, 2019, S. 25). Wenn sich die angemieteten Räumlichkeiten in einem *Coworking-Space* befinden, profitiert das Innovationsteam nicht nur von einer professionellen Infrastruktur (z. B. Internet, 3D-Drucker, Besprechungsräume etc.) und diversen Dienstleistungen (z. B. Vorträge, Workshops etc.), sondern insbesondere auch von der Vernetzung mit anderen Nutzern des Coworking-Spaces (z. B. Selbstständige, Start-Ups, Berater, Risikokapitalgeber etc.) (Reuschl & Bouncken, 2017, S. 194–195).

Ergänzend sei in diesem Zusammenhang noch auf sog. *Horchposten* hingewiesen. Dabei handelt es sich um dezentrale Organisationseinheiten größerer Unternehmen in einem besonders anspruchsvollem und leistungsfähigem Umfeld (z. B. in Forschungsclustern wie dem Silicon Valley etc.). Das Ziel ist es dabei, frühzeitig relevante Trends und Entwicklungen in Bezug auf Markt und Technologie zu erfassen und auf ihre Relevanz für das eigene Unternehmen hin zu überprüfen (Hecht, 2014, S. 251–263).

2.4.2 New Work

Im Digitalzeitalter gewinnen Wissen, Einfallsreichtum und Kollaboration zunehmend an Bedeutung. Während digitale Technologien wie Predictive Analytics, Artificial Intelligence etc. zunehmend sämtliche monotonen (Routine-)Aufgaben übernehmen, verlagert sich das Schwergewicht der menschlichen Büroarbeit immer stärker auf jenen Teil der Arbeit, bei dem zwecks Entwicklung von Innovationen sowie neuer Geschäftsmodelle v. a. Teamwork, Kreativität und unkonventionelle Lösungen gefragt sind. Die Erfüllung dieser Anforderungen sollte nicht zuletzt durch eine entsprechende Ausgestaltung der Bürolandschaft unterstützt werden (Rings, 2019, S. 136–140).

Unter Begriffen wie *„New Work“*, *„Smart Working“*, *„Arbeit 4.0“* etc. haben bereits zahlreiche Unternehmen neue Bürowelten eingeführt, die nicht nur auf eine optimierte Flächennutzung, Energieeffizienz und die damit erzielbaren Kosteneinsparungen abzielen. Moderne Bürokonzepte sollen nämlich insbesondere auch die abteilungsübergreifende Kommunikation und Kollaboration erleichtern, Kreativprozesse unterstützen und damit die Innovationskraft steigern sowie schließlich auch die Attraktivität des Unternehmens am

Arbeitsmarkt *(„Employer Branding“)* heben (siehe Abbildung 6) (Wala, 2018, S. 306–310).

Grundlegendes Gestaltungsmerkmal moderner Bürokonzepte ist in der Regel eine offene und tageslichtdurchflutete Raumfläche, die in flexibel nutzbare Zonen unterteilt ist, vielfältige Arbeitsmöglichkeiten vorsieht und vor allem Raum für Interaktion bietet *(„Open Space Office“)*. Mitarbeiter geben ihren festen Arbeitsplatz auf und können je nach Aufgabe die passende Arbeitsstation wählen: für Routinetätigkeiten den Platz in der Homebase, für hoch konzentriertes Arbeiten den Platz im störungsfreien Thinktank, für kreative Teamarbeit den Innovation Space und für den informellen Austausch die Lounge. Und bei Bedarf kann auch von daheim aus gearbeitet werden *(Home Office)*. (Wala, 2018, S. 306–310).

Neben der Bürolandschaft sollte freilich auch die übrige Rauminfrastruktur möglichst stimulierend wirken (z. B. bewusster Einsatz von Materialien und Farben, Aufstellen von Pflanzen etc.) und die Innovationsarbeit unterstützen. Dies betrifft beispielsweise modern ausgestattete Labore, Werkstätten und Seminarräume. So sollte beispielsweise bei Seminarräumen, die auch für Kreativarbeit genutzt werden, darauf geachtet werden, dass alle Stühle und Tische *rollbar* sind (siehe Abbildung 7). Auf diese Weise lassen sich die Möbel stets so konfigurieren, wie es für den aktuellen Zweck (z. B. Vortrag, Diskussion,

Abbildung 6: New Work: Headroom Consult © Fraunhofer IAO

Abbildung 7: Stuhl auf Rollen mit Ablage (Foto: Steelcase)

Gruppenarbeit etc.) am geeignetsten ist (Gerstbach, 2019, S. 104–112). Im Idealfall verfügen die Räume außerdem über *beschreibbare Wände,* um Ideen rasch und unkompliziert visualisieren zu können. Schließlich sollten alle Seminarräume (neben einem Moderationskoffer) auch mit einem Container ausgestattet sein, der verschiedene Materialen (z. B. Karton, Styropor, Knetmasse, Textilien, Garn, Klebstoff etc.) für die Erstellung einfacher *Prototypen* enthält. Bei Bedarf kann die Prototypenerstellung zusätzlich durch einen stabilen Werktisch, einen 3D-Drucker sowie einen Laser-Cutter unterstützt werden (Gerstbach, 2019, S. 118–142).

Die Umstellung auf ein innovationsförderliches Raumkonzept sollte schließlich auch dazu genutzt werden, verschiedene *Bewegungsangebote* für Mitarbeiter zu integrieren (z. B. Deskbikes, Tischtennistisch, Gymnastikraum etc.) (Wala, 2019, S. 186–192). Solche Angebote resultieren aus der Erkenntnis, dass Körper und Geist untrennbar zusammenhängen. Wer sich viel bewegt, ist gemäß dieser Philosophie auch frischer im Denken und kommt besser auf neue Ideen (siehe Abbildung 8) (Rings, 2019, S. 139; Gerstbach, 2019, S. 38–44).

Stets ist zu beachten: Bevor man sich bei Büroprojekten mit architektonischen Detailfragen beschäftigt, muss ein auf intensiven Analysen basierendes *Nutzungskonzept* erstellt werden, in dem geklärt wird, welche konkreten Arbeits- und Innovationsprozesse künftig in den neuen Räumlichkeiten stattfinden sollen. Denn es macht einen erheblichen Unterschied in Bezug auf

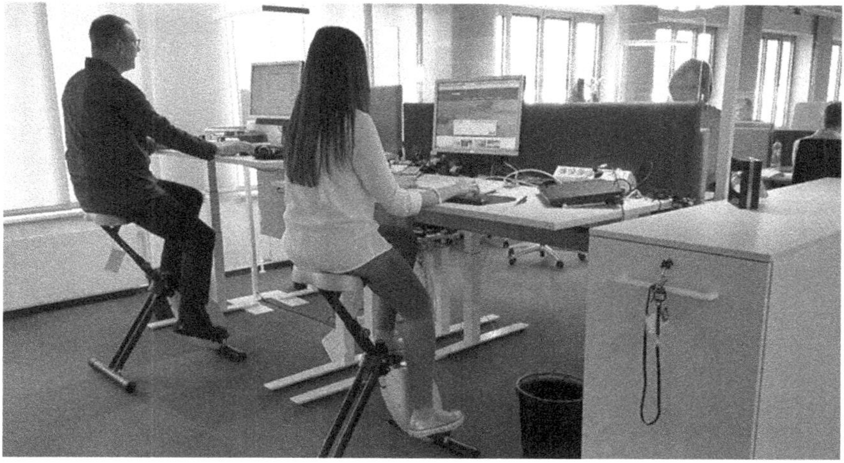

Abbildung 8: Deskbikes (Foto: Deutsche Telekom)

die Anforderungen an Umgebung und Architektur, in welchem Ausmaß die Mitarbeiter konzentrierte Recherchearbeiten durchführen, Kundengespräche abhalten oder mit Kollegen neue Geschäftsideen entwickeln werden (Rings, 2018, S. 52–53; Peschl & Fundneider, 2016, S. 51–52).

2.5 Innovationskultur

Die *Innovationskultur* als Teil der Unternehmenskultur umfasst alle Normen, Wertvorstellungen und Denkhaltungen von Führungskräften und Mitarbeitern, soweit diese für die Initiierung, Planung und Umsetzung von Innovationen relevant sind (z. B. Leistungsorientierung, Lernbegierde, Spaß am Experimentieren, Veränderungsbereitschaft, Fehlertoleranz etc.).

Eine positive Innovationskultur trägt dazu bei, dass die Generierung und Verwirklichung von neuen Ideen im Unternehmen relativ problemlos möglich ist. Die nachfolgende Tabelle fasst wichtige *Merkmale* einer solchen Kultur zusammen (Seeger & Weihe, 2017, S. 99–102; Rings & Rings, 2015, S. 111–113; Kilb & Schönberger, 2019, S. 245–259; Völker et al., 2019, S. 236–240; Nelke, 2016, S. 31; Franken & Franken, 2011, S. 283–285; Seeger et al., 2017, S. 10–11).

Das *Top-Management* ist für die Etablierung einer diesen Merkmalen entsprechenden Innovationskultur verantwortlich. Es bedarf einer aktiven Einflussnahme, um eine Kultur zu schaffen, die Kreativität, Innovation und

Systemoffenheit	Es besteht eine permanente Dialog- und Kooperationsbereitschaft mit externen Stakeholdern (z. B. Kunden, Lieferanten, Hochschulen etc.) sowie eine Offenheit für deren Bedürfnisse und Anregungen. Es besteht eine Offenheit für Verbesserungsvorschläge von Seiten der Mitarbeiter. Die Führungskräfte und Mitarbeiter sind offen für Veränderungen aufgrund von Marktentwicklungen, neuer Technologien oder neuer wissenschaftlicher Erkenntnisse.
Kundenorientierung	Die Mitarbeiter betrachten eine hohe Kundenorientierung und Kundenzufriedenheit als Kernelement ihres Handelns.
Freiräume und Ressourcen	Die Mitarbeiter erhalten in ihren Zuständigkeitsbereichen ausreichend Handlungsspielräume und Ressourcen für die Entwicklung neuer Ideen und Problemlösungen.
Offener Informations- und Kommunikationsstil	Es werden keine Informationen zurückgehalten. Die Informations- und Kommunikationskultur sowie deren Kanäle sind stark informell geprägt und auch über Abteilungsgrenzen und Hierarchieebenen hinweg offen.
Konfliktbewusstsein und Fehlerkultur	Da aus Konflikten in vielen Fällen Kreativität entstehen kann und Innovationsprozesse häufig von Fehlschlägen begleitet werden, lässt das Unternehmen ein gewisses Maß an Konflikten zu und toleriert Misserfolge als notwendige Teile des Weges und wichtige Lernchancen.
Personalauswahl und -entwicklung	Es werden vor allem kreative und lösungsorientierte Mitarbeiter rekrutiert. Mitarbeiter können sich laufend in ihren Fachgebieten fortbilden und werden in modernen Kreativitäts- und Problemlösungstechniken (z. B. Design Thinking etc.) geschult.
Führungsstil	Führungskräfte vertrauen ihren Mitarbeitern, inspirieren und motivieren diese und unterstützen sie bei der Bewältigung von Problemen.
Strategie und Organisation	Es existiert eine aus der Unternehmensstrategie abgeleitete Innovationsstrategie, welche den Markt- und Technologiefokus spezifiziert und Leitlinien für Forschung und Entwicklung vorgibt.
Projektmanagement	Es existieren klare Regeln für die Umsetzung und das Monitoring von Innovationsprojekten.

Abbildung 9: Innovationskultur

Intrapreneurship nicht nur nicht verhindert, sondern auch fördert (Seeger et al., 2017, S. 10–11). Instrumente, die in diesem Zusammenhang zum Einsatz kommen können, sind beispielsweise Unternehmensleitbilder, Führungsgrundsätze, Verhaltenskodizes, Dezentralisierung, Personalauswahl und -entwicklung, Rituale und Events (z. B. Ideenwettbewerbe, interne Messen etc.) oder Ähnliches. Man darf jedoch nicht dem Irrglauben unterliegen, eine bestimmte Kultur könnte ingenieurmäßig geplant und gestaltet werden. Unternehmenskulturen entwickeln sich über lange Zeiträume, sie werden nicht rational erlernt, sondern handelnd erfahren und in einem komplexen Vermittlungsprozess erworben. Insofern sind die Möglichkeiten einer Einflussnahme relativ begrenzt. Neue Werte können nicht befohlen werden. Auf der anderen Seite ist es aber nicht unmöglich, zumindest gewisse Kurskorrekturen vorzunehmen, denn Unternehmenskulturen sind nicht naturgegeben, sondern von Menschen gemacht und damit grundsätzlich veränderbar.

Initiativen zur Etablierung einer positiven Innovationskultur sind auch deshalb so wichtig, weil ansonsten die mit (Geschäftsmodell-)Innovationen regelmäßig einhergehenden aufbau- oder ablauforganisatorischen Veränderungen zu *Widerstand* bei den betroffenen Mitarbeitern führen. Diese haben sich in ihrer persönlichen Komfortzone eingerichtet und jede Veränderungsmaßnahme bringt diese Position potenziell in Gefahr. Die Angst vor dem aus neuen Strukturen und/oder Prozessen möglicherweise resultierenden Verlust an Macht und Ansehen oder vor einer Entwertung des eigenen Know-hows sorgen dafür, dass Mitarbeiter ohne Veränderungsbereitschaft und Experimentierfreudigkeit entsprechenden Innovationen häufig skeptisch oder gar ablehnend gegenüber stehen (Rings & Rings, 2015, S. 111).

Die Etablierung einer positiven Innovationskultur kann allerdings nur dann gelingen, wenn die Unternehmensleitung die Mitarbeiter bei der Konzipierung der aufgrund von Neuerungen erforderlichen Struktur- und Prozessänderungen *partizipieren* lässt und die Leitungspersonen sich ferner in Bezug auf die erforderlichen Verhaltensänderungen ihrer besonderen *Vorbildwirkung* bewusst sind (Nelke, 2020, S. 416).

2.6 Fazit

Innovationen sind für die künftige Wettbewerbsfähigkeit von Unternehmen von höchster Bedeutung, weshalb sie nicht dem Zufall überlassen werden sollten. Allerdings können Innovationen nicht angewiesen, sondern nur durch Herstellung adäquater Rahmenbedingungen ermöglicht werden (Peschl und Fundneider, 2016, S. 50). Dazu zählen neben einem visionären Führungsstil nicht zuletzt auch innovationsfreundliche Strukturen, Prozesse und Bürolandschaften sowie eine innovationsfreundliche Unternehmenskultur. Im vorliegenden Beitrag wurden diesbezügliche Herausforderungen und Gestaltungsoptionen diskutiert. Unabhängig davon, welche kontextspezifischen Maßnahmen zur Herstellung optimaler Rahmenbedingungen für die betriebliche Innovationsarbeit umgesetzt werden sollen, müssen die damit einhergehenden Veränderungen durch ein professionell aufgesetztes *Changemanagement* begleitet werden, um Ängste und Widerstände der betroffenen Mitarbeiter frühzeitig und proaktiv zu minimieren (Rings, 2019, S. 140). Die Verfasser hoffen, dass ihre Ausführungen dem Leser den einen oder anderen wertvollen Denkanstoß zur Optimierung der betrieblichen Innovationsarbeit liefern können.

Literaturverzeichnis

Amberg, M., Bodendorf, F., & Möslein, K. M. (2011). *Wertschöpfungsorientierte Wirtschaftsinformatik*. Springer-Lehrbuch: Band 4. Berlin: Springer.

Augsten, T., Brodbeck, H., & Birkenmeier, B. (2017). Die Voraussetzungen für Innovation in der Aufbauorganisation schaffen. In T. Augsten, H. Brodbeck, & B. Birkenmeier (eds.), *Strategie und Innovation* (S. 115–141). Wiesbaden: Springer.

Dillerup, R., & Stoi, R. (2016). *Unternehmensführung: Management & Leadership: Strategien – Werkzeuge – Praxis* (5., komplett überarbeitete und erweiterte Auflage). München: Franz Vahlen.

Franken, R., & Franken, S. (2011). *Integriertes Wissens- und Innovationsmanagement: Mit Fallstudien und Beispielen aus der Unternehmenspraxis* (1. Aufl.). Wiesbaden: Springer Gabler.

Gassmann, O., Frankenberger, K., Sauer, R., Emonet, S., & Amann, C. (2017). Neue Geschäftsmodelle erfolgreich entwickeln und umsetzen. *Controlling* (2), S. 12–20.

Gerstbach, I. (2019). *Innovationsräume: Raumkonzepte für agile Teams*. München: Carl Hanser.

Gleich, R., Munck, J. C., & Tkotz, A. (2017). Innovationsmanagement und -controlling. In C. Zerres (Hrsg.), *Handbuch Marketing-Controlling* (Band 8, S. 313–331). Berlin: Springer.

Haberstock, P., & Finken, S. (2015). Innovationsmanagement. *WISU.* (8–9), S. 915–921.

Hecht, C. H. (2014). Innovationsmanagement. In R. Pircher (Ed.), *Wissensmanagement, Wissenstransfer, Wissensnetzwerke: Konzepte, Methoden, Erfahrungen* (2. Auflage, S. 251–263). Erlangen: Publicis.

Kilb, J., & Schönberger, F. (2019). Innovationskultur als zukunftsfähige Unternehmenskultur. In M. Groß, M. Müller-Wiegand, & D. F. Pinnow (Eds.), *Zukunftsfähige Unternehmensführung* (S. 245–261). Berlin: Springer.

Kovarova-Simecek, M. (2015). Innovationscontrolling. Teil 2. *CFO Aktuell.* (6), S. 262–266.

Kraus, G. (2019). Wie groß ist Ihre Innovationskraft? *Wissensmanagement.* (4), S. 46–48.

Landwehr-Zloch, S. (2019a). Verhaltensorientiertes Innovations-Controlling. *Controlling & Management Review* (2), S. 58–62.

Landwehr-Zloch, S. (2019b). Wertorientiertes Management und Controlling von Innovationen. In P. Ulrich & B. Baltzer (Hrsg.), *Wertschöpfung in der Betriebswirtschaftslehre* (Band 12, S. 471–486). Wiesbaden: Springer.

Leitl, M. (2017). Unsichtbare Hürden. *Harvard Business Manager* (11), S. 2–4.

Nelke, A. (2016). *Kommunikation und Nachhaltigkeit im Innovationsmanagement von Unternehmen: Grundlagen für die Praxis. Wirtschaftsförderung in Lehre und Praxis.* Wiesbaden: Springer Gabler.

Nelke, A. (2020). Innovationen und Innovationsmanagement für Unternehmen. In J. Stember, M. Vogelgesang, P. Pongratz, & A. Fink (Hrsg.), *Handbuch Innovative Wirtschaftsförderung* (Band 25, S. 399–425). Wiesbaden: Springer.

Olivian, P., & Schimpf, S. (2018). Ambidextre Organisation als Stellhebel zur erfolgreichen Entwicklung radikaler Innovationen. *Ideen- und Innovationsmanagement* (04), S. 112–116.

Peschl, M. F., & Fundneider, T. (2016). Büro als Treiber von Wissens- und Innovationsprozessen. In M. Klaffke (Hrsg.), *Arbeitsplatz der Zukunft* (S. 31–56). Wiesbaden: Springer.

Reuschl, A. J., & Bouncken, R. B. (2017). Coworking-Spaces als neue Organisationsform in der Sharing Economy. In M. Bruhn, & K. Hadwich (Hrsg.), *Dienstleistungen 4.0* (S. 185–208). Wiesbaden: Springer.

Rings, J. (2018). Innovation Spaces. Wie Raum und Architektur das kreative Denken fördern. *Ideen- und Innovationsmanagement* (2), S. 50–53.

Rings, S. (2019). Raum für Veränderung. *Ideen- und Innovationsmanagement* (4), S. 136–140.

Rings, S., & Rings, J. (2015). Sieg gegen Windmühlen. Innovationskultur im Mittelstand. *Ideen- und Innovationsmanagement* (3), S. 111–113.

Seeger, B., Sturm, N., & Weihe, J. (2017). Erfolgsfaktoren der Innovativität in kleinen und mittelständischen Unternehmen. *Ideen- und Innovationsmanagement* (1), S. 7–11.

Seeger, B., & Weihe, J. (2017). Welche Umstände können Mitarbeiterinnen und Mitarbeiter dazu motivieren, sich engagiert am Innovationsgeschehen zu beteiligen. *Innovations- und Ideenmanagement* (3), S. 99–102.

Sure, M. (2017). Internationales Technologiemanagement. In M. Sure (Hrsg.), *Internationales Management* (Band 3, S. 157–188). Wiesbaden: Springer.

Vahs, D., & Schäfer-Kunz, J. (2015). *Einführung in die Betriebswirtschaftslehre* (7., überarbeitete Auflage). Stuttgart: Schäffer-Poeschel.

Völker, R., Friesenhahn, A., & Seefeld, D. (2019). Innovationsmanagement 4.0. In M. Erner (Hrsg.), *Management 4.0 – Unternehmensführung im digitalen Zeitalter* (Band 21, S. 209–244). Berlin: Springer.

Wala, T. (2018). New Work – neue Arbeitswelten für digitale Zeiten. *ASoK.* (8), S. 306–310.

Wala, T. (2019). Move It! Fitness im Büro mit Active Workplace Design. *ASoK.* (5), S. 186–192.

Wirtz, H. (2018). *Crashkurs Innovationsmanagement* (1. Auflage). Berlin: Pro Business.

Wunder, T., & Bausch, J. (2014). Unternehmerische Kreativität zielgerichtet entfalten. *Controlling & Management Review* (4), S. 46–55.

3. Tierschutz versus Ökohaltung im Bereich Eier und Geflügel: Innovative Ansätze, Vorgaben der ökologischen und konventionellen Produktion unter Tierwohlaspekten, ökonomischer Nutzen

Caspar von der Crone, Nicole Mau & Markus Mau

Abstract: Die Analyse der Untersuchung konzentriert sich auf den Bereich Eier und Geflügelfleisch. In den zurückliegenden Jahren hat die ökologische Produktion an Bedeutung gewonnen. Insbesondere die Legehennenhaltung verzeichnet steigende Marktanteile, während unter Tierschutz ausgelobte Erzeugnisse mengenmäßig bisher nur eine geringe Akzeptanz finden. Das Ziel ist es herauszufinden, worin sich dieser begründet.

Tierwohl und Tierschutz stehen im Fokus der Öffentlichkeit. Es geht vor allem um emotionale und weniger um ökonomische Aspekte. Tierwohl, bessere Haltungsbedingungen und die Überwachung der Einhaltung der Vorgaben stehen im Vordergrund. Wirtschaftliche Interessen spielen bei den Tierschutzorganisationen eine eher untergeordnete Rolle. Es geht darum, dass Tiere artgerecht gehalten werden.

Das gilt auch für den Biosektor, wobei die Vorgaben über den Tierschutzstandard hinausgehen. Marktwirtschaftliche Prinzipien und der ökonomische Nutzen stehen gleichermaßen im Vordergrund. Der Vergleich zwischen Tierschutz und den Standards der ökologischen Produktion ist deshalb sehr anspruchsvoll und bisher wenig untersucht worden.

Das Ziel der Analyse ist, den Mehrwert von Tierwohl gegenüber ökologischer Produktion darzustellen. Zur Beantwortung dieser Frage besteht Forschungsbedarf. Der Beitrag liefert neue Erkenntnisse und beantwortet Fragen zum ökonomischen Nutzen.

3.1 Ausgangssituation, Untersuchungsziele und Methodik

Tierschutz und ökologische Produkte haben in der Marktwirtschaft inzwischen eine große Bedeutung erlangt. Vor wenigen Jahren spielte der Bereich Tierschutz eine untergeordnete Rolle. Inzwischen gibt es jedoch immer mehr Potenzial für eine Ankurbelung der Produktion, die sich in der wachsenden Kaufbereitschaft und Akzeptanz der Verbraucher widerspiegelt. Das Gutachten *Politik für eine nachhaltige Ernährung* des WBAE (Grethe et al., 2020) bestätigt, dass eine Ernährung, die mehr Tierwohl unterstützt, den ethischen

Ansprüchen der Gesellschaft gerecht wird. Dennoch bleiben die Zuwachsraten deutlich hinter denen im ökologischen Bereich zurück, der seit vielen Jahren wächst.

Der für das Marketing wichtige Bekanntheitsgrad des Tierschutzlabels des Deutschen Tierschutzbundes ist verschwindend gering. Auch viele andere tierhaltungsbezogene Labels sind weitgehend unbekannt (Zülsdorf et. al. 2015, S. 11 und 23). Die Glaubwürdigkeit der Tierschutzlabel wird dagegen aber als relativ groß eingeschätzt.

Zwischen der Einstellung von Konsumenten zur Nutztierhaltung und deren tatsächlichem Kaufverhalten und der Zahlungsbereitschaft klafft eine Lücke (Busch et al., 2020, Pressemeldung Universität Göttingen). Bei Fleisch sprechen sich in Studien bis zu 80 % der Befragten für eine bessere Form der Tierhaltung aus, doch wird das im Konsumverhalten bisher nicht bestätigt.

Die Bekanntheit von Bio-Siegeln unterscheidet sich zum Teil erheblich. Das bekannteste Siegel, mit dem Bio-Lebensmittel gekennzeichnet sein können, ist das deutsche staatliche Bio-Siegel, welches mehr als 90 Prozent der Befragten kennen (Ahrens, 2019).

3.2 Untersuchungsziele und Hypothesen

Anhand der vorliegenden Analyse soll herausgefunden werden, wie sich die wesentlichen Unterschiede zwischen Tierschutz und Ökovorgaben darstellen. Im Rahmen der Untersuchung werden die jeweiligen Standards nach objektiven Gesichtspunkten gegenübergestellt und bewertet. Ziel ist der jeweilige Mehrwert. Hat „Bio“ einen höheren Stellenwert als Tierschutz und worin begründet sich dieser? Bisher gibt es dazu relativ wenige Untersuchungen, da Auslobungen mit Tierschutzsiegeln bisher keine Marktrelevanz hatten.

Es handelt sich aufgrund der Komplexität der unterschiedlichen Standards, Vorgaben und Anforderungen der zahlreichen Tierschutzorganisationen und der vielen ökologischen Verbände nur um einen globalen Überblick. Für weitergehende detaillierte Aussagen besteht zusätzlicher Forschungsbedarf.

3.3 Untersuchungsziele

Untersuchungsziel 1: Welchen Mehrwert können unter Tierschutz ausgelobte Erzeugnisse den Verbrauchern bieten, ist ein höherer Preis gerechtfertigt?

Untersuchungsziel 2: Hat der Bereich Tierschutz gegenüber dem Biomarkt Zukunft?

Untersuchungsziel 3: Worin begründet sich der höhere Stellenwert?

3.4 Hypothesen

Hypothese 1: Tierschutz und Tierwohl haben einen höheren Stellenwert als unter ökologischen Vorgaben hergestellte tierische Veredelungsprodukte.

Hypothese 2: Ökologische Erzeugnisse erfüllen alle Vorgaben einer artgerechten Haltung von Tieren und erfüllen damit höhere Standards als im Bereich Tierschutz.

Hypothese 3: Der ökonomische Nutzen ist im Bereich der ökologischen Produktion für Eier und Geflügelfleisch weitaus ausgeprägter und ist eine Vorgabe für innovative Grundsätze.

3.5 Gesetzliche Grundlagen

Für den ökologischen Bereich ist die Verordnung (EU) 2018/848 des Europäischen Parlaments und des Rates vom 30. Mai 2018 maßgebend sowie die Durchführungsverordnung (EU) 2020/464 der Kommission vom 26. März 2020, die ab 1. Januar 2021 in Kraft ist. Bis zu diesem Datum gelten die Vorgaben der bisherigen Verordnung.

Im konventionellen Bereich sind für Geflügelfleisch die Vermarktungsnormen mit Durchführungsvorschriften der Verordnung (EG) Nr. 543/2008 der Kommission vom 16. Juni 2008 und für Eier die Verordnung (EG) Nr. 589/2008 der Kommission vom 23. Juni 2008 maßgebend. Grundlage ist die Verordnung des Rates über die einheitliche GMO Nr. 1234/2007 vom 22. Oktober 2007.

Die Durchführungsvorschriften zur Verordnung (EG) Nr. 1234/2007 des Rates hinsichtlich der Vermarktungsnormen sind für Eier und Geflügelfleisch maßgebend.

Das Tierschutzgesetz und die Tierschutz-Nutztierhaltungs-Verordnung beinhalten Vorgaben für das Halten von Nutztieren zu Erwerbszwecken. Es handelt sich um eine deutsche Verordnung und begründet nationale Bestimmungen, die im Wesentlichen sehr detaillierte Vorgaben für die tierische Erzeugung auf Grundlage des deutschen Tierschutzgesetzes (Tierschutz-Nutztierhaltungsverordnung) vorgeben.

Darüber hinaus gelten Vorgaben der jeweiligen Verbände und der des Bundesministeriums für Ernährung und Landwirtschaft (BMEL) zur Umsetzung des Tierwohlsiegels.

3.6 Die wichtigsten Labels

3.6.1 Bereich Geflügel Tierschutz

Deutscher Tierschutzbund (Deutschland)

Der Deutsche Tierschutzbund e. V. hat bereits 2011 die Initiative für den Tierschutz übernommen. Neben Legehennen und Masthühnern gibt es auch Vorgaben für Mastschweine und Milchkühe. Das Label umfasst zwei Stufen, die Einstiegsstufe und die Premiumstufe. Dazu wurden spezielle Kriterien formuliert, und zwar für die Einstiegsstufe ohne Auslauf (Bodenhaltung) und für die Premiumstufe mit Auslauf (Freilandhaltung).

NEULAND (Deutschland)

Verein für tiergerechte und umweltschonende Nutztierhaltung e.V., an dem auch der Deutsche Tierschutz beteiligt ist. Es gibt Richtlinien für die Schweine- und Rinderhaltung, für die Haltung von Mastgeflügel, Legehennen und Schafen mit Bestandsobergrenzen, darüber hinaus für Regionalität, Verbot von Importen, Verbot von Antibiotika und gentechnisch veränderten Futtermitteln – also Vorgaben, die über die Standards anderer Organisationen hinausgehen. Der Marktanteil ist sehr gering und auf bestimmte Regionen begrenzt.

Initiative Tierwohl (Deutschland)

Die Initiative Tierwohl ist verbandsgetragen und auch der Lebensmittelhandel ist involviert. Die Initiative startete 2015 und beinhaltet Vorgaben für Schweine und Geflügel mit strengeren Vorgaben, als sie der Gesetzgeber vorschreibt.

Staatliches Tierwohllabel (Deutschland)

Das geplante staatliche Tierschutzlabel vom Bundesministerium für Ernährung und Landwirtschaft sieht ein dreistufiges System vor und orientiert sich an Empfehlungen des Kompetenznetzwerks Nutztierhaltung und steht vor der Einführung.

Label Rouge (Frankreich)

Bereits im Jahr 1965 wurde das Siegel für Hühner eingeführt. Die Kriterien für den Mastbereich beinhalten langsam wachsende Rassen (analog zur Bioproduktion) und geringerer Besatz.

Beter Leven (Niederlande)

Dieses Siegel gibt es in drei Ausführungen, mit 1, 2 oder 3 Sternen. Es wird verliehen für Masthühner, Legehennen, Schweine, Mastrinder und Kälber.

Masthuhn-Initiative (Deutschland)

Die *Albert Schweizer Stiftung* hat die Kampagne ins Leben gerufen. Die Standards beziehen sich auf Kriterien, deutlich über dem tierschutzrechtlich vorgeschriebenen Niveau. Sie gehen auch über den Standard der Initiative Tierwohl des Bundesministeriums für Ernährung und Landwirtschaft hinaus. Eine Marktrelevanz ist bisher nicht zu erkennen.

Vier Pfoten (Österreich)

Das *Vier Pfoten Gütesiegel* (Tierschutz kontrolliert) kennzeichnet Produkte von Tieren, die unter besseren Bedingungen leben als in der konventionellen Haltung. Dafür steht ein transparentes, vierstufiges Modell, das ersichtlich macht, unter welchen Bedingungen die Tiere gelebt haben. Das Siegel ist insbesondere in Österreich etabliert. Auch in Deutschland wird Geflügelfleisch unter „Vier Pfoten“ vermarktet.

3.6.2 Bereich Öko-Eier

Naturland (Deutschland)

Naturland e. V. wurde Anfang der 1980er Jahre gegründet. Die Richtlinien und Vorgaben verfolgen einen ganzheitlichen Ansatz, das heißt nachhaltiges Wirtschaften, Vorgaben für Natur- und Klimaschutz, Erhaltung der Böden. Für Erzeuger, Verarbeiter wie Verbraucher stellt die Anerkennung durch *Naturland* ein vertrauenswürdiges Qualitätssicherungssystem dar, und zwar für die Sicherheit in der Zertifizierung von Produkten des ökologischen Landbaus, von der Erzeugung bis zum fertigen Produkt.

Bioland (Deutschland)

Bioland ist der größte Ökoanbau-Verband in Deutschland. Die Bioland Richtlinien sehen eine gesamtbetriebliche Umstellung vor und umfassen die gesamte Lieferkette von der Tierhaltung, vom Pflanzen- und Gartenbau, über die Produktlagerung bis hin zur Verarbeitung und Vermarktung. Die Vertragsbetriebe sind zur Einhaltung der EG-Öko-Verordnung und der darüber hinausgehenden Bioland-Richtlinien in der jeweils gültigen Fassung verpflichtet.

Der Standard umfasst auch soziale Aspekte und fordert die Einhaltung der Arbeitsnormen auch für Beschäftigte und Saisonarbeiter.

Demeter (Deutschland)

Demeter wurde schon 1927 als Verwertungsgesellschaft gegründet und ist das Markenzeichen für biologisch-dynamische Landwirtschaft. Ziel der Initiative ist die Förderung möglichst nachhaltiger wirtschaftlicher Kreisläufe, in deren Vielfalt und Respekt vor dem Lebendigen im Mittelpunkt steht. Die Richtlinien gelten für den gesamten Erzeugungs- und Verarbeitungsprozess. Demeter steht damit für den Öko-Landbau mit strengeren Kriterien als die EU-Standards. Es ist ein anspruchsvolles Label, das auch Nachhaltigkeitsaspekte, wie Kreislaufwirtschaft oder faire Handelspartnerschaften, berücksichtigt.

Bio-Initiative (Deutschland)

Die BIO-Initiative wurde vor 2016 gegründet und ist im Bereich der ökologischen Produktion neu aufgestellt. Die Standards gehen deutlich über das hinaus, was durch die Gesetzgebung vorgeschrieben ist. Nachhaltigkeit aber auch insbesondere Tierschutz spielen eine besonders große Rolle. Die Betriebsgrößen sind auf bäuerliche Strukturen fixiert und der regionale Ansatz steht im Vordergrund. Das Töten männlicher Küken ist verboten. Es findet eine Aufzucht dieser Tiere statt.

3.7 Datenanalyse

Die Datenanalyse basiert auf Statistiken und Veröffentlichungen der Agrarmarkt Informationsgesellschaft (AMI) und dem Marktinfo Eier & Geflügel (MEG). Die Erhebungszeiträume erstrecken sind auf 2019/2020. Außerdem werden Daten des statistischen Bundesamtes zu Grunde gelegt. Die Recherchen über Standards und Produktionsvorgaben basieren auf öffentlich zugängliche Daten und Erhebungen der CD Consulting, die sich seit einigen Jahren mit der Thematik befasst.

Betrachtet man den Markt für den Bereich Eier und Geflügel insgesamt, so ist Deutschland zur Deckung des Eigenbedarfs nach Erhebungen des statistischen Bundesamtes ebenfalls auf Importe angewiesen. Das gilt insbesondere für Eier, während bei Hühnerfleisch inzwischen eine Eigenversorgung von über 100 % besteht. Dies ist aber sehr differenziert zu betrachten, denn es gibt nach wie vor hohe Importe, insbesondere aus Brasilien und Thailand aufgrund niedrigerer Preise und Zollvergünstigungen. Hierbei handelt es sich ausschließlich um Verarbeitungsware, Tierwohl- und Ökoprodukte werden nicht berücksichtigt bzw. angeboten.

Beim innergemeinschaftlichen Handel sind die Niederlande sowohl bei Geflügel als auch Eiern Hauptanbieter. Das betrifft den ökologischen Bereich bei Eiern und Hähnchenfleisch, die unter Tierschutzaspekten für den Lebensmitteleinzelhandel produziert werden. Wichtigste Lieferanten sind außerdem Polen und Frankreich. Vor allem französische Erzeugnisse bieten unter dem Siegel „Label Rouge“ einen sehr hohen Standard in Bezug auf die Haltung der Tiere und die Qualität der Erzeugnisse, während der Bereich Tierschutz und ökologische Erzeugung nicht bzw. kaum vertreten sind.

Die vom statistischen Bundesamt erhobenen Außenhandelsdaten unterscheiden nicht nach der Produktionsmethode. Insofern ist eine Einschätzung, inwieweit es sich um ökologische oder unter Tierschutzvorgaben produzierte Ware handelt, nicht möglich. Um sich als Anbieter mit Geflügelerzeugnissen am deutschen Markt zu etablieren, ist eine nennenswerte Bio-Produktion Voraussetzung. Im Bereich der Geflügel- bzw. Hähnchenmast ist die ökologische Erzeugung bisher nicht sehr ausgeprägt. In Deutschland liegt der Anteil bei Hähnchen unter 5 %, in den Niederlanden sogar weniger als 1 %. Im Bereich der Legehennenhaltung zeigt sich ein anderes Bild. In Deutschland werden 15 % erreicht, mit steigender Tendenz. Auch die Niederlande, wichtigster Anbieter am deutschen Markt, können inzwischen mit einem Anteil von deutlich über 5 % aufwarten (von der Crone 2020, eigene Recherche). Grundlagen sind überwiegend die weniger strengen EU-Vorgaben, wodurch sich Preisvorteile gegenüber anderen Markeninhabern ergeben.

3.7.1 Tierwohl und Tierschutz

In Deutschland werden jährlich über 40 Millionen Hähne aus Legehybridlinien aufgrund ihrer ökonomischen Ineffizienz getötet. Zur Verbesserung des Tierschutzes und aufgrund ethischer Bedenken erfolgt insbesondere im ökologischen Bereich die Aufzucht der Tiere und Vermarktung als sogenannte Bruderhähne (Siekmann et al., 2018). Der Einsatz von Zweinutzungshühnern, also von Rassen, die sowohl zum Eierlegen (Hennen) als auch zur Mast (Hähne) geeignet sind, kommt als Alternative ebenfalls in Betracht. Insbesondere der Tierschutz fordert diese Haltungsform, bisher jedoch ohne den gewünschten Erfolg. Die Aufzucht von Bruderhähnen wird dagegen von Tierschutzverbänden als nicht zielführend dargestellt und nicht unterstützt. Dafür nimmt man das Töten von männlichen Küken derzeit noch in Kauf. Auch die embryonale Früherkennung wird nicht unterstützt, da der Erkennungszeitraum zu groß ist.

Im Gegensatz zum Bereich der Legehennenhaltung ist der Markt für Geflügelfleisch aus ökologischer Produktion in Deutschland noch eine Nische, hat aber großes Wachstumspotenzial. Im BÖLN-Projekt „Analyse des Bio-Geflügelmarktes“ (Schaack et al., 2018, S. 41 ff.) wurden Schlachtereien,

Verarbeiter, Produzenten und Berater nach Hemmnissen und Chancen zur Weiterentwicklung befragt. Auf Produzentenseite gibt es vor allem Unsicherheiten bei der Genehmigung von Stall-Neubauten und -Umbauten, außerdem verfügen umstellungswillige Betriebe nicht immer über genügend Ackerfläche für die Fütterung des Geflügels.

Der Biomarkt ist in Deutschland für Hähnchen und Geflügel allgemein zwar immer noch eine Nische, hat aber ein großes Wachstumspotenzial. Chancen für den Ausbau bestehen insbesondere im direkten Kundenkontakt, aber auch im Zusammenschluss der Produzenten zu Erzeugergemeinschaften. Die erzielbaren Preise liegen zum Teil um ein Mehrfaches über den üblicherweise erzielten Erlösen, allerdings stehen dem auch deutlich höhere Produktionskosten gegenüber, so dass die Marge zu relativieren ist. Der Ökobereich bietet für die Betriebe ein hohes Maß an Planungssicherheit. Anderes als im konventionellen Bereich ist von weiterem Wachstum auszugehen.

Mit der erstmaligen Erstellung einer Versorgungsbilanz hat sich für Bio-Geflügelfleisch in Deutschland eine Importrate von rund 5 % herauskristallisiert. Die nachstehende Versorgungsbilanz bezogen auf den Bereich Eier und Hähnchen stellt einen kurzen Überblick dar. Es handelt sich um Daten aus den Bereichen Tierwohl und um ökobezogene Daten, die als Grundlage zur Markteinschätzung dienen.

Tabelle 1: Deutsche Versorgungsbilanz Eier und Hähnchenfleisch. Quelle: AMI, MEG, statistisches Bundesamt, von der Crone CD Consulting

Versorgungsbilanz Eier und Geflügel

Deutschland	**2015**	**2016**	**2017**	**2018**	**2019**
Eier					
Produktion, Mio. Stück	14.167	14.472	14.612	14.802	15.111
Verbrauch pro Kopf, Stück	228	231	230	234	236
davon					
Bio	26	28	31	29	36
Tierschutz	1	1	1	1	2
Hähnchenfleisch					
Produktion, 1.000 Tonnen	1.357	1.357	1.370	1.400	1.412
Verbrauch pro Kopf, kg	13	14	14	16	16
davon					
Bio	1,0	1,0	1,0	1,5	2,0
Tierschutz	<0,5	<0,5	<0,5	<1,0	1,0

Anmerkung: Anteil Tierschutz geschätzt, da keine offiziellen Daten

3.7.2 Eiermarkt

Der Eiermarkt befindet sich gegenwärtig in einem Strukturwandel. Bedingt durch erhöhte Tierschutzanforderungen, insbesondere durch das anstehende Verbot des Tötens männlicher Küken, wird ein Umdenken erforderlich. Ausschlaggebend ist der Lebensmitteleinzelhandel, der Akzente setzt und den Ausstieg aus dem Töten männlicher Tiere fordert, entweder durch die sog. Bruderhahnaufzucht oder die embryonale Früherkennung. Die Lobby der Wirtschaftsbeteiligten zeigt Zurückhaltung und verweist auf die Nichtumsetzbarkeit. Das Verbot des Schnabelkupierens oder der Käfighaltung wurden in der Vergangenheit ebenfalls aus wirtschaftlichen Gründen abgelehnt. Klare Vorgaben der Verbraucher und des Lebensmitteleinzelhandels setzten allerdings klare Zeichen, und der Markt hat reagiert. Die geforderten Vorgaben wurden innerhalb kurzer Zeit umgesetzt. Diese Entwicklung wird sich auch im Bereich des Verbots der Tötung männlicher Küken darstellen. Es ist davon auszugehen, dass sich der Strukturwandel ab 2021 vollzieht und sich die Marktverhältnisse dahingehend anpassen. Das ist auch Vorgabe des Gesetzgebers.

Die nachstehende Grafik 1 über Einkäufe nach den jeweiligen Haltungsformen zeigt, dass der Bereich der ökologischen Produktion im Aufwärtstrend liegt. Der Anteil ist in den letzten Jahren kontinuierlich gestiegen. Die Käfighaltung ist ohnehin in Deutschland und anderen Ländern der EU verboten, mit Ausnahme sogenannter Kleingruppen, so dass es nur noch Eier aus Freiland- und Bodenhaltung gibt. Im Bereich Tierschutz zeigen sich allerdings nur sehr geringe Marktanteile, die unter einem Prozent liegen. Das dürfte sich auch in naher Zukunft nicht ändern, denn der eigentliche Mehrwert ist gegenüber der ökologischen Produktion für die Verbraucher nicht zu erkennen.

Die Dominanz im Bereich des Lebensmitteleinzelhandels, der den Ausstieg aus dem Verbot des Kükentötens fordert, zeigt, dass insbesondere der Bereich des Discounts einen hohen Anteil hat. Die Grafik 2 verdeutlicht dies sehr deutlich. Nahezu die Hälfte der Einkäufe entfallen auf diesen Bereich. Damit wird klar, welchen Einfluss der Lebensmitteleinzelhandel in diesem Bereich hat.

Einen relativ hohen Anteil gibt es auch beim Verkauf auf Wochenmärkten, im Direktabsatz der Erzeuger, der immerhin bei über 20 % des Gesamtverkaufs liegt. Das Vertrauen der Verbraucher ist in einer direkten Beziehung zu den jeweiligen Produzenten sehr groß. Inwieweit hier Tierschutz und Tierwohl eine Rolle spielen, ist nicht erkennbar. Der hohe Anteil im Direktabsatz dürfte darin begründet sein, dass beim Kauf vom Landwirt die Erwartungshaltung in Bezug auf Regionalität und mehr Tierwohl erfüllt wird.

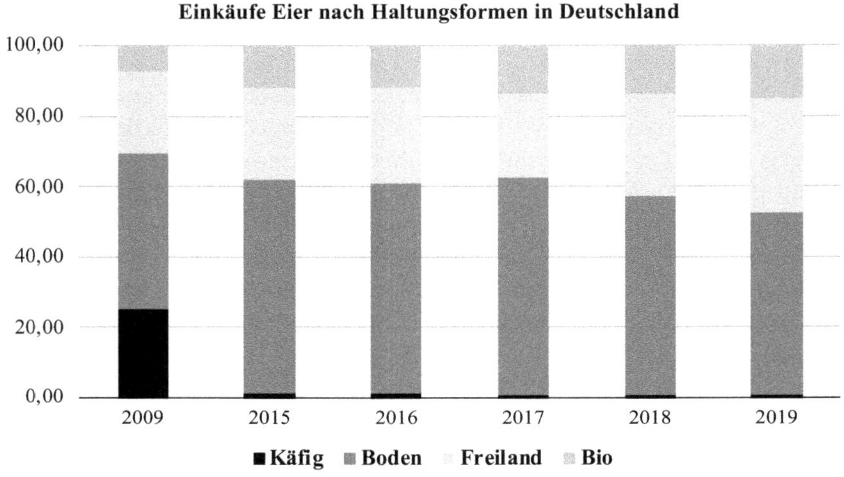

Grafik 1: Prozentualer Anteil der Eiereinkäufe nach Haltungsformen. Quelle: MEG-Bilanz Eier und Geflügel 2020

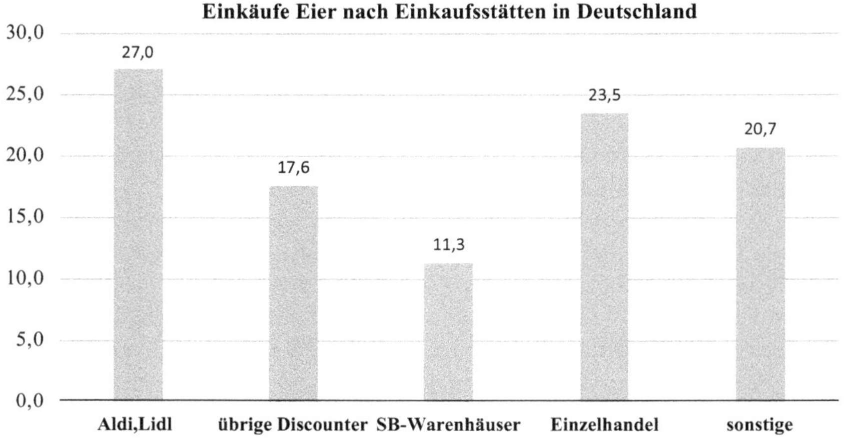

Grafik 2: Prozentualer Anteil der Einkäufe von Eiern nach Einkaufsstätten. Quelle: MEG-Bilanz 2020

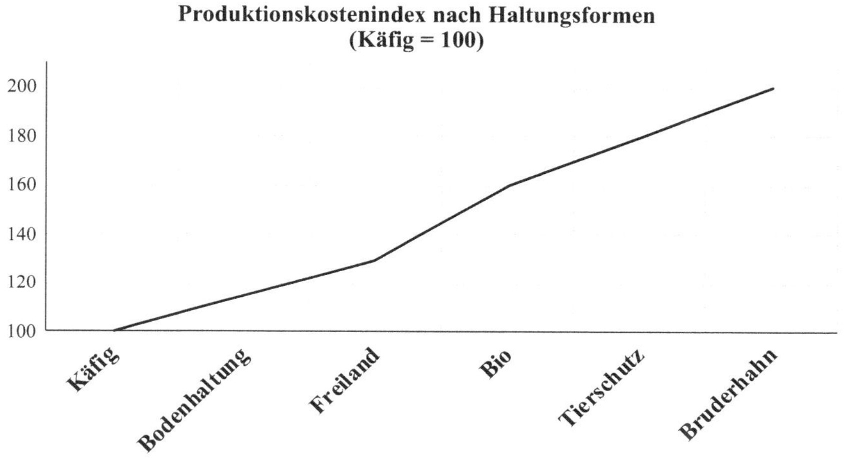

Grafik 3: Indexbewertung der Produktionskosten der unterschiedlichen Haltungsformen. Quelle: von der Crone, CD Consulting

Die Produktionskosten sind in den jeweiligen Haltungsformen sehr unterschiedlich. Je höher der Standard, umso höher die Aufwendungen, die nicht nur Futter betreffen, sondern in erster Linie Auslauf, mehr Betreuung und geringere Besatzdichte. Das wird besonders deutlich im Bereich der ökologischen Produktion, beim Tierschutz und vor allem bei der Aufzucht männlicher Küken. Diese ist besonders kostenintensiv, da die sehr hohen Aufzuchtkosten männlicher Tiere über den Eierverkauf ausgeglichen werden müssen. Das können bis zu 4 Cent pro Ei sein. Die Grafik 3 über die Indexbewertung der verschiedenen Haltungsformen stellt dieses sehr deutlich dar.

Die Angaben beruhen auf eigenen Recherchen auf Basis der Produktionskosten der jeweiligen Haltungssysteme. Zugrunde gelegt wurden Futterkosten, Betreuungsaufwand, Auslauf und zusätzliche Anforderungen, wie zum Beispiel an die jeweiligen Tierhaltungsformen und Vorgaben für die Aufzucht.

Die Produktionskosten sind im Bereich der ökologischen Produktion sehr hoch, die im zusätzlichen Aufwand durch mehr Auslauffläche, geringere Bestandsgrößen und Betreuung begründet sind. Auch beim Tierschutz kommt dem Betreuungsaufwand eine sehr große Rolle zu. Das Tierwohl steht im Fokus. Während im ökologischen Bereich hohe Anforderungen an Futtermittel, Regionalität, Verzicht auf gentechnisch manipulierte Zusätze,

Pestizide etc. gesetzt werden, hat dies beim Tierschutz keine so ausgeprägte Bedeutung. Hier steht das Wohlbefinden der Tiere im Vordergrund. Ziel ist es, die konventionelle tierische Veredelung besser zu stellen. Das deckt sich auch mit den Bemühungen des Gesetzgebers, der mit dem Tierwohlsiegel höhere Ansprüche stellt.

Die Verkaufspreise für Eier aus ökologischer Erzeugung liegen deutlich über den Standarderzeugnissen (siehe Grafik 4). Das gilt auch für den Bereich Tierschutz. Neben Produktionskosten sind beim Tierschutz vor allem ethische Gründe für die Bereitschaft, mehr Geld beim Einkauf für Eier auszugeben, zu nennen. Man versteht diese Haltung mit dem Anspruch auf das Tierwohl, der Einhaltung bestimmter Vorgaben und besserer Kontrolle. Das gilt auch für den Bereich der ökologischen Erzeugung, die ebenfalls als tierfreundlich betrachtet wird. Die höchsten Verkaufspreise erzielen unterdessen Eier sogenannter Bruderhähne. Die Produktionskosten sind sehr hoch, was den zusätzlichen Preisaufschlag erklärt. Der Aspekt Tierwohl kommt noch stärker zum Tragen, denn das Töten männlicher Küken wird sehr emotional betrachtet. Der Markt ist derzeit allerdings noch sehr begrenzt.

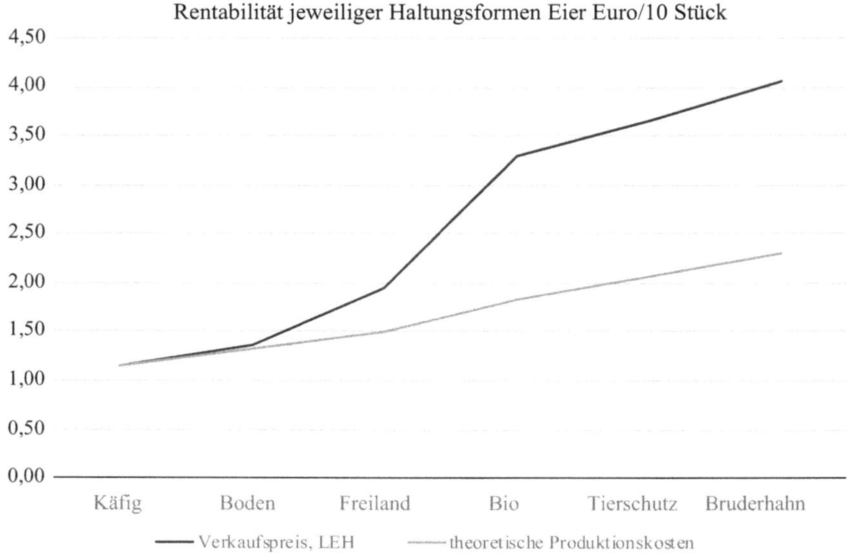

Grafik 4: Rentabilität unterschiedlicher Haltungsformen von Legehennen. Quelle: von der Crone, CD Consulting

2.7.3 Geflügel, Hähnchenmarkt

Im Bereich der Geflügelproduktion, hier auf Hähnchen bezogen, zeigt sich ein ähnliches Bild. Gegenwärtig dominiert der konventionelle Bereich, während die ökologische Erzeugung bisher nur einen geringen Anteil hat. Dieser dürfte deutlich unter 5 % liegen, allerdings mit steigender Tendenz. Das gilt auch für den Sektor Tierschutz, der allenfalls mit 1 % Marktanteil aufwarten kann. Anders als bei Legehennen ist die Mast weniger in alternativen Tierhaltungsformen strukturiert. Es handelt sich ohnehin um Bodenhaltung, wobei die Tierschutzanforderungen sich in erster Linie in einer geringeren Besatzdichte begründen, das heißt, weniger Kilogramm pro Quadratmeter Nutzfläche darstellen. Der ökologische Bereich zeichnet sich ebenfalls durch eine deutlich geringere Besatzdichte und langsam wachsende Rassen aus, denn statt weniger als 35 Tage konventionell, beträgt die Mastdauer der Tiere 81 Tage. Die Vorgaben der Tierschutzsiegel gehen ebenfalls in Richtung langsam wachsender Tiere oder Zweinutzungshühner und einer geringeren täglichen Gewichtszunahme. Die Mastzeiten sind jedoch deutlich kürzer.

Das spiegelt sich auch in den Produktionskosten der Hähnchenhaltung wider. Die nachstehende Grafik 5 zur Indexbewertung der Produktionskosten der jeweiligen Systeme soll das verdeutlichen. Die Erhebung der Daten basiert auf eigenen Erhebungen beziehungsweise Kostenberechnungen der Hähnchenmast auf Grundlage diverser Veröffentlichungen von Rentabilitätsberechnungen. Die Darstellung soll allerdings nur beispielhaft einen groben Überblick über den Produktionskostenverlauf vermitteln. Höhere Kosten ergeben sich insbesondere durch das Zurverfügungstellen von Auslauf, der Besatzdichte, langsam wachsende Rassen, ökologisch erzeugtes Futter etc. Die Aufzucht der Bruderhähne ist wenig rentabel und mit sehr hohen Kosten verbunden. Die Futterverwertung ist sehr schlecht und der Fleischanteil im Gegensatz zu den Masttieren deutlich geringer.

Die nachstehende Grafik 6 über Einkäufe von Geflügelfleisch nach Einkaufsstätten zeigt wiederum die Dominanz des Discountbereiches, der ähnlich wie am Eiersektor einen Anteil von nahezu 50 % aufweist. Der Anteil „Sonstige" bezieht sich auf Wochenmärkte und Direktverkäufe.

Leider gibt es keine Statistiken über den Anteil Hähnchen, sondern nur Geflügel gesamt. Drei Viertel des Verbrauchs in Deutschland beziehen sich aber auf Hähnchenfleisch, und das Einkaufsverhalten des Lebensmittelhandels ist identisch, so dass die Aussagekraft der Darstellung repräsentativ ist.

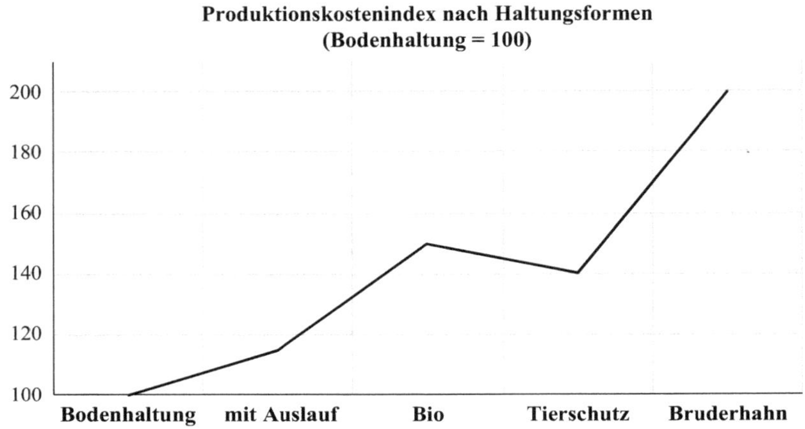

Grafik 5: Indexbewertung der Produktionskosten der unterschiedlichen Haltungsformen. Quelle: von der Crone, CD Consulting

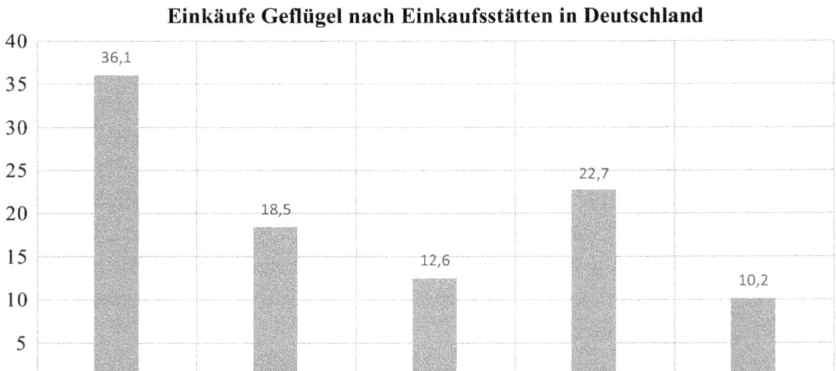

Grafik 6: Prozentualer Anteil der Einkäufe von Geflügel nach Haltungsstätten. Quelle: MEG Bilanz 2020

3.8 Haltungsanforderungen im Vergleich

Allgemeine Grundsätze

Der Deutsche Ethikrat fordert eine stärkere Achtung des Tierwohls in der Nutztierhaltung und erhebliche Reformen zur Erreichung von Mindeststandards eines unter ethischen Gesichtspunkten akzeptablen Umgangs mit Nutztieren. Dieses Ziel deckt sich auch mit dem Ziel des Kompetenznetzwerks des Bundesministeriums für Ernährung und Landwirtschaft, das Tierwohl in der Nutztierhaltung spürbar zu verbessern und die negativen Auswirkungen auf die Umwelt zu vermindern. Hierbei geht es um eine stufenbezogene Verbesserung mit mehr Platz, besser ausgestalteten Ställen und beim Premiumanspruch um noch mehr Auslauf und Platzangebot. Der Status *Premium* orientiert sich weitgehend an den Haltungskriterien des ökologischen Landbaus. Auch das ist ein klares Indiz dafür, dass den Vorgaben des ökologischen Landbaus eine besondere Position in Bezug auf das Tierwohl zugesprochen wird. Der eigentliche Mehrwert begründet sich damit weniger in den Tierschutzvorgaben, sondern vielmehr in den bereits gesetzlichen vorgeschriebenen Standards der ökologisch ausgerichteten Produktion. Das Kompetenznetzwerk Nutztierhaltung (Borchert et al., 2020, S. 10) empfiehlt für die Vorgaben des Tierschutzsiegels der höchsten Stufe 3 (Premium) mit mehr Platz als in den Stufen 1 und 2 den Auslauf bzw. die Weidehaltung, was sich u. a. am Niveau der Haltungskriterien des ökologischen Landbaus orientiert.

3.8.1 Eier

Die Haltungsvorgaben für Legehennen zeigen im direkten Vergleich zur ökologischen und tierschutzgerechten Produktion vergleichbare Ansätze. Dennoch gibt es gravierende Unterschiede, insbesondere was das Futter anbelangt, das nach ökologischen Gesichtspunkten erzeugt werden muss, also u. a. ohne synthetische Zusatzstoffe, gentechnisch veränderte Pflanzen und Zutaten, Regionalität etc.

Interessanterweise ist die Aufzucht von männlichen Küken bei den Tierschutzorganisationen nicht vorgesehen, sondern man setzt auf sogenannte Zweinutzungsrassen, die es aber derzeit nur in begrenztem Umfang gibt. Dafür wird nach wie vor akzeptiert, dass männliche Küken nach dem Schlupf getötet werden. Das gilt auch für den EU-Standard im Bereich der ökologischen Produktion. Allerdings gibt es Standardgeber, die generell ein Töten der Küken nach dem Schlupf verbieten. Die Tiere müssen aufgezogen werden. Ziel ist, dass die Aufzucht mindestens 81 Tage analog den Vorgaben der Ökoverordnung für die Mast erfolgt. Außerdem finden umfangreiche Kontrollen statt, vergleichbar mit den Anforderungen der Tierschutzverbände. Dennoch ist der Anteil am

Markt nach wie vor sehr gering und dürfte unter 1 % liegen. Der ökologische Bereich zeigt dagegen deutliche Zuwachsraten. Inzwischen stammen mehr als 15 % der in Deutschland verkauften Eier aus ökologischer Produktion, Tendenz steigend, und es ist davon auszugehen, dass die Entwicklung in Richtung 20 % geht. Beim Tierschutz sind derartige Zuwachsraten nicht zu erwarten, da offenbar seitens der Verbraucher der eigentliche Mehrwert nicht erkannt wird.

Die nachstehenden Tabellen mit der Übersicht der Haltungsvorgaben für Legehennen und Masthähnchen sind beispielhaft für die Vorgaben der Öko-Verordnung, Verbandssiegel und Tierschutzverbände. Aus Datenschutzgründen wird auf eine Nennung der jeweiligen Siegel verzichtet. Grundlage für die Erhebung sind die jeweils öffentlich zugänglichen Systemanforderungen bzw. die aktuelle Ökoverordnung. Es werden nicht alle Siegel aufgeführt, die Übersicht erhebt damit keinen Anspruch auf Vollständigkeit und soll beispielhaft die inhaltliche Systematik darstellen.

Tabelle 2 ist beispielhaft für die verschiedenen Standards im Bereich der ökologischen und unter Tierwohl ausgerichteten Legehennenhaltung. Unterschiede gibt es insbesondere beim Platzangebot, der Besatzdichte und der verwendeten Futtermittel. Die tierschutzrelevanten Vorgaben entsprechen weitgehend der EU-Ökoverordnung.

In der vorstehenden Grafik wurde der Versuch unternommen, die jeweiligen Standards im Bereich der ökologischen Produktion mit den Vorgaben der jeweiligen Tierschutzsiegel zu vergleichen. Basis hierfür sind die EU-Standards und des Weiteren Verbandssiegel mit weitergehenden Kriterien. Die vereinfachte Darstellung verdeutlicht, dass insbesondere im Bereich der Verbandssiegel eine weitaus höhere Bewertung erreicht wird, als das beim Tierschutz der Fall ist. Die Spannbreite beim Tierschutz überrascht zwar, erklärt sich aber aus den unterschiedlichen Schwerpunkten, denn Futter, Herkunft und Region stehen nicht im Fokus, sondern tierschutzrelevante Themen, wie Besatzdichte, Kontrolle, langsam wachsende Rassen, Bewertungsvorgaben in Bezug auf Tierwohl etc. Allerdings können auch hier die bekannten Ökoverbände mithalten, die zum Teil noch strengere Vorgaben aufweisen.

Grundlage für die Bewertung sind die jeweiligen Richtlinien, Verordnungen auf gesetzgebender Seite (Ökoverordnung) beziehungsweise den spezifischen Vorgaben der jeweiligen Verbände und Tierschutzorganisationen. Es wird deshalb keine Gewähr auf Vollständigkeit erhoben. Basis sind Grundlagen, die öffentlich zur Verfügung stehen. Die Punktzahl errechnet sich aus der Addition. Höhere Vorgaben werden mit 1 bewertet, Gleichstand mit 0, so dass sich in der Summe eine Bewertungsskala ergibt, die in Grafik 7 beispielhaft dargestellt wird.

Tabelle 2: Haltungsvorgaben Legehennen. Quelle: von der Crone, CD Consulting

Vorgaben/ Haltungssysteme	Tierschutz I	Tierschutz II	Tierschutz III	Bio EU	Bio Verband I	Bio Verband II
Herdengröße	1.500 Tiere pro Herde bei Ställen bis 4.500, max. 3.000 bei Ställen mit mehr als 4.500, bis zu 12.000 Tiere pro Stall, max. 4 Stallungen	1.500 Tiere pro Herde bei Ställen bis 4.500, max. 3.000 bei Ställen mit mehr als 4.500, bis zu 12.000 Tiere pro Stall, max. 4 Stallungen	2 Stalleinheiten zu je 3.000 Tiere (empfohlen)	3.000 Tiere pro Stall, keine weitere Begrenzung	3.000 Tiere pro Herde, max. 6.000 Tiere pro Gebäude	3.000 Tiere pro Herde, max. 12.000 pro Betrieb
Höchstzulässige Anzahl von Tieren	keine Angabe	keine Angabe	keine Angabe	230 Tiere/ha	140 Tiere/ha	140 Tiere/ha
Besatzdichte	max. 7 Tiere/m², 14 Tiere bei mehretagischen System	max. 7 Tiere/m², 14 Tiere bei mehretagischen System	max. 7 Tiere/m², mehretagige Systeme 8 Tiere /m²	max.6 Tiere/m², 4 Ebenen	max. 6 Tiere/m², 3 Ebenen (max. 12 Tiere)	max. 6 Tiere/m², 3 Ebenen (max. 12 Tiere)
Stallhaltung	mind 1/3 der Stallfläche als Scharrfläche, Sitzstangen 20 cm je Tier; Nester	mind 1/3 der Stallfläche als Scharrfläche, Sitzstangen 20 cm je Tier; Nester	mind. 1/3 der Stallfläche als Scharrfläche, Sitzstangen 20 cm je Tier, stufenförmig erhöht	mind. 1/3 der Stallfläche als eingestreuter Raum ständig Frischluft, erhöhte Sitzstangen 18 cm je Tier	mind. 1/3 der Stallfläche als eingestreuter Raum ständig Frischluft, erhöhte Sitzstangen 18 cm je Tier	mind. 1/3 der Stallfläche als eingestreuter Raum ständig Frischluft, erhöhte Sitzstangen 18 cm je Tier
Kaltscharrraum	vorgschrieben, mind. 50% der Stallinnenfläche	vorgschrieben, mind. 50% der Stallinnenfläche	vorgeschrieben, 28 Tiere pro /m², nicht als Nutzfläche anrechenbar	keine Vorgabe	vorgeschrieben max. 12 Tiere/m²	vorgeschrieben, mind. 50 % der nutzbaren Stallfläche

Tageslicht	Fensterfläche mind. 5 % der Stallgrundfläche, 8 Stunden Dunkelphase	Fensterfläche mind. 5 % der Stallgrundfläche, 8 Stunden Dunkelphase	natürliches Tageslicht, Fensterflächen, mind. 5 %, 20 Lux	vorgeschrieben	vorgeschrieben Fensterflächen mind. 5 % der Stallgrundfläche	mind. 5% natürlicher Lichteinfall, 8 Stunden Dunkelphase
Grünauslauf	Kaltscharraum	4 m² pro Tier, Kaltscharraum und Auslauf ins Freie im Umkreis von 150 m	4 m² pro Tier, Pflanzen und Gehölzen, 150 m, Unterschlupfmöglichkeiten 10 m² pro Tier	4 m² pro Tier mit Pflanzen und Gehölzen zum Schutz. Auslauf außer bei extremer Witterung	4 m² pro Tier. Der Auslauf muss Schatten und Schutz bieten, Entfernung max. 150 m	4,2 m² pro Tier. Der Auslauf muss Schatten und Schutz bieten, Entfernung max. 300 m
Hähne	keine Angabe	keine Angabe	keine Angabe	keine Angabe	keine Angabe	Hähne sind mit einzustallen
Schnäbel	verboten	verboten	verboten	Schnäbel dürfen mit Ausnahmegenehmigung kupiert werden	Verbot von Schnäbelkürzen	verboten
Töten männl. Küken	-	-	keine Angabe	-	-	verboten, Aufzucht ist Vorgabe
Fütterung, GMO-Bestandteile	-	-	Verzicht auf gentechnisch verändertes Futter	95% Biofutter, mind. 20 % aus der Region (Region nicht definiert)	95% Biofutter Mind. 50 % des Futters vom eigenen Betrieb oder Betriebskooperation	100% Biofutter, Mind. 50 % des Futters vom eigenen Betrieb, Region, 30%, Radius 250 km vom Betrieb
Prüfsystematik	Kontrolle durch neutrale Zertifizerungsstellen und eigene Kontrollen	Kontrolle durch neutrale Zertifizerungsstellen und eigene Kontrollen	Zusatzkontrollen und Kontrollfrequenz erfolgt und in der Regel unangekündigt	jährliche EU-Öko Kontrolle	Jährliche EU Öko-Kontrolle und Verbandskontrolle	jährlich EU Öko-Kontrolle, Verifizierung und unangemeldete Kontrollen

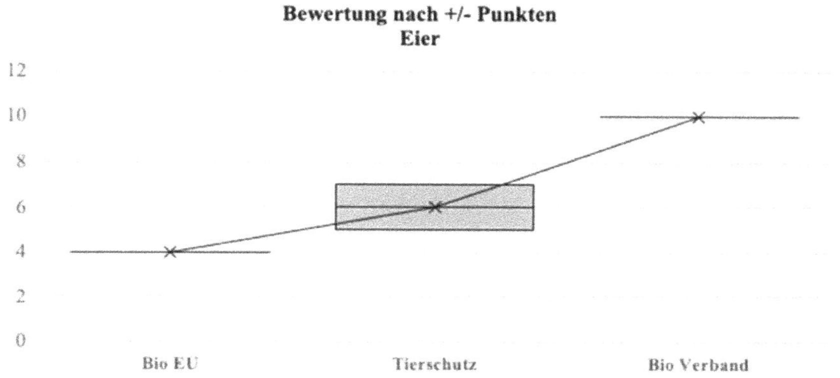

Grafik 7: Bewertung Legehennenhaltung Öko versus Tierschutz. Quelle: von der Crone, CD Consulting

3.8.2 Masthühner

Die nachstehende Tabelle 3 stellt einen direkten Vergleich der unterschiedlichen Haltungsformen dar. Es handelte sich nur um einen Auszug der wesentlichen Kriterien, die aber verdeutlichen, dass der ökologische Bereich durchaus strengere Vorgaben aufweist, als dies beim Tierschutz der Fall ist. Insbesondere ist die geringere Bestandsdichte in den Ställen mit max. 4.800 Tieren hervorzuheben. Damit zeigt sich eine vergleichbare Einschätzung wie bei den Legehennen. Siegelprogramme, wie unter Bio I dargestellt, erreichen noch weitaus höhere Vorgaben. Der Marktanteil der unter ökologischen Gesichtspunkten aufgezogenen Tiere ist in Deutschland nach wie vor gering. Er liegt unter 5 %, jedoch mit steigender Tendenz, während der Anteil beim Tierwohl lediglich 1 % und weniger erreicht.

Die Bewertungsskala (siehe Grafik 8) im Bereich Hähnchen zeigt das gleiche Bild wie bei Legehennen. Verbandsware im ökologischen Bereich erzielt ein deutlich besseres Ergebnis, als das beim Tierschutz der Fall ist. Wesentlicher Grund ist auch hier, dass zum Beispiel die Herkunft von Futter, Regionalität, Verzicht auf gentechnische Bestandteile etc. beim Tierschutz keine Rolle spielen. Im Vordergrund stehen langsam wachsende Rassen, Zweinutzungshühner, die allerdings ebenso im ökologischen Bereich zu finden sind. Im Bereich der Mast werden ausschließlich langsam wachsende Rassen verwendet, mit 81 Tagen als Vorgabe. Auch hier gibt es beim Tierschutz abweichende Konzepte. Das gilt auch für das Kontrollspektrum. Grundlage der Bewertung sind auch hier die jeweils öffentlich zugänglichen Vorgaben der jeweiligen Verbände.

Tabelle 3: Haltungsvorgaben Masthähnchen. Quelle: von der Crone, CD Consulting

Vorgaben/ Haltungssysteme	Tierschutz I	Tierschutz II	Tierschutz III	Tierschutz IV	Bio EU	Bio I
Herdengröße	max. 60.000 Tiere in 2 Gruppen	max. 16.000 Tiere, Gruppengröße 4.800 Tiere	bis 23 Tiere/m²	bis 20 Tiere/m²	Gruppengröße 4.800 Tiere, Mastdauer 81 Tage	Gruppengröße 4.800 Tiere, Mastdauer 81 Tage
Besatzdichte	25 kg/m² bzw. 29 kg/m² mit Kaltscharraum	21 kg/m² bzw. 25 kg/m² mit Kaltscharraum	35 kg/m²	30 kg/m²	21 kg/m²	21 kg/m²
Sitzstangen	1,5m/1.000 Tiere, höhenverstellbar	1,5m/1.000 Tiere, höhenverstellbar	nein	2m/1.000 Tiere	keine Vorgabe	erhöhte Sitzstangen, mind. 10%
Tageslicht	Fensterfläche mind. 5 %, Dunkelphase 8 Stunden	Fensterfläche mind. 5 %, Dunkelphase 8 Stunden	teilweise, 20 Lux	ja, 50 Lux	vorgeschrieben	Tageslicht, Dunkelphase 8 Stunden
Grünauslauf	überdachter Auslauf, mind. 1/2 der Mastzeit	mind. 4 m² pro Tier, Bewuchs, mind. 1/2 der Lebenszeit	nein	nein	mind. 4 m² pro Tier, Bewuchs, mind. 1/3 der Lebenszeit	mind. 4 m² pro Tier, Bewuchs, mind. 1/2 der Lebenszeit
Aufzucht männl. Küken	-	-	-	-	keine Vorgabe	Aufzucht mind. 81 Tage bzw. 1,6 kg LG
Töten männl. Küken	-	-	-	-	-	verboten
Fütterung, GMO-Bestandteile	-	-	keine Vorgabe	keine Vorgabe	95% Biofutter, mind. 20 % aus der Region	100% Biofutter, 50 % vom eigenen Betrieb, 30 % Region
Kontrollen	Kontrolle durch neutrale Zertifizerungsstellen und eigene Kontrollen	Kontrolle durch neutrale Zertifizerungsstellen und eigene Kontrollen	Kontrolle durch neutrale Zertifizerungsstellen	Kontrolle durch neutrale Zertifizerungsstellen	jährliche EU-Öko Kontrolle	jährlich EU Öko-Kontrolle, zusätzliche Verifizierung und unangemeldete Kontrollen

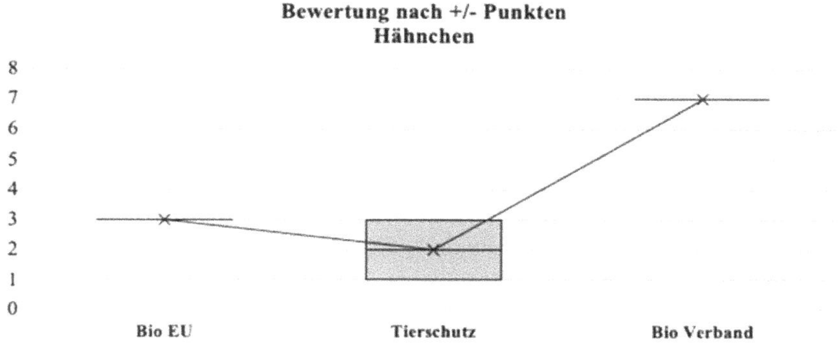

Grafik 8: Bewertung Masthühner Öko versus Tierschutz. Quelle: von der Crone, CD Consulting

3.9 Untersuchungsziele, Hypothesen und Erkenntnisse:

Die Recherche und wissenschaftliche Beurteilung basiert auf den Erkenntnissen der untersuchten Standards und Parameter der Analyse. Es handelt sich nur um einen Auszug, für eine komplexe Bewertung ist die Basis der zur Verfügung stehenden Daten zu klein und bedarf einer weitergehenden wissenschaftlichen Untersuchung.

Untersuchungsziele

Untersuchungsziel 1:

Welchen Mehrwert können unter *Tierschutz* ausgelobte Erzeugnisse den Verbrauchern bieten, und ist ein höherer Preis gerechtfertigt?

Ergebnis:

Tierwohl und Tierschutz sind emotional geprägt und haben einen außerordentlich hohen Stellenwert bei den Verbrauchern. Das gilt auch für den Lebensmitteleinzelhandel. Die vorliegenden Statistiken über die Produktions- und Verkaufsdaten bestätigen das Einkaufsverhalten im Bereich Eier und Geflügel allerdings nicht. Die Preise liegen auf dem Niveau ökologisch erzeugter Produkte. Begründet ist das vor allem in höheren Produktionskosten durch mehr Platz und den zusätzlichen Kontrollaufwand.

Untersuchungsziel 2:

Hat der Bereich Tierschutz gegenüber dem Biomarkt Zukunft, und worin begründet sich der höhere Stellenwert?

Ergebnis:

Die vorliegenden Zahlen bestätigen das nicht. Der Marktanteil von ökologisch erzeugten Produkten steigt sehr deutlich und wird bei Eiern in den nächsten Jahren die Marke von 20 % überschreiten. Auch bei Geflügel zeichnet sich eine ähnliche Tendenz ab, wenn auch nicht so ausgeprägt. Der Tierschutz wird nach den gegenwärtigen Prognosen das Ziel nicht erreichen. Die Verkaufspreise bewegen sich auf ähnlichem Niveau. Die Untersuchungsergebnisse dieser Arbeit zeigen, dass der Mehrwert gegenüber *Tierschutz* nicht gegeben ist.

Hypothesen

Hypothese 1:

Tierschutz und Tierwohl haben einen höheren Stellenwert als unter ökologischen Vorgaben hergestellte tierische Veredelungsprodukte.

Erkenntnis:

Im Bereich Eier und Geflügel ist ein höherer Standard gegenüber dem Ökobereich nicht messbar. Die EU-Vorgaben der Verordnung erfüllen bereits Tierschutzvorgaben und gehen darüber hinaus. Das spiegelt sich sehr deutlich in den gegenwärtig geringen Marktanteilen und den Verkaufszahlen wider. Dies ist auch durch den nach wie vor geringen Bekanntheitsgrad der Tierschutzsiegel begründet. Hinzu kommt, dass die unter *Tierschutz* vermarkteten Erzeugnisse konventionellen Ursprung haben.

Hypothese 2:

Ökologische Erzeugnisse erfüllen alle Vorgaben einer artgerechten Haltung von Tieren und erfüllen damit höhere Standards als im Bereich Tierschutz.

Erkenntnis:

Die Hypothese ist zutreffend. Im Bereich Öko werden alle tierschutzrelevanten Vorgaben bereits mit der EU-Basisverordnung erfüllt. Siegelprogramme der Verbände gehen deutlich darüber hin aus und haben auch Vorgaben für Tierwohlaspekte in den Standards implementiert. Das Niveau des Tierschutzsiegels

(BMEL) der höchsten Stufe orientiert sich weitgehend an den Haltungskriterien des ökologischen Landbaus.

Hypothese 3:

Der ökonomische Nutzen ist im Bereich der ökologischen Produktion für Eier und Geflügelfleisch weitaus ausgeprägter und ist Vorgabe für innovative Grundsätze.

Erkenntnis:

Die erzielten Preise unterscheiden sich wenig oder kaum von den Erzeugnissen, die mit dem Siegel „Tierschutz" ausgelobt werden. Die Marktakzeptanz ist sehr gering, so dass sich für die meisten Unternehmen im Bereich Eier und Geflügel kein ökonomischer Nutzen ergibt. Die ökologisch ausgerichtete Erzeugung bietet dagegen innovative Ansätze und ist richtungsweisend. In den nächsten Jahren wird bei Eiern ein Marktanteil von bis zu 25 % signalisiert. Auch der Geflügelmarkt wächst, wenn auch nicht so deutlich. Investitionen lohnen sich deshalb im ökologischen Sektor entlang der gesamten Prozesskette.

3.10 Conclusio

Der direkte Vergleich zwischen ökologischer und nach Vorgaben verschiedener Tierschutzorganisationen produzierter Nahrungsmittel im Bereich Legehennenhaltung und Geflügelfleisch zeigt auf der Standardbasis keine Abweichungen. Im Gegenteil, die Vorgaben der ökologischen Produktion sind zum Teil weitaus anspruchsvoller. Das ist aber systemrelevant, denn der Tierschutz begründet seine eigentliche Motivation in einer höheren Kontrolldichte, mit unangemeldeten Kontrollen und spezifischen Vorgaben für die Haltung von Tieren. Es geht um das Wohlbefinden der Tiere. Betriebswirtschaftliche Aspekte finden eher weniger Berücksichtigung. Zum Tierwohl zählen insbesondere die Haltungsbedingungen, Auslaufgegebenheiten, Transportzeiten zu den Schlachtbetrieben etc. Hinzu kommen die eigentliche Bewertung der Tierbestände und deren Beurteilung, insbesondere was den gesundheitlichen Zustand der Tiere und die Betreuungsintensität anbelangt. Viele dieser Vorgaben gelten allerdings auch für Teilbereiche der ökologischen Produktion. Einige Systemgeber verfolgen die gleichen Vorgaben wie beim Tierschutz und gehen zum Teil darüber hinaus, zum Beispiel was das Verbot des Tötens männlicher Küken nach dem Schlupf betrifft.

Grundsätzlich ist anzumerken, dass der Tierschutz andere Beweggründe hat. Der kommerzielle Gedanke steht weniger im Fokus als das Tierwohl. Das ist auch die Motivation der Bundesregierung, die im Koalitionsvertrag sich für mehr Tierwohl und Tierschutz ausgesprochen hat. Das Ernährungsministerium beabsichtigt deshalb die Einführung eines Tierwohlsiegels, das sich über mehrere Stufen erstreckt.

Das Töten männlicher Küken nach dem Schlupf hat in der Öffentlichkeit zu einer emotionalen Diskussion geführt. Jährlich werden 40 Millionen männliche Tiere beseitigt, da eine wirtschaftliche Nutzung nicht gegeben ist. Der Tierschutz mahnt das Vorgehen ebenfalls intensiv an und sucht gemeinsam mit den Wirtschaftsbeteiligten nach Lösungsansätzen. Die embryonale Früherkennung ist ein Lösungsansatz und wird von vielen Marktteilnehmern protegiert. Der Tierschutz lehnt das allerdings ab, da nach dem gegenwärtigen wissenschaftlichen Stand die Erkennung erst nach gut einer Woche möglich ist. Der Tierschutz setzt dafür auf die sogenannten Zweinutzungshühner, die allerdings zum gegenwärtigen Zeitpunkt kaum zur Verfügung stehen und auch unter ökonomischen Gesichtspunkten aufgrund schlechter Futterwertung und geringer Legeleistung unrentabel sind. Die Branche, insbesondere der ökologische Bereich setzen unterdessen auf die Aufzucht männlicher Tiere. Das ist ebenfalls mit sehr hohen Kosten verbunden. Soweit es sich um ökologische Produktion handelt, beträgt die Aufzucht mindestens 81 Tage, meist aber deutlich mehr, um ein vermarktungsfähiges Produkt zu bekommen. Der Tierschutz lehnt das allerdings ebenfalls ab, was in keiner Weise nachzuvollziehen ist, denn hier könnte auch aus ethischen Gründen eine sinnvolle Lösung gefunden werden. Das Töten der männlichen Küken wird vom Tierschutz bisher nicht kontrolliert.

Die Preise für ökologische Erzeugnisse liegen auf einem deutlich höheren Niveau als für konventionell erzeugte Produkte. Das betrifft die gesamte Wertschöpfungskette. Dennoch sind die Verbraucher bereit, insbesondere im Bereich Eier, deutlich mehr Geld auszugeben. Das gilt auch für Eier aus der tierschutzgerechten Erzeugung. Hier spielen offenbar ausschließlich ethische Gründe eine Rolle, denn der tatsächliche Mehrwert ist nach den vorliegenden Erkenntnissen eigentlich nicht nachvollziehbar. Tierschutzrelevante Kriterien orientieren sich an konventionellen Produktionsstandards und nicht an Grundsätzen der ökologischen Erzeugung.

Vor allem Eier aus der sogenannten Bruderhahnaufzucht liegen auf einem sehr hohen Preisniveau. Dennoch zeigt die Biobranche beachtliche Zuwachsraten. Das von vielen gesetzte Ziel einen Marktanteil von 25% zu erreichen, ist im Bereich der Legehennenhaltung durchaus realistisch. Die von den Tierschutzverbänden unterstützte Produktion dürfte allenfalls einen Anteil von 2 % erreichen und hat damit bisher keine Marktrelevanz.

Das gilt auch für den Bereich der Geflügelmast. Der Anteil von tierschutzgeprüfter Ware erreicht allenfalls 1 % am Marktvolumen. Im Bereich der ökologischen Produktion werden derzeit knapp 5 % erreicht.

Die Empfehlungen des *Kompetenznetzwerks Nutztierhaltung* geben unterdessen klare Vorgaben für das Halten von Tieren. Diese betreffen primär den konventionellen Bereich. Hervorzuheben ist der Verweis auf die ökologische Erzeugung, die als Vorgabe dargestellt wird. Aus diesem Grund ist eine engere Verflechtung von ökologischer Produktion und Tierschutz zu empfehlen.

Zum gegenwärtigen Zeitpunkt stehen beim Tierschutz die konventionelle Produktion und ethische Ansätze in Bezug auf das Tierwohl im Vordergrund. Ein gemeinsames Vermarktungskonzept würde vor allem dem Tierschutz zusätzliche Impulse und eine höhere Akzeptanz bieten. Da die Anforderungen der ökologischen Produktion im Bereich der Siegelprogramme deutlich über die derzeitigen Tierschutzparameter hinausgehen, wäre das eine zukunftsorientierte Basis im Interesse vieler Marktteilnehmer.

Literaturverzeichnis

Ahrens (2015). Marktforschungsinstitut Splendid Research, https://de.statista.com/statistik/info/unser-research-versprechen

Albert-Schweitzer-Stiftung, Masthuhn-Kampagne (2020). www.albert-schweitzer-stiftung.de

AMI – Agrarmarkt Informations-Gesellschaft mbH (2019). *AMI Marktbilanz Öko-Landbau 2019,* ISSN 1869-9499, Marktversorgung mit Bio-Produkten in Deutschland 2016/17, www.ami-informiert.de

BIO-Initiative gGmbH (2017). *Systemvorgaben für die ökologische Erzeugung,* ISBN: 978-3-946947-04-2

Bioland – Verband für ökologischen Landbau e. V. (2018). https://www.bioland.de/

BÖLW – Bund Ökologische Landwirtschaft e. V. (2019). *Zahlen-Daten-Fakten, Die Bio-Branche 2019,* www.boelw.de

Borchert (2020). Bundesminister a. D. und Leiter des Kompetenznetzwerks

Bundesamt für Justiz (2020). http://www.gesetze-im-internet.de/tierschnutztv/

Bundesanstalt für Landwirtschaft und Ernährung (2020). http://www.bundesprogramm.de/

Bundesministerium für Ernährung und Landwirtschaft – BMEL (2020). https://www.bmel.de/DE/themen/tiere/tierschutz/tierwohl-kennzeichen/tierwohl-kennzeichen_node.html

Bundesministerium für Ernährung und Landwirtschaft – BMEL (2020). Tierschutzgesetz, https://www.bmel.de/DE/Tier/Tierschutz/tierschutz_node.html

Busch (2020). Universität Göttingen, Empfehlungen des Kompetenznetzwerks Nutztierhaltung, https://www.ernaehrungs-umschau.de/print-news/11-03-2020-tierschutz-einstellungen-und-kaufverhalten-stimmen-nicht-ueberein/

Demeter e. V. (2020). Lebensmittel & Produkte, Demeter-Eier, Richtlinien, https://www.demeter.de/leistungen/zertifizierung/richtlinien

Deutscher Ethikrat (2020). www.ethikrat.org, ISBN 978-3-941957-91-6 (PDF)

Deutscher Tierschutzbund (2020). https://www.tierschutzlabel.info/richtlinien/

Europäische Kommission (2008). *EG-Verordnung Durchführungsvorschriften Vermarktungsnormen Geflügelfleisch (EG),* Nr. 543/2008 vom 16. Juni 2008, Amtsblatt L 157, S. 46–87.

Europäische Kommission (2008). *EG-Verordnung Durchführungsvorschriften Vermarktungsnormen Eier (EG) Nr. 589/2008 der Kommission vom 23. Juni 2008,* Amtsblatt, L 163, S. 6–23.

Europäische Kommission (2007). EG-Verordnung *Nr. 1234/2007 des Rates vom 22. Oktober 2007 über die gemeinsame Organisation der Agrarmärkte (Verordnung über die einheitliche GMO) vom 22. Oktober 2007,* Amtsblatt L 299, S. 1–98.

Europäische Kommission (2018). *EU Verordnung Nr. 218/848 des Rates über die ökologische Produktion und Kennzeichnung von ökologischen Erzeugnissen,* Amtsblatt L 150, S. 1–92.

Europäische Kommission (2020). *EU Verordnung Nr. 2020/464 der Kommission mit Durchführungsvorschriften zur Ökoverordnung,* Amtsblatt L 98, S. 2–25.

EUR-Lex (2020). *EU-Recht,* https://eur-lex.europa.eu/homepage.html

European Poultry Science (2018). Stuttgart: Eugen Ulmer, doi: 10.1399/eps.2018.254

Grethe (2020). Humboldt-Universität zu Berlin, Albrecht Daniel Thaer-Institut für Agrar- und Gartenbauwissenschaften, Vorsitzender Wissenschaftlicher Beirat für Agrarpolitik, Ernährung und gesundheitlichen Verbraucherschutz (WBAE).

IFOAM Organics International (2020). *Ökologischer Landbau in Europa,* https://www.organicseurope.bio

IG BIO-Initiative – Interessengemeinschaft ökologischer Landwirte (2019). www.bio-initiative.de

Isermeyer (2020). Johann Heinrich von Thünen-Institut, https://www.thuenen.de

KAT e.V. – Verein für kontrollierte alternative Tierhaltungsformen (2019). *Vorgaben für Legehennenhaltung und umfassende Herkunftssicherung,* https://www.was-steht-auf-dem-ei.de/de/

Label Rouge (2018). http://www.volaillelabelrouge.com/huhner

LWL – Livestock-Welfare-Label Initiative (2017). *Bewertung von Standards im Bereich der Legehennenhaltung,* ISBN: 978-3-946947-00-4

MEG – Marktbilanz Eier und Geflügel (2020). Stuttgart: Eugen Ulmer, ISBN 978-3-8186-1322-8.

Naturland e. V. (2018). *Vorgaben für den ökologischen Landbau, tierische Produktion,* https://www.naturland.de/images/Naturland/Richtlinien/Naturland-Richtlinien_Erzeugung.pdf

Neuland e. V. (2018). *NEULAND-Richtlinien für Legehennenhaltung im Überblick,* http://www.neuland-fleisch.de/legehennenhaltung/

Schaack, Quaing, Nusch, Rampold, & Beck (2018). *Analyse des Bio-Geflügelmarktes,* https://orgprints.org/33738/1/33738-15OE071-ami-schaack-2018-biogefluegelmarkt.pdf,

Siekmann, Janisch, Wigger, Urban, & Zentek (2018). *European Poultry Science.* Stuttgart: Eugen Ulmer, Stuttgart, doi: 10.1399/eps.2018.254

Statistisches Bundesamt (2020). https://www.destatis.de/DE/Themen/Branchen-Unternehmen/Landwirtschaft-Forstwirtschaft-Fischerei/Tiere-Tierische-Erzeugung/Publikationen/Downloads-Tiere-und-tierische-Erzeugung/viehbestand-tierische-erzeugung-2030400177004.pdf?__blob=publicationFile

Vier Pfoten (2020). https://www.vier-pfoten.de/kampagnen-themen/themen/tierschutzpolitik/staatliches-tierwohlkennzeichen/position-vier-pfoten-zum-staatlichen-tierwohllabel

Von der Crone (2020). CD Consulting gUG, http://www.cvdc.de

WBAE – Wissenschaftlicher Beirat für Agrarpolitik, Ernährung und gesundheitlichen Verbraucherschutz beim BMEL (2020). *Politik für eine nachhaltigere Ernährung: Eine integrierte Ernährungspolitik entwickeln und faire Ernährungsumgebungen gestalten.* Gutachten, Berlin.

Zühlsdorf (2015). *Wie wichtig ist Verbrauchern das Thema Tierschutz?* https://www.vzbv.de/sites/default/files/downloads/Tierschutz-Umfrage-Ergebnisbericht-vzbv-2016-01.pdf

4. Wissen und Management: Risiko im Hochschulbereich. Generelle und ausgewählte Aspekte[1]

Werner Hauser

4.1 Einleitung

Die nachfolgenden Ausführungen verstehen sich als erste Annäherung zu einem bislang in Österreich fachpublizistisch kaum bearbeiteten Thema, dem nach Meinung des Autors sowohl aktuell als auch zukünftig deutlich mehr Aufmerksamkeit zu widmen sein wird (Stichworte: Pandemien[2], aggressives Verhalten von Hochschulangehörigen, negative Umwelteinflüsse etc.). Dem (verständlichen) Umstand der umfangmäßigen Vorgaben im Rahmen dieses Sammelwerkes ist es geschuldet, dass im Folgenden lediglich die wichtigsten Aspekte betreffend das Thema „Risiko und Hochschule" beleuchtet werden und dabei insbesondere zentrale Entwicklungs- und Grundstrukturen dargestellt werden, denen für eine zukünftige Weiterentwicklung des hochschulischen Risikomanagements grundlegende Bedeutung zukommt.

Angemerkt sei, dass der gegenständliche Beitrag insoweit implizit an die einschlägigen Aspekte bzw. Dimensionen des Wissensmanagements[3] anknüpft, als davon ausgegangen wird, dass der Umgang mit hochschulischem Risiko

---

1 Dieser Beitrag stellt sich als überarbeitete und erweiterte Fassung eines im Rahmen der „Risiko-Management-Tage" des Netzwerks „Risikomanagement Österreich" am 08.11.2019 gehaltenen Vortrages dar. Für fachkundige Hinweise bedanke ich mich sehr herzlich bei Herrn *Mag. Markus Grimberger.*

2 Vgl. dazu für Österreich: *Bundesministerium für Bildung, Wissenschaft und Forschung* (Hrsg.), COVID-19: Leitfaden für den gesicherten Hochschulbetrieb. Empfehlungen für Universitäten, Fachhochschulen, Pädagogische Hochschulen und Privatuniversitäten (2020) 7 f und 19 ff, worin sich u. a. Hinweise bzw. Leitlinien zum Thema „Krisenmanagement" finden.

3 Siehe zu den einschlägigen Zugängen des (hochschulischen) Wissensmanagements grundlegend etwa bei: *Bornemann/Sammer* (Hrsg.), Anwendungsorientiertes Wissensmanagement. Ansätze und Fallstudien aus der betrieblichen und der universitären Praxis (2002) passim sowie *Lück-Schneider/Maninger* (Hrsg.), Wissensmanagement. Eine interdisziplinäre Betrachtung (2006) passim.

zu den strategischen bzw. operativen Aufgaben des Hochschul-Managements zählt, das auf den optimierten Umgang mit Wissen abzielt.

In diesem Sinne erfolgen zunächst Hinweise zu einschlägigen Begriffen und Systemaspekten (Punkt 2); in der Folge werden auch die das hochschulische Risikomanagement konstituierenden Faktoren von freier Wissenschaft und Lehre thematisiert (Punkt 3); schließlich finden sich zentrale Hinweise zum Risikomanagement im Hochschul-Bereich, indem zunächst die vorfindbaren Entwicklungstendenzen in der Schweiz und in Deutschland (Punkt 4.1.) dargestellt werden und im Anschluss daran den in Österreich vorfindbaren Ansätzen und Zugängen „nachgespürt" wird (Punkt 4.2.). Abgerundet wird der Beitrag durch einen knappen Ausblick (Punkt 5).

4.2 Wichtige Begriffe und Systemhinweise

In der einschlägigen allgemeinen bzw. fachspezifischen Risikomanagement-Literatur finden sich viele (teilweise voneinander abweichende) Begriffszugänge zum Thema „Risiko"[4] sowie zu dem damit verwandten Bereich der „Krise".[5]

Vor allem aus Gründen der besseren Verständlichkeit wird in diesem Beitrag auf die semantische Ursprungsdimension, die sich als Ausgangspunkt von einschlägigen Definitionsansätzen festmachen lässt, zurückgegriffen; demgemäß wird für den Begriff *„Risiko"* in vielen (Begriffs-)Wörterbüchern das Begriffsfeld „Wagnis", „Gefahr", „Verlustmöglichkeit (bei unsicherer Unternehmung)" eingesetzt.[6] Der damit korrespondierende Begriff *„Krise"* kann mit „Entscheidungssituation", „Wende-, Höhepunkt einer gefährlichen Entwicklung", „gefährliche Situation" treffend umschrieben werden.[7]

Unter *„Risikomanagement"* wird generell die Dimension des permanenten und systematischen Erfassens „von Risiken aller Art im Hinblick auf die Existenz und Weiterentwicklung der Organisation, die Analyse und Priorisierung der erkannten Risiken sowie die Festlegung und Umsetzung von adäquaten strategischen bzw. operativen Maßnahmen zur Minimierung der nicht tolerierbaren Risiken" verstanden.[8]

---

4 Siehe dazu etwa eingehend: *Jonen*, Semantische Analyse des Risikobegriffs: Strukturierung der betriebswirtschaftlichen Risikodefinitionen und literaturempirische Auswertung, Beiträge zur Controlling-Forschung, Nr 11/2007, 4 ff mwN.

5 Dazu grundlegend: *Prisching*, Krisen (1986) 18 ff mwN.

6 So etwa für viele: *Duden 5* – Fremdwörterbuch.

7 So etwa für viele: *Duden 5* – Fremdwörterbuch.

8 Für viele: *Kamiske/Brauer*, Qualitätsmanagement von A bis Z[7] (2011) 255 oder auch: *Hilb*, Integrierte Governance von Universitäten (2012) 103 mwN.

Bei all dem gilt es zu beachten, dass diese (allgemeinen) Begriffszugänge jeweils im Kontext zu der in Untersuchung gezogenen Umgebung (Institution, Unternehmen, gesellschaftlicher bzw. staatlicher [Teil-]Bereich) auf ihre praktische Anwendungstauglichkeit zu prüfen bzw. gegebenenfalls anzupassen bzw. zu ergänzen sind. Für den Hochschulbereich ist diesbezüglich insbesondere daran zu denken, dass es sich dabei regelmäßig um „idiosynkratische Subsysteme" handelt; diese sind üblicherweise in ein (teilweise durch die staatliche Verfassung) vorgegebenes systemisch von grundlegenden Autonomiepostulaten getragenes Regelsystem eingebettet, welches Freiräume für die (auch gesamtgesellschaftlich bedeutsame) wissenschaftliche Lehre und Forschung gewährleisten soll.

Um diese besondere systemische Dimension im Hochschulbereich besser erfassen zu können, sollen im nachfolgenden Punkt 3 einige wichtige „Schlaglichter" dazu geboten werden.

4.3 (Verfassungs-)rechtlicher Schutz von Wissenschaft und Lehre

Das in Art. 17 Abs. 1 Staatsgrundgesetz[9] [10] grundgelegte Grundrecht der Wissenschaftsfreiheit richtet sich primär gegen jedwede unsachliche staatliche Beeinflussung und weist überdies eine besondere aktiv-partizipatorische Komponente auf;[11] auch durch Art. 13 Charta der Grundrechte der Europäischen Union[12] ist eine umfassende Gewährleistung der Wissenschaftsfreiheit normiert.[13] In der Europäischen Menschenrechtskonvention[14] findet sich keine spezifische Ausprägung des Schutzes von wissenschaftlicher Forschung bzw. wissenschaftlicher Lehre; durch Art. 10 EMRK („Freiheit der Meinungsäußerung") ist aber auch die „wissenschaftliche Meinungsäußerung" geschützt; zu dieser zählen sowohl wissenschaftliche Publikationen als auch wissenschaftliche Lehrtätigkeiten.[15] Dies ist vor allem deshalb von besonderer Bedeutung,

---

9 Staatsgrundgesetz vom 21.12.1867 über die allgemeinen Rechte der Staatsbürger (RGBl 1867/142 idgF; kurz: StGG).

10 „Die Wissenschaft und ihre Lehre ist frei."

11 *Nowak*, Politische Grundrechte (1988) 12 mwN.

12 ABl 2010 C 83/391; kurz: GRC.

13 „Kunst und Forschung sind frei. Die akademische Freiheit wird geachtet."

14 BGBl 1958/210 idgF; kurz: EMRK.

15 *Hauser*, Wissenschaftsfreiheit, in: *Heißl* (Hrsg.), Handbuch Menschenrechte (2009) Rz 15/3 mwN; siehe dazu etwa auch EGMR 27.5.2014, 346/04, 39.779/04.

da in Fällen, in denen der Schutzkreis des Art. 17 Abs. 1 StGG mangels Vorliegens entsprechender Wissenschaftlichkeit[16] nicht zum Tragen kommen kann, an den Rückgriff auf Art. 10 EMRK zu denken ist.[17]

Im Bereich der privaten Bildungseinrichtungen des Postsekundarbereiches finden sich einfach-gesetzliche Ausprägungen der Wissenschafts- bzw. Lehrfreiheit. So ist etwa in § 3 Abs. 2 Z. 1 Fachhochschulgesetz[18] grundgelegt, dass Fachhochschul-Studiengänge die „Vielfalt wissenschaftlicher Lehrmeinungen und wissenschaftlicher und/oder wissenschaftlich-künstlerischer Methoden zu beachten" haben.[19] Für die Privathochschulen bzw. -universitäten finden sich in § 2 Abs. 2 Privathochschulgesetz[20] vergleichbare Regelungen.[21] Im verwandten Bereich zu Art. 17 Abs. 1 StGG normiert u. a. auch § 105 Universitätsgesetz 2002,[22] dass kein/e Universitätsangehörige/r gegen ihr/sein Gewissen zur Mitwirkung bei einzelnen wissenschaftlichen oder künstlerischen Arbeiten verhalten werden darf; aus einer derartigen Weigerung darf kein Nachteil erwachsen.[23] Eine nahezu gleichlautende Formulierung findet sich auch in § 73 Hochschulgesetz 2005[24] [25].

Das Grundrecht der Wissenschaftsfreiheit vermittelt insbesondere das Recht ungehinderter wissenschaftlicher Forschung und das Recht auf freie Lehre der Wissenschaft.[26] Weiters richtet sich Art. 17 Abs. 1 StGG dagegen, dass „Organe

---

16 Zur Begriffsdimension „Wissenschaft" siehe etwa *Hauser*, Universitäre Studienplanung (1995) 18 ff mwN.

17 VwGH 28.7.2000, 97/09/0106 hre 19, ÖHZ 2001/2, 11. Siehe ausführlich zum Bedeutungsgehalt von Art. 10 EMRK im gegebenen Zusammenhang bei: *Kröll*, in: *Kneihs/Lienbacher* (Hrsg.), Rill-Schäffer-Kommentar zum Bundesverfassungsrecht (23. ErgLfg – 2019) Rz 148 ff zu Art. 17 StGG.

18 BGBl 1993/340 idgF; kurz: FHG.

19 Dazu *Hauser*, Fachhochschul-Studiengesetz[8] (2019) Anm. 18 ff zu § 3 mwN sowie *Kröll*, in: *Kneihs/Lienbacher* (Hrsg.), Rz 116 zu Art. 17 StGG, der u. a. auf die Bedeutung der im gegebenen Zusammenhang auch auf die „mittelbare Drittwirkung" der Grundrechte verweist.

20 BGBl I 2020/77; kurz: PHG.

21 Vgl. dazu *Huber/Grimberger*, Das Recht der Privatuniversitäten (2012) Anm. 34 ff zu § 2 PUG.

22 UG 2002; BGBl I 2002/120 idgF.

23 Siehe dazu *Kucsko-Stadlmayer/Haslinger*, in: *Perthold-Stoitzner* (Hrsg.), Kommentar zum Universitätsgesetz 2002[3] (2016) Anm. 1 ff zu § 105 UG 2002.

24 BGBl I 2006/30 idgF; kurz: HG 2005.

25 Dazu: *Hauser*, Pädagogisches Hochschulgesetz (2006) Anm. 1 ff zu § 73.

26 VfSlg 1969; VfSlg 2706; VfSlg 4323; VfSlg 4881.

der Verwaltung ohne gesetzliche Grundlage in die wissenschaftliche Tätigkeit eingreifen und diese behindern oder beschränken".[27] Die Freiheit der wissenschaftlichen Forschung ist z. B. dann beeinträchtigt, wenn untersagt wird, „irgendwelche wissenschaftlichen Forschungen" vorzunehmen bzw. wenn eine „wissenschaftliche Publikation untersagt" wird.[28]

Jede einer gesetzlichen Grundlage entbehrende Behinderung in der Ausübung der Lehrbefugnis stellt sich als Verletzung des Grundrechts der Freiheit der wissenschaftlichen Lehre dar;[29] das Gleiche gilt bezüglich der unrichtigen Auslegung eines Gesetzes oder einer Verordnung, die zu einer Beeinträchtigung der wissenschaftlichen Lehre führt.[30] Weiters wird in die verfassungsgesetzlich geschützte akademische Lehrfreiheit eingegriffen, wenn „durch eine gesetzwidrige dienstrechtliche Maßnahme die Ausübung der Lehrtätigkeit verhindert oder auch nur behindert wird".[31]

Bei der Wissenschaftsfreiheit handelt es sich um ein so genanntes „Jedermannsrecht",[32] d. h., dass jede natürliche (und juristische[33]) Person, die wissenschaftliche Forschung oder wissenschaftliche Lehre betreibt, durch das Grundrecht geschützt ist. Mit der Anerkennung der Grundrechtsgeltung sowohl für natürliche als auch für juristische Personen verbindet sich gleichzeitig ein Spannungsverhältnis zwischen den Freiheitspostulaten der/des einzelnen Wissenschafter/in/s einerseits und der wissenschaftlichen Institution (z. B. Universität, Privatuniversität, Fachhochschule, Pädagogische Hochschule) andererseits, an welcher diese/r tätig ist. Aus der Bestimmung des Art. 17 Abs. 5 StGG[34] ist abzuleiten, dass sowohl die Gesetzgebung für geeignete (Aufsichts-) Mittel als auch die Verwaltung (im Rahmen ihrer Aufsichtsbefugnisse) dafür zu sorgen hat, dass die gegebenenfalls widerstreitenden Interessen zwischen Wissenschafter/in und wissenschaftlicher Institution nach sachlichen Kriterien aufgelöst werden.[35] – Vor allem dieser Dimension wird bei der konkreten

---

27 VfSlg 2823.

28 VfSlg 1777 sowie VfSlg 1969 und VfSlg 3068.

29 VfSlg 2345; VfSlg 4323.

30 VfSlg 1777.

31 VfSlg 1777; VfSlg 3565; VfSlg 4323; VfSlg 4732; VfSlg 4881.

32 Siehe dazu insbesondere VfSlg 8136.

33 *Ermacora*, Grundriss der Menschenrechte in Österreich (1988) 219.

34 „Dem Staate steht rücksichtlich des gesamten Unterrichts- und Erziehungswesens das Recht auf oberste Leitung und Aufsicht zu."

35 *Hauser*, in: *Heißl* (Hrsg.), Rz 15/9 mwN.

Gestaltung von Risikomanagementsystemen im Hochschulbereich besondere Bedeutung beizumessen sein.

Von Bedeutung ist, dass die Wissenschaftsfreiheit für bestimmte Personengruppen (insbesondere für die im Hochschulbereich in Forschung und Lehre tätigen Personen) besondere gesetzliche Ausprägungen erfahren hat. So ist insbesondere für den Universitätsbereich davon auszugehen, dass den dort wissenschaftlich tätigen Personen in Angelegenheiten der wissenschaftlichen Forschung und Lehre (weitgehende) Weisungsfreiheit zukommt.[36] Weitgehend analog dazu ist – insbesondere unter einer teleologischen Betrachtungsweise sowie auf der Basis der entsprechenden einfach-gesetzlichen Ausformungen – auch für die an Fachhochschulen sowie an Privathochschulen bzw. -universitäten tätigen Personen davon auszugehen, dass diesen ein entsprechender Freiraum für die eigenverantwortliche Gestaltung ihrer jeweiligen Tätigkeiten zu verbleiben hat und überdies eine entsprechende Beschränkung des jeweiligen Vorgesetzten zur Erteilung von Anordnungen (Weisungen) besteht.[37]

Betreffend der institutionellen Dimension sei (in der gebotenen Kürze) darauf verwiesen, dass den öffentlichen Universitäten durch Art. 81c Abs. 1 B-VG ausdrücklich Autonomie eingeräumt worden ist.[38] Fraglich ist, ob die den Universitäten verfassungsgesetzlich eingeräumten Autonomiepostulate auch den privatrechtlich organisierten Hochschulen (Privathochschulen bzw. -universitäten, Fachhochschulen) zuzugestehen sind; dafür spricht, dass eine im eigentlichen Sinne des Wortes zu verstehende „Hochschule“ begriffsnotwendig nur dann gegeben sein kann, wenn innerhalb derselben für ausreichende autonome Frei- und Spielräume gesorgt wird.[39]

---

36 *Berka*, Autonomie im Bildungswesen (2002) 38 ff (43).

37 *Berka*, Autonomie, 119; *Hauser*, Die rechtlichen Grundlagen der wissenschaftlichen Forschung in Österreich, in: *Prisching/Lenz/Hauser* (Hrsg.), Die wissenschaftliche Forschung in Österreich (2002) 40 mwN. Siehe im Übrigen etwa auch bei *Funk*, Verfassungsrechtliche Dimensionen des Hochschulrechts, in: *Funk/Hauser* u. a., Handbuch des Österreichischen Hochschulrechts (2006) 40.

38 „Die öffentlichen Universitäten sind Stätten freier wissenschaftlicher Forschung, Lehre und Erschließung der Künste. Sie handeln im Rahmen der Gesetze autonom und können Satzungen erlassen. Die Mitglieder universitärer Kollegialorgane sind weisungsfrei“; siehe dazu im Detail bei: *Berka*, Die Quadratur des Kreises: Universitätsautonomie und Wissenschaftsfreiheit, zfhr 2008, 37 ff sowie VfSlg 19.775.

39 In diesem Sinne: *Funk*, in: *Funk/Hauser* u. a. 39 f mit weiteren Argumenten.

Obwohl sich die Wissenschaftsfreiheit des Art. 17 Abs. 1 StGG als absolutes Grundrecht darstellt, ist sie dennoch nicht schrankenlos garantiert. Bereits frühzeitig hat der VfGH[40] das Bestehen einer „allgemein-rechtlichen Schranke" der Wissenschaftsfreiheit angenommen, welche die Tätigkeit der/des einzelnen Wissenschafter/in/s durch die geltende Rechtsordnung begrenzt.[41] Als grundsätzlich unzulässig sind jedenfalls intentionale Eingriffe in die Wissenschaftsfreiheit anzusehen, die geradezu auf die Einschränkung dieses Freiheitsrechtes abzielen. Vor dem Hintergrund des Bestehens verfassungsimmanenter Grenzen können aber auch intentionale Beschränkungen der Wissenschaftsfreiheit (in Ausnahmefällen) als zulässig erachtet werden (z. B. Verbot eines Forschungsprojektes auf Grund von unbeherrschbaren Risken).[42] Zu fordern ist in derartigen Fällen jedoch das Vorliegen einer ernsthaften Gefährdung grundrechtlich geschützter Rechtsgüter.[43]

4.4 Hinweise zum Risikomanagement im Hochschul-Bereich

Im Folgenden werden Ansätze betreffend die zielgerichtete Auseinandersetzung von Risiken im Hochschulbereich thematisiert; angeknüpft wird dabei zunächst an die maßgeblichen Entwicklungsstränge der hochschulischen Risikobewältigung in der Schweiz und in Deutschland, um anschließend (allgemeine) rechtliche Grundlagen sowie (konkrete) Ansätze in der österreichischen Hochschullandschaft darzustellen.

---

40 Vgl. dazu insbesondere VfSlg 1777.

41 *Koja*, Wissenschaftsfreiheit und Universitäten (1976) 24 führt diesbezüglich das Beispiel an, dass in einem baupolizeilich gesperrten Gebäude auch diejenigen nicht forschen dürfen, denen das Recht auf Forschung an sich zusteht. Siehe dazu etwa auch OGH 14.10.1980 EvBl 1981/94 oder OGH 5.10.2000, 6 Ob 204/00v.

42 In VfSlg 13.635 ist diesbezüglich etwa festgehalten, dass es mit der Menschenwürde nicht vereinbar wäre, wenn der/die Einzelne zu einem „bloßen Objekt wissenschaftlicher Neugierde oder wissenschaftlicher Interessen herabgewürdigt" würde. Siehe dazu auch VfSlg 13.978: Ein Eingriff in die Freiheit der Wissenschaft und ihrer Lehre kann zulässig sein, wenn dies zum Schutz eines anderen Rechtsguts erforderlich ist und sich der Eingriff als verhältnismäßig darstellt.

43 *Berka/Binder/Kneihs*, Die Grundrechte[2] (2019) 705 mwN.

4.4.1 Entwicklungstendenzen in der Schweiz und in Deutschland

4.4.1.1 Schweiz

Eine zeitliche und damit auch inhaltliche Vorreiterrolle im deutschsprachigen Diskursumfeld zum hochschulischen Risikomanagement nimmt ganz offensichtlich die Schweiz ein, indem bereits am 04.07.2006 vom Rat der Eidgenössisch Technischen Hochschulen (ETH-Rat) so genannte „Weisungen des ETH-Rates über das Risikomanagement der ETH und der Forschungsanstalten“[44] veröffentlicht wurden. Dieses Dokument des ETH-Rats umfasst 16 Artikel, die sehr klar und pointiert formuliert sind; es finden sich darin u. a. Hinweise zu den Zielen der hochschulischen Risikopolitik (Art. 3), den Zuständigkeiten (Art. 4), der Risikoerfassung (Art. 5), der Risikobewertung (Art. 6), der Risikobewältigung (Art. 7), dem Risikocontrolling (Art. 8) sowie weiters der Risikofinanzierung (Art. 9 ff). Die Lektüre dieses Dokuments macht deutlich, dass es in der Hauptsache auf der Grundlage von allgemeinen Risikomanagementansätzen entwickelt wurde, wobei gleichzeitig auch die spezifischen Anforderungen und Bedürfnisse des Hochschulwesens angemessen Berücksichtigung finden.[45]

An diesem Zugang wird auch in der einschlägigen wissenschaftlich-systematischen Aufarbeitung zum Thema „Hochschul-Risikomanagement“ bei der Begriffsbildung angeknüpft[46] und gleichzeitig vor allem die Bedeutung der klaren Zuordnung der Risikomanagement-Aufgaben zu den einschlägigen organisatorischen Verantwortungsebenen der jeweiligen Hochschule hervorgestrichen.[47] [48]

---

44 Dieses Dokument findet sich in der Fassung vom 16.05.2018 unter folgendem Link: https://www.ethrat.ch/sites/default/files/Weisung_Risikomanagement.pdf (abgefragt am 25.06.2020).

45 Dies gilt etwa betreffend die Hinweise im Zusammenhang mit Zielsetzungen und Zuständigkeiten. Siehe dazu etwa auch Art. 3 lit. f des Dokuments des ETH-Rats: „Das Risikobewusstsein soll bei Studierenden, Mitarbeitenden und bei der Professorenschaft gefördert werden.“

46 *Hilb*, Governance von Universitäten, 103 mwN.

47 Die wird etwa bei *Hilb*, Governance von Universitäten, 103 ff durch die eingehende Beleuchtung der „Risiko-Management-Funktion des Universitätsrates“ deutlich.

48 Zur aktuellen Ausprägung des Risikomanagements an der ETH Zürich siehe den Link https://ethz.ch/services/de/service/sicherheit-gesundheit-umwelt/risikomanagement.html (abgefragt am 29.06.2020).

So kommt etwa *Niemeyer*[49] – auf Basis einer umfassenden Analyse von einschlägigen Risikomanagementansätzen im (Schweizer) Hochschulwesen – u. a. zum Ergebnis, dass sich bei „der Übertragung von Risikomanagement auf öffentliche Organisationen durch Einbezug der organisationswissenschaftlichen Perspektive neue Ansätze" ergeben, wobei dies insbesondere für den Hochschul-Bereich gilt, der „im Spannungsfeld zwischen einer veränderten Risikosituation, Erwartungen von hochschulexternen und -internen Anspruchsgruppen und Forderungen von Aufsichtsorganen" steht, und „dass (das) Risikomanagement (an) Hochschulen nur effektiv betrieben werden kann, wenn Risikomanagementprozesse sowohl auf Institutionsebene als auch dezentral in den einzelnen Organisationseinheiten durchgeführt werden. (...) Innerhalb der Hochschule gibt es auf Kreativität und auf Effizienz ausgerichtete Einheiten, die sich grundlegend unterscheiden. Dies bedingt einen pragmatischen Risikomanagementprozess, der insbesondere akademischen Einheiten die Freiheit gibt, das Vorgehen zur Erreichung von Prozesszielen mitzubestimmen, um eine Akzeptanz des Prozesses zu erreichen,"[50] wobei dabei „die Integration in die Führungsprozesse der Hochschule (eine) nachhaltige und konsequente Umsetzung des Risikomanagements sicher(stellt)."[51]

4.4.1.2. Deutschland

Mit einer gewissen zeitlichen Distanz zur Entwicklung in der Schweiz wurde auch in Deutschland das Thema des hochschulischen Risikomanagements in den Fokus der hochschulischen Praxis gerückt.[52] *Kreysing*[53] verweist im Zusammenhang mit dem entsprechenden Entwicklungsverlauf auf die Vorbildfunktion des (im Jahr 2018 aufgelösten) Higher Education Funding Council for England (hefce), das u. a. Anleitungen zur Einführung von Risikomanagementsystemen erarbeitet und kommuniziert hat, wobei auch das hefce bei den

49 Organisationswissenschaftliche Ansätze zum Risikomanagement am Beispiel von Hochschulen (Diss. – 2011) passim.

50 *Niemeyer*, Risikomanagement, V.

51 *Niemeyer*, Risikomanagement, VI.

52 Eine Vorreiterrolle hat dabei die Universität Göttingen eingenommen; siehe dazu: *Kreysing*, Risikomanagement an der Universität Göttingen. Möglichkeiten und Grenzen vom 29.10.2010; Link: https://docplayer.org/23404221-Risikomanagement-an-der-universitaet-goettingen.html (abgefragt am 29.06.2020).

53 No risk, no fun. Risikomanagement an Hochschulen, in: *Strotkemper/Breithecker/Heinemann* (Hrsg.), Das akademische Unternehmen: Innovative Perspektiven zwischen Humboldt und Markt. FS Ambrosy (2019) 256 f.

von ihm entwickelten Vorschlägen auf die Zugänge des allgemeinen Risikomanagements zurückgegriffen hat.[54] Nach dem Motto „von den Erfahrungen anderer lernen“[55] wurden freilich auch bei der Etablierung von Risikomanagementsystemen an deutschen Universitäten und Hochschulen auf die vom ETH-Rat entwickelten einschlägigen Dokumente zurückgegriffen. Demgemäß kann es nicht überraschen, dass auch in Deutschland ähnliche strukturelle Zugänge zum hochschulischen Risikomanagement herrschend geworden sind,[56] die – generell bzw. vereinfacht gesprochen – insbesondere darin gelegen sind, dass im Rahmen der jeweiligen Hochschule zu definieren ist,

- wie die (hochschulischen) Risken Hand zu haben sind („Risikopolitik“),
- welchen hochschulischen Organen zentral und dezentral die entsprechende Verantwortung für das Risikomanagement übertragen wird,
- wie der gesamte hochschulische Risikomanagement-Prozess gestaltet ist,[57]
- wie die Risiken definiert und bewertet werden,[58]
- welche Kommunikationsstrukturen und -wege und
- welche Risikobewältigungsmaßnahmen vorgesehen sind.[59]

Überdies ist den einzelnen hochschulischen Risikomanagementsystemen in der Regel gemeinsam, dass sie in Verbindung mit Chancen und Perspektiven für die Hochschule gesehen werden;[60] dazu kommt, dass die konkret in

---

54 Von besonderer Bedeutung ist dabei vor allem der „Praxisbericht“ des hefce zum Thema „Risk management in higher education. A guide to good practice, prepared for hefce by PricewaterhouseCoopers“ vom Februar 2005; siehe dazu den Link: https://core.ac.uk/download/pdf/4155339.pdf (abgefragt am 26.06.2020).

55 *Kreysing*, in: *Strotkemper/Breithecker/Heinemann* (Hrsg.), 265.

56 Siehe dazu: *Erhardt/Meyer-Guckel/Winde* (Hrsg.), Leitlinien für die deregulierte Hochschule – Kodex guter Führung. Schriften des Stifterverbands für die Deutsche Wissenschaft/Heinz Nixdorf Stiftung (2008) 28 und 125 ff sowie *Söder-Mahlmann/Mölle*, Vorschläge zur Gestaltung eines effizienten hochschuladäquaten Risikomanagements. Handlungsempfehlungen: Risikomanagement des „Instituts für Hochschulentwicklung“ der deutschen Universitäten-KanzlerInnen (Stand: März 2018); Link: https://www.uni-kanzler.de/fileadmin/user_upload/09_intern_Arbeitskreise/08_AK_HS-Finanzierung/Arbeitspapiere/20180417 Empfehlungspapier_Risikomanagement.pdf (abgefragt am 29.06.2020).

57 Dazu etwa: *Hilb*, Governance von Universitäten, 106 ff mwN.

58 Siehe dazu etwa: *Dembeck*, Hochschulische Risikoarten, in: *Dembeck/Heinemann/Schaarschmidt* (Hrsg.), Finanzmanagement konkret (2013) 105.

59 Dazu etwa: *Kreysing*, in: *Strotkemper/Breithecker/Heinemann* (Hrsg.), 263.

60 *Hilb*, Governance von Universitäten, 105.

Deutschland (und auch in der Schweiz) implementierten „Risikobewältigungssysteme“ – in Umsetzung der oben unter Punkt 3 dargestellten Berücksichtigungserfordernisse von freier Wissenschaft und Lehre – auf die Integration von bzw. Interaktion mit möglichst allen Universitätsangehörigen abstellen.

4.4.2 Österreichische Zugänge

4.4.2.1 Allgemeine Gesetze

Zunächst gilt es darauf zu verweisen, dass – in einer generellen Betrachtungsweise – die fachwissenschaftliche Diskussion um die Etablierung von hochschulischen Risikomanagementsystemen in Österreich bislang noch nicht so weit gediehen ist, wie etwa in der Schweiz oder in Deutschland; insbesondere liegt bislang – soweit ersichtlich – kein (wissenschaftlich begleitetes) Pilot-Projekt betreffend die konkrete Implementierung eines im umfassenden Sinn verstandenen Hochschul-Risikomanagementsystems vor, über das fachwissenschaftlich publiziert worden wäre.

Dies ist umso überraschender, da die Verantwortungsträger im Hochschulbereich (operative Führungsorgane, Aufsichtsbehörden etc.) ein dringendes Interesse an konsolidierten und funktionierenden Risikomanagementsystemen haben müssten; dies nicht zuletzt vor dem Hintergrund der Wirkmächtigkeit sowohl von strafrechtlichen[61] als auch von zivilrechtlichen Konsequenzen,[62] die

61 So sieht etwa das Verbandsverantwortlichkeitsgesetz (BGBl I 2005/151 idgF) eine strafrechtliche Verantwortung für juristische Personen für ihrer Sphäre zurechenbare Straftaten zu; einschlägige Risikomanagementsysteme können die diesbezüglichen Anknüpfungspunkte für eine strafrechtliche Haftung umfassend minimieren. Siehe dazu etwa: *Hilf*, Verbandsverantwortlichkeitsgesetz (2006) passim.

62 Zur Illustration der haftungsrechtlichen Dimension sei auf den „Musterbeispielsfall“ OGH 09.11.2005, 7 Ob 245/05p verwiesen: Zu klären war die Frage nach der haftungsrechtlichen Verantwortlichkeit einer Krankenanstalt, in der ein Patient als Folge eines Schädelhirntraumas an einem „hirnorganischen Durchgangssyndrom“ litt und er in Folge dessen beim WC-Besuch aus dem ungesicherten Fenster sprang und sich dabei schwere Verletzungen zuzog. Der OGH sprach aus, dass auf Grund des Krankheitsbildes eine derartige Handlung vorhersehbar und das Risiko durch das Setzen einer verhältnismäßigkeitswahrenden Maßnahme (z. B.: Sicherungsverschluss beim WC-Fenster) beherrschbar gewesen wäre. – Diese Entscheidung macht deutlich, dass jedenfalls vorhersehbare und beherrschbare Risken, mit angemessenen, verhältnismäßigen Maßnahmen zu verhindern bzw. zumindest zu minimieren sind; dies gilt es letztlich im Rahmen von Risikomanagementsystemen zu gewährleisten.

sich aus Sorgfaltspflichtverletzungen ergeben und die hochschulische Einrichtungen umfassend und nachhaltig beeinträchtigen könnten.

Dazu kommt, dass die allgemeinen (Sorgfalts-)Verpflichtungen, welche aus spezifischen Verwaltungsgesetzen resultieren, selbstverständlich auch die Hochschulen bzw. deren Organe bei ihren Tätigkeiten und Handlungen binden; diesbezüglich finden sich entsprechende Regelungen, denen im weiteren Sinne auch der Zweck der Risikominimierung innewohnt, u. a. in folgenden Gesetzen:[63]

- *ArbeitnehmerInnenschutzgesetz* (BGBl 1994/450 idgF)
- *Baurecht* (z. B.: Stmk BauG – Stmk LGBl 1995/59 idgF)
- *Betriebsanlagenrecht der Gewerbeordnung* (§§ 74 ff, §§ 353 ff GewO)
- *Feuerpolizeirecht* (z. B.: Stmk Feuer- und GefahrenpolizeiG – Stmk LGBl 2012/12 idgF)
- *Hausrecht* (§ 354, § 372 ABGB)
- *Straßenverkehrsrecht* (StVO – BGBl 1960/159 idgF)
- *Veranstaltungsrecht* (eigener WB/Gemeinde: Art. 118 Abs. 3 Z 3 B-VG; z. B.: Stmk VeranstaltungsG – Stmk LGBl 2012/88 idgF)

Auch hinsichtlich der Einhaltung und Wahrung der in diesen und zahlreichen anderen generellen Normen verankerten Verpflichtungen, die Hochschulen betreffen (können), wäre es zielführend, für eine strategische Einbindung in ein spezifisches Hochschulrisikomanagementsystem zu sorgen.

4.4.2.2 Wirtschaftliche Risiken

Ausdrücklich sei darauf verwiesen, dass in Hinblick auf wirtschaftliche Risiken für staatliche Universitäten bereits aktuell einschlägige Regelungen im UG 2002 enthalten sind.[64] Mit *Nowotny*[65] ist davon auszugehen, dass an den staatlichen Universitäten zur Überwachung der inneruniversitären Vorgänge aus

---

63 Siehe dazu und zu weiteren einschlägigen spezifischen Verwaltungsrechtsmaterien: *Bachmann/Baumgartner* u. a., Besonderes Verwaltungsrecht[12] (2018) passim sowie zum Stmk Landesrecht: *Poier/Wieser* (Hrsg.), Steiermärkisches Landesrecht. Band 3: Besonderes Verwaltungsrecht (2010) passim.

64 Siehe dazu etwa § 16 UG 2002 („Rechnungswesen und Berichte“) auf dessen Basis u. a. die Verordnung der Bundesministerin für Bildung, Wissenschaft und Kultur über den Rechnungsabschluss der Universitäten (Univ RechnungsabschlussVO; BGBl II 2003/292 idgF) erlassen wurde.

65 In: *Perthold-Stoitzner* (Hrsg.), Kommentar zum Universitätsgesetz 2002[3] (2016) Anm. 5 zu § 16 UG 2002.

wirtschaftlicher und „öffentlich-rechtlicher Sicht“ nach dem Vorbild im Gesellschaftsrecht ein entsprechendes internes Kontrollsystem einzurichten ist.[66]

Für private Universitäten bzw. Hochschulen (Fachhochschulen, Privathochschulen bzw. -universitäten etc.) gelten die entsprechenden Rechnungslegungsvorschriften des Unternehmensgesetzbuches,[67] das in § 243 Abs. 1 u. a. vorsieht, dass im so genannten Lagebericht u. a. „wesentliche Risken und Ungewissheiten, denen das Unternehmen ausgesetzt ist“ zu beschreiben sind.[68] Überdies sieht § 22 GmbH-Gesetz[69] vor, dass die Geschäftsführung dafür zu sorgen hat, dass ein Rechnungswesen und ein internes Kontrollsystem geführt werden, die den Anforderungen des Unternehmens entsprechen.[70] [71] Unter bestimmten Voraussetzungen[72] ist überdies bei der Rechtsform der Gesellschaft mit beschränkter Haftung[73] zur Überwachung der Wirksamkeit des internen

---

66 Überdies kann gem. § 16 Abs. 2 UG 2002 jede (staatliche) Universität weitere Abschnitte des dritten Buches des UGB („Rechnungslegung“; §§ 189 bis 267c UGB) anwenden, um damit ihrer Verpflichtung zur Rechnungslegung bei Wahrung der Vergleichbarkeit mit den anderen Universitäten nachzukommen.

67 dRGBl 1897/219 idgF; kurz: UGB.

68 Siehe dazu und den von dieser Verpflichtung erfassten juristischen Personen näher bei: *Geirhofer*, in: *Torggler* (Hrsg.), Kommentar zum Unternehmensgesetzbuch (2019) Anm. 1 und 18 f zu § 243 UGB.

69 RGBl 58/1906/58 idgF; kurz: GmbHG. Zu den zentralen Aspekten des internen Kontrollsystems siehe etwa: *Temmel*, in: *Gruber/Harrer*, Kommentar zum GmbHG (2014) Anm. 24 ff zu § 22 GmbHG mwN.

70 Siehe dazu im Überblick: *Kalss/Wendt*, Der Aufsichtsrat in der Unternehmenskrise und in der Insolvenz, in: *Kalss/Kunz* (Hrsg.), Handbuch für den Aufsichtsrat[2] (2016) 1002.
Gleiches gilt gem. § 82 AktG für den Vorstand einer Aktiengesellschaft; siehe dazu: *Nowotny*, in: *Doralt/Nowotny/Kalss* (Hrsg.), Kommentar zum Aktiengesetz[2]. Band 1 (2012) Rz 1 ff zu § 82 AktG.

71 Die überwiegende Anzahl der in Österreich akkreditierten Fachhochschulen werden in der Rechtsform der GmbH betrieben; siehe dazu: *Brünner*, Die „Gesellschaft mit beschränkter Haftung“ als Erhalterin einer Fachhochschule bzw. von Fachhochschul-Studiengängen in: *Koubek/Möstl u. a.* (Hrsg.), Bene Meritus. FS Schachner-Blazizek (2007) 69 ff.

72 Nämlich bei Gesellschaften im Sinne von § 189a Z 1 lit a und lit d UGB sowie in aufsichtsratspflichtigen großen Gesellschaften, bei denen das Fünffache eines der in Euro ausgedrückten Größenmerkmale einer großen Gesellschaft (§ 221 Abs. 3 erster Satz iVm Abs. 4 bis 6 UGB) überschritten wird („fünffach große Gesellschaften“).

73 Vergleichbares ist gem. § 92 Abs. 4a Z 4 lit. b Aktiengesetz (BGBl 1965/98 idgF; kurz: AktG) für die Aktiengesellschaft normiert.

Kontrollsystems und des Risikomanagementsystems der Gesellschaft ein eigener Prüfungsausschuss des Aufsichtsrates zu bestellen.[74]

4.4.2.3 Ansätze

Bemerkenswerterweise finden sich an allgemein zugänglichen Homepages von österreichischen (Privat-)Universitäten bzw. (Fach-)Hochschulen – wenn überhaupt – so tendenziell nur sehr knappe, um nicht zu sagen „zurückhaltende" Hinweise darauf, ob ein Risikomanagementsystem eingerichtet ist bzw. wie dieses gestaltet ist. Dies mag damit zu tun haben, dass die österreichische Diskussion rund um dieses Thema noch nicht umfassend geführt wurde; möglich ist auch, dass die allenfalls an der einzelnen Universität bzw. Hochschule gewählte Risikomanagement-Strategie nicht (gerne) nach außen kommuniziert wird, was sich freilich deutlich von den diesbezüglichen Zugängen in der Schweiz und Deutschland unterscheidet.

Zur Erlangung eines etwas tiefer gehenden Einblicks hat der Autor dieses Beitrages im Sommer 2019 mit ihm persönlich bekannten Vertreter/inne/n von jeweils drei staatlichen Universitäten und Fachhochschulen sowie von jeweils einer Privatuniversität und einer staatlichen Pädagogischen Hochschule auf informellem Weg vertrauliche Gespräche geführt, um zu hinterfragen, ob an diesen insgesamt acht Universitäten bzw. Hochschulen Risikomanagementsysteme etabliert sind. Die Antworten haben die oben zum Ausdruck gebrachte Vermutung bestätigt, dass diesbezüglich noch keine umfassenden hochschulischen Aktivitäten stattgefunden haben, die in die Einrichtung von konsolidierten Risikomanagementsystemen gemündet hätten; im Einzelnen konnten folgende Informationen generiert werden:

- Im Wesentlichen sind zwar an allen Universitäten bzw. Hochschulen, zu denen diese Recherchen angestellt wurden, „kaufmännische bzw. finanzwirtschaftliche Risiko(-bewertungs- bzw. -beobachtungs-)Systeme" vorhanden, doch liegen darüber hinausgehend keine gesamthaften Risikomanagementsysteme vor; an einer der Institutionen ist allerdings ein sogenanntes „Notfallhandbuch", das in einem hochschulischen Verbund entwickelt wurde, bereits für die konkreten Bedürfnisse dieser Hochschule adaptiert und implementiert worden.[75]

---

74 Siehe § 30g Abs. 4a Z 4 lit. b des Gesetzes über Gesellschaften mit beschränkter Haftung (RGBl 1906/58 idgF; kurz: GmbHG).

75 Dieses Notfallhandbuch stammt von der Pädagogischen Hochschule Steiermark; es ist systematisch plausibel strukturiert und beinhaltet u. a. eine *Szenarien-Sammlung*

- An 50 % der in die informelle Recherche einbezogenen Universitäten und Hochschulen wurden zum Befragungszeitpunkt Prozesse zur Generierung von spezifischen hochschulischen Risikomanagementsystemen bereits eingeleitet, wobei diesbezüglich mit dem Instrument der „Risikokontrollmatrix-Erstellung“[76] vorgegangen wurde. Dem Autor wurden auf informellem Wege von zwei Ansprechpartner/inne/n jeweils eine derartige universitäre bzw. hochschulische Risikomatrix übermittelt; diese wiesen, obwohl sie von zwei völlig unterschiedlichen Institutionen stammen, gewisse Parallelitäten auf, nämlich:

  - In den Präambeln der einschlägigen Unterlagen wurden „Orientierungszusammenhänge“ zu den als maßgeblich erachteten ISO-Systemen[77] bzw. ON-Regelungen[78] hergestellt.
  - Es lagen systematische Schwachstellen dergestalt vor, dass einzelne der identifizierten sowie angeführten Risikobereiche äußerst detailreich dargestellt und gleichzeitig andere Risikobereiche sich lediglich rudimentär skizziert fanden, ohne dass sachliche Gründe für diese Unterschiede evident wären.

---

zu den Themen „Atomunfall“, „Bombendrohung“, „Brand“, „Demonstration“, „Einbruch“, „Erpressung“, „Evakuierung“, „Geiselnahme“, „IT-Infrastruktur-Notfälle“, „Medizinischer Notfall“, „Randalierer/innen“, „Unfall“, „Vandalismus“, „Verdächtige Gegenstände“, „Verdächtige Wahrnehmung“; siehe dazu *Pädagogische Hochschule Steiermark* (Hrsg.), Notfallhandbuch vom November 2017; Link: https://www.phst.at/fileadmin/Redakteure/Dokumente/PHSt-Notfallhandbuch_digital_Juni_2018.pdf (abgefragt am 25.05.2020). Mittlerweile haben auch andere Universitäten ähnlich strukturierte Notfallhandbücher in Anlehnung zu den Abstimmungs(vor)arbeiten des (informellen) Verbundes „Steirischer Hochschulraum“ etabliert (für die TU Graz siehe z. B. folgenden Link: https://www.tugraz.at/fileadmin/user_upload/tugrazInternal/News_Stories/Print/people/pdf/TU_Graz_people_2019_04_72.pdf [abgefragt am 01.07.2020].

76 Zur Bedeutung der Risikomatrix-Erstellung und verwandten Instrumenten siehe etwa bei: *Romeike*, Bewertung und Aggregation von Risiken, in: *Romeike/Finke* (Hrsg.), Erfolgsfaktor Risiko-Management (2003) 183 mwN.

77 Siehe dazu etwa: ISO 31000:2018. (*Anm.:* ISO bedeutet Internationale Organisation für Normung).

78 Siehe dazu etwa: ONR 49001. (*Anm.:* ONR bzw. ON-Regeln werden von der „Austrian Standards International“ [vormals „Austrian Standards Institute“ bzw. davor „Österreichisches Normungsinstitut“] als normative Dokumente gestaltet, die in ihrem Entwicklungsprozess in der Regel nicht alle Anforderungen einer herkömmlichen (Industrie-)Norm erfüllen.

- Überdies wiesen die vertraulich zugänglich gemachten Unterlagen bemerkenswerte „Befindlichkeitszugänge“ auf, indem z. B. als „Risiko“ angeführt wurde, dass die Gefahr eines rechtswidrigen Handelns einer anderen (namentlich angeführten) hochschulischen Organisationseinheit (Abteilung) bestehen würde.
- Ausführungen zur Umsetzungs- bzw. Ergebniskommunikation waren nicht vorfindbar.

4.5 Ausblick

Betreffend die zuvor angeführten Einschätzungen gilt es ausdrücklich darauf zu verweisen, dass zum einen die „Risikomatrix-Systeme“ noch nicht fertig gestellt bzw. ausgereift waren und zum anderen aus bloß zwei (überdies lediglich vertraulich) ausgehändigten einschlägigen Unterlagen keine repräsentativen Aussagen generiert werden können. Dessen ungeachtet kommt der Autor vor dem Hintergrund der gebotenen (rudimentären) Schlaglichter zum Schluss, dass im Bereich der Etablierung von Risikomanagementsystemen in der österreichischen Hochschullandschaft – insbesondere nach dem vom Schriftsteller *Max Kruse* zum Ausdruck gebrachten Gedanken, dass *„wer das Mögliche nicht tut, (…) in Wahrheit das Schlechte tut“* – noch einiges an dringendem Handlungsbedarf besteht.

Wünschenswert wäre diesbezüglich eine in Abstimmung mit den institutionellen Vertreter/inne/n der einzelnen österreichischen Hochschulbereiche (insbesondere Österreichische Universitätenkonferenz – uniko, Österreichische Privatuniversitäten Konferenz – ÖPUK, Österreichische Fachhochschul-Konferenz – FHK, Rektorinnen- und Rektorenkonferenz der österreichischen Pädagogischen Hochschulen – RÖPH) von Seiten des zuständigen Wissenschaftsministeriums federführend getragene Initiative zur Realisierung von Pilotprojekten betreffend die Entwicklung und Implementierung eines integrativen Risikomanagementsystems an einer oder mehreren Universitäten bzw. Hochschulen; die daraus zu gewinnenden Erkenntnisse sollten in wissenschaftlich reflektierter Form allen (anderen) Universitäten bzw. Hochschulen zugänglich gemacht werden. Dass dabei sinnvoller Weise auf die oben unter Punkt 4.1. erwähnten Erkenntnisse und („Vor-“)Arbeiten von ausländischen Universitäten und Hochschulen zurückgegriffen werden sollte, versteht sich wohl von selbst.

Literatur

Bachmann/Baumgartner ua, Besonderes Verwaltungsrecht[12], Wien 2018

Berka, Autonomie im Bildungswesen, Wien 2002

Berka, Die Quadratur des Kreises: Universitätsautonomie und Wissenschaftsfreiheit, zfhr 2008, 37

Berka/Binder/Kneihs, Die Grundrechte[2], Wien 2019

Bornemann/Sammer (Hrsg.), Anwendungsorientiertes Wissensmanagement. Ansätze und Fallstudien aus der betrieblichen und der universitären Praxis, Wiesbaden 2002

Brünner G., Die „Gesellschaft mit beschränkter Haftung" als Erhalterin einer Fachhochschule bzw. von Fachhochschul-Studiengängen in: *Koubek/Möstl u. a.* (Hrsg.), Bene Meritus. FS Schachner-Blazizek, Graz 2007, 69

Bundesministerium für Bildung, Wissenschaft und Forschung (Hrsg.), COVID-19: Leitfaden für den gesicherten Hochschulbetrieb. Empfehlungen für Universitäten, Fachhochschulen, Pädagogische Hochschulen und Privatuniversitäten, Wien 2020

Dembeck, Hochschulische Risikoarten, in: *Dembeck/Heinemann/Schaarschmidt* (Hrsg.), Finanzmanagement konkret, Baden-Baden 2013, 105

Erhardt/Meyer-Guckel/Winde (Hrsg.), Leitlinien für die deregulierte Hochschule – Kodex guter Führung. Schriften des Stifterverbands für die Deutsche Wissenschaft/Heinz Nixdorf Stiftung, Essen 2008

Ermacora, Grundriss der Menschenrechte in Österreich, Wien 1988

ETH-Rat (Hrsg.), „Weisungen des ETH-Rates über das Risikomanagement der ETH und der Forschungsanstalten" idF vom 16.05.2018; Link: https://www.ethrat.ch/sites/default/files/Weisung_Risikomanagement.pdf (abgefragt am 25.06.2020)

Funk, Verfassungsrechtliche Dimensionen des Hochschulrechts, in: *Funk/Hauser* ua, Handbuch des österreichischen Hochschulrechts, Wien – Graz 2006

Geirhofer, in: *Torggler* (Hrsg.), Kommentar zum Unternehmensgesetzbuch, Wien 2019, Anm. zu § 243 UGB.

Hauser, Die rechtlichen Grundlagen der wissenschaftlichen Forschung in Österreich, in: *Prisching/Lenz/Hauser* (Hrsg.), Die wissenschaftliche Forschung in Österreich, Wien 2002

Hauser, Fachhochschul-Studiengesetz[8], Wien 2019

Hauser, Pädagogisches Hochschulgesetz, Wien 2006

Hauser, Universitäre Studienplanung, Wien 1995

Hauser, Wissenschaftsfreiheit, in: *Heißl* (Hrsg.), Handbuch Menschenrechte, 2009

hefce (ed.), A guide to good practice, prepared for hefce by Pricewaterhouse Coopers from February 2005; Link: https://core.ac.uk/download/pdf/4155339.pdf (abgefragt am 26.06.2020)

Hilb, Integrierte Governance von Universitäten, Bern 2012

Hilf, Verbandsverantwortlichkeitsgesetz, Wien 2006

Huber/Grimberger, Das Recht der Privatuniversitäten, Wien – Graz 2012, Anm. zu § 2 PUG

Jonen, Semantische Analyse des Risikobegriffs: Strukturierung der betriebswirtschaftlichen Risikodefinitionen und literaturempirische Auswertung, Beiträge zur Controlling-Forschung der Technischen Universität Kaiserslautern/Lehrstuhl für Unternehmensrechnung und Controlling, Nr 11/2007, 1

Kalss/Wendt, Der Aufsichtsrat in der Unternehmenskrise und in der Insolvenz, in: *Kalss/Kunz* (Hrsg.), Handbuch für den Aufsichtsrat², Wien 2016, 999

Kamiske/Brauer, Qualitätsmanagement von A bis Z⁷, München 2011

Koja, Wissenschaftsfreiheit und Universitäten, Salzburg 1976

Kreysing, No risk, no fun. Risikomanagement an Hochschulen, in: *Strotkemper/Breithecker/Heinemann* (Hrsg.), Das akademische Unternehmen: Innovative Perspektiven zwischen Humboldt und Markt. FS Ambrosy, Duisburg-Essen 2019, 255

Kreysing, Risikomanagement an der Universität Göttingen. Möglichkeiten und Grenzen. Vortragsunterlagen vom 29.10.2010; Link: https://docplayer.org/23404221-Risikomanagement-an-der-universitaet-goettingen.html (abgefragt am 29.06.2020)

Kröll, in: *Kneihs/Lienbacher* (Hrsg.), Rill-Schäffer-Kommentar zum Bundesverfassungsrecht, Rz zu Art. 17 StGG, Wien 2019 (23. ErgLfg)

Kucsko-Stadlmayer/Haslinger, in: *Perthold-Stoitzner* (Hrsg.), Kommentar zum Universitätsgesetz 2002³, Wien 2016, Anm. zu § 105 UG

Lück-Schneider/Maninger (Hrsg.), Wissensmanagement. Eine interdisziplinäre Betrachtung, Brühl/Rheinland 2006

Niemeyer, Organisationswissenschaftliche Ansätze zum Risikomanagement am Beispiel von Hochschulen (Diss), Zürich 2011

Nowak, Politische Grundrechte, Wien – New York 1988

Nowotny, in: *Doralt/Nowotny/Kalss* (Hrsg.), Kommentar zum Aktiengesetz². Band 1, Wien 2012, Rz zu § 82 AktG

Nowotny, in: Perthold-Stoitzner (Hrsg.), Kommentar zum Universitätsgesetz 2002³, Wien 2016, Anm. zu § 16 UG 2002

Poier/Wieser (Hrsg.), Steiermärkisches Landesrecht. Band 3: Besonderes Verwaltungsrecht, Wien 2010

Prisching, Krisen, Wien – Köln – Graz 1986

Romeike, Bewertung und Aggregation von Risiken, in: *Romeike/Finke* (Hrsg.), Erfolgsfaktor Risiko-Management, Wiesbaden 2003, 183

Söder-Mahlmann/Mölle, Vorschläge zur Gestaltung eines effizienten hochschuladäquaten Risikomanagements. Handlungsempfehlungen: Risikomanagement des „Instituts für Hochschulentwicklung" der deutschen Universitäten-KanzlerInnen (Stand: März 2018); Link: https://www.uni-kanzler.de/fileadmin/user_upload/09_intern_Arbeitskreise/08_AK_HS-Finanzierung/Arbeitspapiere/20180417_Empfehlungspapier_Risikomanagement.pdf (abgefragt am 29.06.2020)

Temmel, in: *Gruber/Harrer*, Kommentar zum GmbHG, Wien 2014, Anm. zu § 22 GmbHG

5. Lieferantenmanagement in Zeiten von Big Data

Gerhard Lechner

Abstract: Big Data ist in der Industrie angekommen und gewinnt in vielen Branchen entscheidend an Bedeutung. Für das Lieferantenmanagement ergeben sich aus der Nutzung von Big Data neue Möglichkeiten zur Steigerung der Wertbeiträge für das eigene Unternehmen. Der Einkauf hat dabei federführend die Aufgabe, diese Potenziale nachhaltig zu realisieren. Schon allein die hohe Veränderungsgeschwindigkeit aufgrund des Transformationsprozesses aus Industrie 4.0 erfordert jedoch ein Umdenken in den Unternehmen im Hinblick auf die benötigten Kompetenzen, um dem vorherrschenden Fachkräftemangel gezielt entgegensteuern zu können. Die Synchronisation der vorhandenen Kompetenzen mit der Entwicklung der Wertschöpfungstiefen ist deshalb ebenso sicherzustellen. Auch Fertigkeiten wie Kommunikation, Critical Thinking und Leadership sind aus diesen Gründen neben weiteren sozialen und emotionalen sowie digitalen Kompetenzen in Zukunft sehr wichtig.

Der Artikel setzt sich mit den aktuellen Herausforderungen im Lieferantenmanagement unter Berücksichtigung der Möglichkeiten von Big Data und den damit einhergehenden Veränderungen auseinander. Im Mittelpunkt steht dabei die ganzheitliche Betrachtung der Wertbeiträge, die sich neben direkten Kostensenkungen auch auf die Sicherstellung von Liefer- und Qualitätsperformance sowie Innovationen bezieht und einer engen Zusammenarbeit mit angrenzenden Fachbereichen und Lieferanten bedarf. Ebenso wird dabei auf die Haltung und den Charakter von Entscheidungsträgern im Hinblick auf Erfolgsfaktoren – die zukünftige Zusammenarbeit mit Lieferanten betreffend – eingegangen.

5.1 Einleitung

Die Konsequenzen und Einflüsse, die der Einsatz von Big Data mitbringt, sind vielfältig. Viele Chancen, Veränderungen und ein nachhaltiger Wandel gehen damit einher. Die Unternehmen stehen vor neuen Herausforderungen, die ggf. mit innovativen Geschäftsmodellen bearbeitet werden, um das Nachfrageverhalten der Kunden weitestgehend befriedigen zu können:

- 52% aller CEOs weltweit erwarten für ihre Branchen signifikante Veränderungen.

- U. a. soll sich der Produktlebenszyklus um durchschnittlich 25% reduzieren, was wiederum erhebliche Auswirkungen auf Entwicklungs- und Markteinführungsprozesse haben wird.
- Das Umsatzvolumen mit RFID-Transpondern soll im Jahr 2020 auf über 14,5 Mrd. USD anwachsen, um die benötigten Kommunikationsnetzwerke in der digitalen Fabrik aufzubauen.
- Es werden durch den Einsatz von Methoden für virtuelles Planen und Entwickeln hohe Produktivitätssteigerungen erwartet.
- Der Anteil des globalen Energieverbrauchs der Industrie liegt bei ca. 25%. Ein sehr großer Teil der elektrischen Energie wird dabei für Antriebe verwendet.
- Durch den Einsatz von Motoren mit variabler Drehzahl können bis zu 70% eingespart und ein Beitrag zur Energieeffizienz in Industrieanlagen geleistet werden (vgl. Siemens, 2016, S. 12 f).

Eine Vielzahl dieser Veränderungen betreffen die Supply Chain und damit auch die Lieferanten. Im Rahmen des Lieferantenmanagements muss somit sichergestellt werden, dass die Lieferantenbasis ‚zukunftsfähig' aufgestellt wird. Erkenntnisse, die aus Big Data gewonnen werden, können einen wichtigen Beitrag dazu liefern.

Es soll der aktuelle Status von Big Data im Hinblick auf das Lieferantenmanagement aufgezeigt und die Herausforderungen dargestellt werden, die von Einkauf und Beschaffung mit Unterstützung von Big Data gelöst werden können. Der Aufbau des Artikels ist der folgenden Abbildung 1 zu entnehmen:

1.	Einleitung
2.	Die Evolution von Big Data & Fokus der Datenanalyse
3.	Einsatz von Big Data in den Unternehmen
4.	Die fünf Big Data V's
5.	Herausforderungen im Lieferantenmanagement
6.	Veränderungen beim Lieferantenmanagement durch digitalen Wandel
7.	Fazit

Abbildung 1: Aufbau des Artikels (Quelle: eigene Erstellung)

5.2 Die Evolution von Big Data & Fokus der Datenanalyse

Die Arbeit mit Daten bis hin zu Big Data hat in den letzten 60 Jahren eine stetige Entwicklung durchgemacht. Die ersten digitalen Daten wurden bereits 1960 erzeugt, was einher ging mit der Verfügbarkeit erster Datenbanken und der Sammlung von digitalen Daten. Bis zur nächsten Evolutionsstufe – dem Data Warehousing – hat es weitere 25 Jahre gedauert. Diese war geprägt von Data Cubes (OLAP-Würfel) und relationalen Datenbanken, mit denen insbesondere Finanzdatensätze in Tabellenform abgespeichert wurden. Es war mit optimierten zentralen Datenbanken möglich, Daten aus mehreren heterogenen Quellen zusammenzuführen.

Darauf folgte ca. 1993 das Data Mining, das es möglich gemacht hat, durch Anwendung von Methoden aus der Statistik bei großen Datenbeständen Querverbindungen und Trends zu erkennen. Es wurden dabei computergestützte Methoden eingesetzt. Aus dieser Zeit kommen auch die ersten Ansätze von künstlicher Intelligenz (KI) und maschinellen Lernens, mit dem Wissen aus Erfahrung generiert wird. Algorithmen bauen dazu ein statistisches Modell auf.

Seit ca. 2015 können mittels Big Data Analytics große Datenmengen untersucht werden, die darüber hinaus unterschiedlicher Art sind. Die Zielsetzung ist dabei, nicht bekannte Relationen, darin versteckte Muster oder sonstige nützliche Rückmeldungen zu erhalten. Dadurch lassen sich am Markt gegenüber Wettbewerbern große Vorteile erzielen, die zu höheren Umsätzen führen können. Eingesetzt werden dabei NoSQL-Datenbanken, die sich insbesondere für große verteilte Bestände von Daten eignen. Die Evolution von Big Data ist Abbildung 2 zu entnehmen.

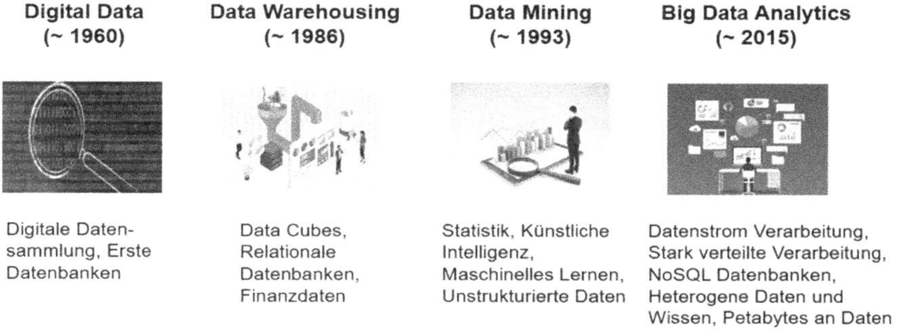

Abbildung 2: Evolution von Big Data (Quelle: eigene Erstellung)

Big Data bezeichnet Datenmengen, die zu groß, zu komplex, zu schnelllebig oder zu schwach strukturiert sind, um sie mit herkömmlichen Methoden der Datenverarbeitung auszuwerten. Es ist darüber hinaus ein großer Trend in der Unternehmenswelt und schafft für viele Firmen erhebliche Vorteile. In den wichtigsten Branchen werden fortgeschrittene Datenanalysen bereits eingesetzt.

Big Data fokussiert sich auf die Speicherung und die Verarbeitung von sehr großen Mengen an Daten. Diese großen Datenmengen kommen aus Web-, Sensor- oder unstrukturierten Datenquellen und bewegen sich heute bereits im Petabyte-Bereich. Ein weiterhin kontinuierliches Datenwachstum ist zu erwarten, so dass das weltweit produzierte Datenvolumen bis 2025 auf über 175 Zettabyte anwachsen wird. Weitere Entwicklungssprünge – auch über Yottabyte hinaus – werden folgen (vgl. dazu Abbildung 3).

Megabyte	1.000.000 Bytes
Gigabyte	1.000.000.000 Bytes
Terabyte	1.000.000.000.000 Bytes
Exabyte	1.000.000.000.000.000 Bytes
Petabyte	1.000.000.000.000.000.000 Bytes
Zettabyte	1.000.000.000.000.000.000.000 Bytes
Yottabyte	1.000.000.000.000.000.000.000.000 Bytes

Abbildung 3: Neue Größenordnungen bei Big Data (Quelle: eigene Erstellung)

Im Gegensatz dazu geht es bei Smart Data darum, einen Nutzen aus diesen Daten ziehen zu können und eine intelligente Verarbeitung sicherzustellen. Ein Mehrwert entsteht erst dann, wenn eine gewinnbringende Analyse stattfindet, weil der Nutzwert pro Gigabyte relativ gering ist. Entscheidend ist somit die intelligente Analyse mit Big Data Analytics und Machine Learning.

Der Fokus der Datenanalyse zielt insgesamt ab auf die vier Stufen Informieren, Analysieren, Reagieren sowie Agieren und damit bis hin zur Entscheidungsunterstützung (Abbildung 4):

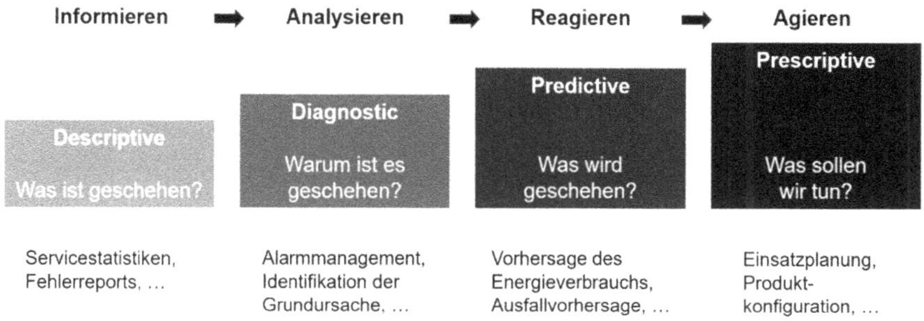

Abbildung 4: Fokus der Datenanalyse (Quelle: eigene Erstellung)

- Descriptive Analytics zeigt auf, was in der Vergangenheit passiert ist.
- Diagnostic Analytics hilft zu verstehen, warum in der Vergangenheit etwas passiert ist.
- Predictive Analytics sagt voraus, was in Zukunft am wahrscheinlichsten sein wird.
- Prescriptive Analytics empfiehlt Maßnahmen, die ergriffen werden können, um diese Ergebnisse zu beeinflussen.

Die Zielsetzung der Datenanalyse im Hinblick auf das Lieferantenmanagement ist, Einkäufer und Beschaffer in die Lage zu versetzen, um richtige bzw. bessere Entscheidungen treffen zu können, weil eine fundierte Datenbasis nicht nur vorhanden ist, sondern auch verwendet werden kann.

5.3 Einsatz von Big Data in den Unternehmen

Mittlerweile ist Big Data bereits in vielen Branchen eingezogen und nicht mehr wegzudenken, obwohl sich die Mehrzahl der Unternehmen noch in der frühen Phase befindet. Die Nutzung von fortgeschrittenen Datenanalysen ist insbesondere in der Automobilbranche, in der Versicherungsbranche, bei Chemie- und Pharmaunternehmen sowie in der Energiebranche von großer Bedeutung. Der prozentuale Anteil der Unternehmen in den jeweiligen Sektoren ist in Abbildung 5 dargestellt.

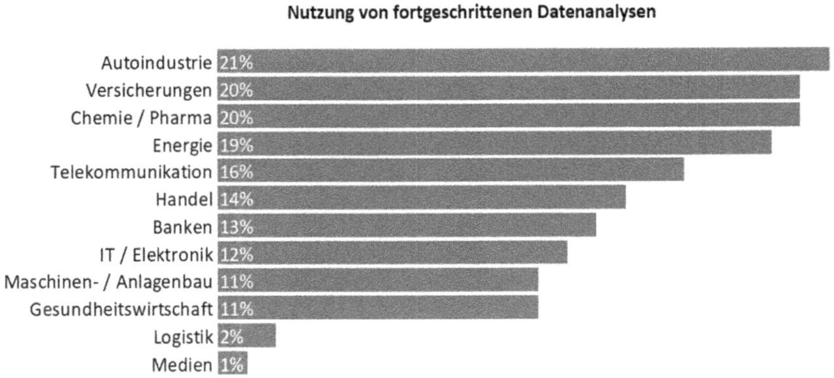

Abbildung 5: Nutzung von fortgeschrittenen Datenanalysen in Prozent der Unternehmen (Quelle: eigene Erstellung)

Entscheidend ist für Big Data, dass unterschiedliche Datenformate verarbeitet werden können. Dabei handelt es sich um semi- oder unstrukturierte Daten wie Texte, Bilder und Videos, die in hoher Geschwindigkeit erzeugt und in noch viel höherer Geschwindigkeit weiterverarbeitet werden. Insbesondere sind die folgenden Anwendungsgebiete von großer Bedeutung:

- Daten aus der Fertigung, die als Grundlage dienen, um Maschinen und Prozesse zu optimieren, die Produktionsbilanz zu prognostizieren sowie die Produktqualität sicherzustellen.
- Daten für Produktanalysen, um die Zuverlässigkeit und Lebensdauer von Produkten unter spezifischen Einsatzbedingungen zu bestimmen sowie vorhersagen zu können.
- Daten zur Beherrschung der Prozessstabilität, um mittels Datenanalysen als Basis reproduzierbare hohe Produkt- und Produktionsqualität herstellen zu können.
- Daten als Basis für unternehmerische Entscheidungen und für Erkenntnisse zur Festlegung sowie Justierung der Unternehmensstrategie unter ganzheitlichen Gesichtspunkten.
- Daten, die schnellere Entscheidungsfindung unterstützen sowie die Chance bieten, mehr Innovationen und Wettbewerbsvorteile für das eigene Unternehmen zu generieren.

5.4 Die fünf Big Data V's

Damit korrekt definiert werden kann, wo Big Data beginnt, was Big Data beinhaltet und ab wann es sich bei fokussierter Datennutzung ggf. um ein Big Data-Projekt handelt, ist es notwendig, einen Blick auf die spezifischen Feinheiten und speziellen Merkmale von Big Data zu richten. Die Definition stützt sich dabei in der Regel auf das Big Data-Modell der Analysten von **Gartner mit drei V's (Laney, 2001).**

Mittlerweile sind zu diesem Modell zwei weitere entscheidende Faktoren – das 4. und 5. V – hinzugekommen, so dass Big Data jetzt durch insgesamt fünf Bausteine beschrieben wird (Abbildung 6).

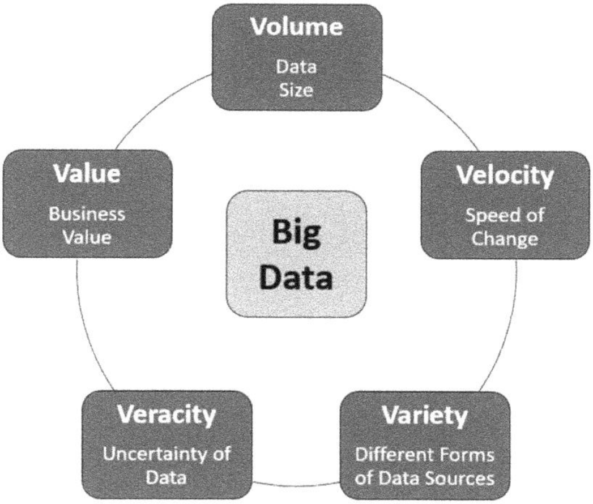

Abbildung 6: Die fünf Big Data ‚V' (Quelle: eigene Erstellung)

a) Big Data-Definition durch die drei grundlegenden V's Volume, Variety und Velocity (vgl. Marr, 2015):

- **Volume** definiert die *extrem großen Datenmengen*, die u. a. Unternehmen täglich generieren und verarbeiten. Das Datenaufkommen ist aufgrund der Größe und Komplexität mit herkömmlichen Methoden der Datenverarbeitung nicht mehr speicher- oder gar analysierbar. Es werden jeden Tag mehr als 2,5 Quintillionen Bytes an Daten erzeugt. 90% dieser Daten sind dabei jünger als zwei Jahre.

- **Velocity** bezeichnet die erhöhte Geschwindigkeit, mit der Daten erzeugt, ausgewertet und weiterverarbeitet werden können bzw. müssen. Heute ist insbesondere für Unternehmen die ‚Echtzeitverarbeitung' von Daten von entscheidender Bedeutung und kann zu erheblichen Wettbewerbsvorteilen führen. Eine Analyse und Weiterverarbeitung von Daten in Bruchteilen von Sekunden sind bereits möglich.
- **Variety** beschreibt die Vielfalt der Datentypen bzw. -quellen und damit die unterschiedlichsten Dateistrukturen. 80% der weltweiten Daten sind heute unstrukturiert und weisen zumindest auf den ersten Blick keinerlei Zusammenhänge auf. Diese unstrukturierten Daten lassen sich in relationalen Datenbanken oft nicht auswerten, beinhalten jedoch wichtige Informationen. Mittels Big Data-Suchalgorithmen können derartige Daten wieder strukturiert eingeordnet und auf Zusammenhänge hin untersucht werden. Zu diesen Daten gehören neben den herkömmlichen Datensätzen genauso Bilder, Videos sowie Sprachaufzeichnungen.

b) Big Data-Definition durch die beiden zusätzlichen V's Validity (oder Veracity) und Value (vgl. Marr, 2015):

- **Validity** bezieht sich auf die *Sicherstellung der Datenqualität* oder wahlweise Veracity auf die *Wahrhaftigkeit und Glaubwürdigkeit von Daten.* Big Data arbeitet mit allen ‚Qualitätsgraden', da über den Faktor Volume ein Mangel an Qualität meistens aufgefangen werden kann. Die Daten kommen aus verschiedenen Quellen und teilweise nicht in der gewünschten Qualität an. Daher können sie oft nicht wie gewollt eingesetzt, sondern müssen zuerst aufwendig nachbereitet werden.
- **Value** bezeichnet schließlich den *unternehmerischen Mehrwert oder Business Value, der sich in den großen, verknüpften Datenmengen verbirgt.* Viele Unternehmen haben mittlerweile eigene Datenplattformen aufgebaut, Datenpools gefüllt und viel Geld in Infrastruktur investiert. Durch den Einsatz von Machine Learning-Techniken kann Business Value generiert werden, was wiederum die Begründung für Big Data-Aktivitäten darstellt.

Big Data eindeutig zu definieren ist eine große Herausforderung. Für viele geht es in erster Linie um den unternehmerischen Erfolg (Value). Der Schlüssel ist dazu insbesondere die Gewinnung von neuen Informationen, die in kürzester Zeit (Velocity) sehr vielen Nutzern zur Verfügung stehen müssen und mittels enorm großen Datenbeständen (Volume) aus unterschiedlichsten Datenquellen (Variety) und unterschiedlichen Datenqualitäten (Validity) arbeiten, um letztendlich schneller wichtige wettbewerbskritische Entscheidungen treffen zu können (vgl. Marr, 2015).

5.5 Herausforderungen im Lieferantenmanagement

Lieferanten sind das wichtigste Gut des Einkaufs (vgl. Lechner, 2017, S. 172). Deshalb sind Auswahl, Festlegung und Weiterentwicklung der Lieferanten in den Unternehmen weiterhin ein entscheidender und kritischer Prozess unter Federführung dieses Bereichs. Insbesondere haben die im Folgenden aufgeführten fünf Anforderungen an die Lieferantenbasis eine hohe Bedeutung mit zeitlosem Charakter erlangt:

- Stärkung der Lieferantenbasis mittels stabilen und gesunden Lieferanten unter Berücksichtigung von globalen Anforderungen einerseits und lokalen Bedarfen andererseits
- Ausbau der Marktposition durch wettbewerbsfähige und intelligente Lösungen zur Steigerung des Kundennutzens
- Nachhaltige Sicherstellung der hohen Qualitätsanforderungen durch zuverlässige und nachvollziehbare Prozesse
- Implementierung von flexiblen und verlässlichen Supply Chain-Konzepten zur Realisierung von kurzfristigen Kundenanforderungen über die Unternehmensgrenzen hinweg
- Reduzierung der ‚Time to Market' durch kluge Konzepte bei der Entwicklung von Neuprodukten

Dabei ist eine der größten Herausforderungen für den Einkauf, die für qualifiziertes Lieferantenmanagement notwendige Datenbasis, d. h. Datenverfügbarkeit sowie Datenqualität, aufzubauen und nachhaltig sicherzustellen. Das Management von Lieferanten, das auf viele bereits bewährte Vorgehensweisen setzt, ist unabhängig von der konjunkturellen Situation für Unternehmen von großer Wichtigkeit. Ebenso bedeutsam ist dabei die Aufgabe für den Einkauf, kontinuierlich Beiträge zur Steigerung des Unternehmenswerts zu leisten. Die Verantwortung für den mit Abstand größten Kostenblock in produzierenden Unternehmen liegt nicht nur federführend beim Einkauf, sondern erfordert des Weiteren strategisch ausgerichtete und mit den angrenzenden Fachbereichen abgestimmte Managementaktivitäten nach innen und nach außen, um in der Lage zu sein, zielgerichtet Mehrwert schaffen zu können (vgl. Lechner, 2020, S. 147).

Aufgrund der hohen und weiter zunehmenden Veränderungsdynamik, die mittlerweile auch durch die innovativen Entwicklungen aus Industrie 4.0 stark geprägt wird, ergeben sich zusätzliche Chancen für die Unternehmen, um die Kostensituation im Sinne einer Optimierung der Gesamtkostenperspektive weiter zu verbessern und darüber hinaus mit eigenen Produkten deutlich schneller in die Vermarktung zu kommen. Es ist darüber hinaus zu erwarten, dass die digitalen Möglichkeiten die strategischen Vorgehensweisen und Entscheidungen der Unternehmen in Zukunft noch stärker beeinflussen als heute. Daher sind diese im Hinblick auf weitere nicht aufzuhaltende Veränderungsprozesse in Einkauf und Beschaffung auch an vorderster Stelle zu betrachten (vgl. Lechner, 2020, S. 148).

Schon allein durch Transformationsprozesse bei Industrie 4.0 bzw. Einkauf 4.0, die aufgrund der fortschreitenden Entwicklungen in diesem Feld nachhaltig beeinflussen, ist zu erwarten, dass neue Aufgaben und Tätigkeiten die Anforderungen an die Qualifikation der Mitarbeiter im Einkauf und in der Beschaffung erheblich verändern werden (vgl. Lechner, 2020, S. 148).

Insbesondere wird die Bedeutung von manuellen und körperlichen Tätigkeiten zukünftig abnehmen. Dagegen kann davon ausgegangen werden, dass die Bedeutung von sozialen und emotionalen Kompetenzen, wie z. B. Leadership und Entrepreneurship sowie von digitalen Kompetenzen, deutlich zunehmen wird. Die wahrgenommene Bedeutung von Fertigkeiten ist in der folgenden Abbildung 7 dargestellt.

Wegen des vorherrschenden Fachkräftemangels ist es für viele Unternehmen sehr wichtig, sich frühzeitig auf diese einschneidenden Veränderungen vorzubereiten, um ggf. Qualifizierungsmaßnahmen selbst initiieren zu können und nicht am Markt um die benötigten, knapp verfügbaren Mitarbeiter konkurrieren oder werben zu müssen. Themen wie Talentmanagement, Mentoring sowie unternehmensinterne Akademien oder standortübergreifende Austauschprogramme gewinnen damit wieder deutlich an Bedeutung (vgl. Lechner, 2017, S. 177 ff).

Insbesondere wird deshalb weiterer Fokus auf die zukünftige Entwicklung der Wertschöpfungstiefen bei den Unternehmen, auf die Veränderung von Kernkompetenzen in den Unternehmen und dem sich damit ergebenden Kompetenz- und Mitarbeiteraufbau gelegt. Unter Kernkompetenzen ist dabei die Bündelung der materiellen und immateriellen Fähigkeiten bzw. Ressourcen zu verstehen, die einzigartig und begrenzt verfügbar sind sowie unter besonderen Rahmenbedingungen als erfolgskritisch bezeichnet werden können (vgl. Hungenberg, 2014, S. 149 ff; vgl. Hahn, 2006, S. 64 f; vgl. Fischer et al., 2012, S. 159 f). Eine starke Beeinflussung kann darüber hinaus auch aus disruptiven Innovationen kommen.

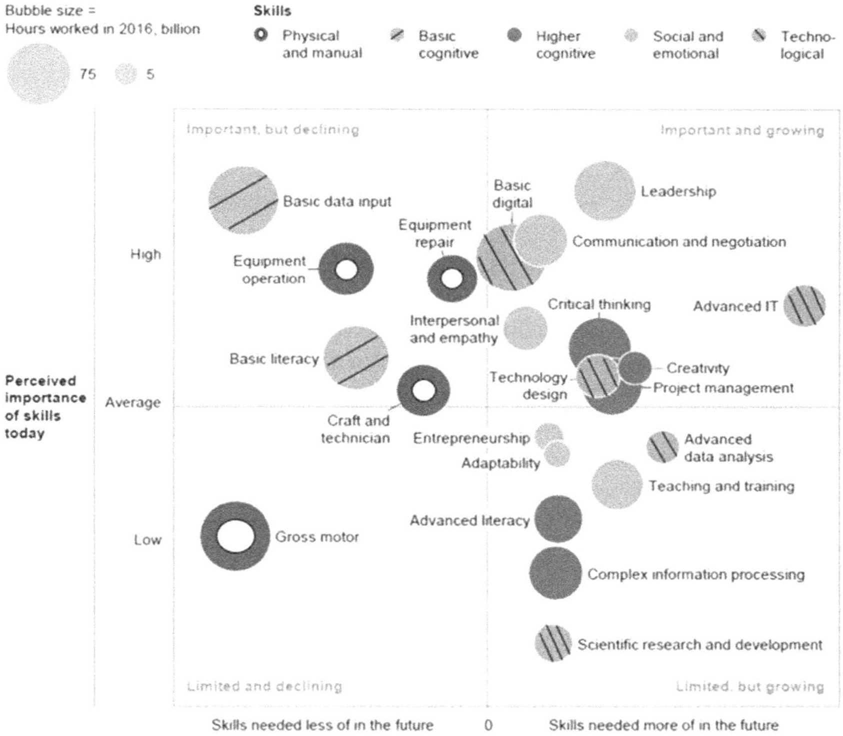

Abbildung 7: Wahrgenommene Bedeutung von Fertigkeiten (Quelle: vgl. McKinsey & Company, 2018, S. 19)

Im Hinblick auf die Hauptaufgaben des Einkaufs steht die Wahrnehmung der Preis- und Kostenverantwortung an erster Stelle. Die Position, Reputation und Daseinsberechtigung des Einkaufs im Unternehmen hängt somit insbesondere von einem guten Ersparungsergebnis ab, weshalb die Hauptmotivation für die Zusammenarbeit mit Lieferanten ist, verbesserte Kostenpositionen zu erzielen. Allerdings werden die Lieferanten auch mit hohen Anforderungen bezüglich der Produktqualität und Lieferperformance konfrontiert. Für die Zusammenarbeit mit Lieferanten ist die Erfüllung dieser beiden Anforderungen eine Grundvoraussetzung, auf denen die Lieferbeziehung aufbaut und auf deren Basis weitere Schritte folgen können. Des Weiteren ist es essentiell, dass der Einkauf nachhaltig Beiträge zum Unternehmensergebnis bringt, die über direkte Kostenreduzierungen hinausgehen. Auf diese Art und Weise kann der Einkauf zeigen, dass er ganzheitlich agiert und ebensolches Interesse verfolgt. Derartige Ergebnisbeiträge sind ebenfalls zu berechnen und als monetäre Auswirkungen darzustellen (vgl. Lechner, 2020, S. 136 f).

Die Zusammenarbeit mit den Lieferanten erfolgt im Wesentlichen durch Einkauf und Technik. Daraus lässt sich ableiten, dass in der Geschäftsbeziehung mit Lieferanten vor allem Kosten- und Produktoptimierungsgesichtspunkte im Fokus stehen. Die Kommunikation wird dabei immer noch sehr traditionell gestaltet. Persönliche Gespräche sind weiterhin von hoher Wichtigkeit, auf deren Basis vertrauensvolle Beziehungen nachhaltig aufgebaut werden können. Digitale Kommunikationswege sind mittlerweile ebenfalls nicht mehr wegzudenken und ergänzen entsprechend. Darüber hinaus kann auch erwartet werden, dass die zukünftige Zusammenarbeit mit Lieferanten noch intensiver und noch enger werden wird und die Themen Versorgungssicherheit sowie Lieferperformance stärker in den Fokus kommen. Genauso ist es bei Beziehungsmanagement gegenüber Anonymität. Es ist dazu ein enger Austausch notwendig, der auf den bisherigen Entwicklungen von Industrie 4.0 aufbaut. Ebenso ist bereits zu erkennen, dass ein weiterer Entwicklungsschub für das Supply Chain Management aus Industrie 4.0 kommen wird. Die zunehmende Vernetzung mit Lieferanten sowie die Analysemöglichkeiten von Big Data führen dazu, dass Prozess- und Informationsflussverbesserungen nicht nur die Kosteneffizienz verbessern, sondern sich dadurch auch Abwicklungszeiten optimieren lassen und die Vermarktung von Produkten beschleunigt werden kann. Der Einkauf trägt damit erheblich zur Beschäftigungssicherung im eigenen Unternehmen bei, ist Motor für das weitere Wachstum und unterstützt bei der Gewinnung von zusätzlichen Marktanteilen (vgl. Lechner, 2020, S. 138).

Eine wichtige Rolle im Rahmen des Lieferantenmanagements spielt darüber hinaus das Verhalten und Wirken der Entscheidungsträger, weil die Art und Weise der Umsetzung der jeweiligen Wertbeitragspotentiale sehr von diesen abhängt. Es ist insbesondere geprägt von persönlichem Engagement, Know-how, Motivation sowie Kapazität und Belastbarkeit, was wiederum alles Voraussetzungen dafür sind, um Verbesserungen und Wertbeiträge für das Unternehmen zügig realisieren zu können. Wichtig ist genauso das Kommunikationsverhalten der Entscheidungsträger, die ebenso eine Vorbildfunktion einnehmen, sowie Ziele, Nachhaltigkeitsanforderungen und Wertvorstellungen übermitteln.

Je nach Charakter der Entscheidungsträger wird ggf. ausschließlich das Interesse des eigenen Unternehmens in den Vordergrund gestellt oder ein unternehmensübergreifendes und ganzheitliches Interesse mit Fokus auf die komplette Supply Chain verfolgt. Bei einem hohen Engagement wird die Umsetzung der Wertbeitragspotentiale tendenziell schneller und mit mehr Nachdruck vorangetrieben. Die Chance auf die Erzielung höherer Wertbeiträge ist damit gegeben, wenn das Verhalten darüber hinaus sowohl als fair und erfolgreich eingestuft wird. Dann kann ebenfalls eine motivierende Wirkung auf Kollegen und Lieferanten erwartet werden. Ein geringes Engagement der Entscheidungsträger zeigt sich beispielsweise durch Umsetzungsschwäche und der Nichtwahrnehmung von Chancen, was zu einer langsameren Realisierung von Wertbeiträgen in letztendlich niedrigerer Höhe führen kann. Die Umsetzungsschwäche wirkt sowohl nach innen als auch nach außen. Ähnlich ist es bei offensichtlich unfairen Verhaltensweisen.

Um aus dem Einfluss der Attitüde von Entscheidungsträgern des Lieferantenmanagements den bestmöglichen Nutzen zu erhalten, ist es in den Unternehmen von großer Bedeutung, die wichtigen Stellen mit den richtigen Personen zu besetzen.

5.6 Veränderungen beim Lieferantenmanagement durch digitalen Wandel

Lieferantenmanagement entwickelt sich im Zuge der Digitalisierung in Verbindung mit Big Data immer stärker zum strategischen Instrument, mit dem erhebliche Wettbewerbsvorteile erzielt werden können. Als Bestandteil innovativer Unternehmenstrategien ist die Bedeutung des Lieferantenmanagements sowohl im verarbeitenden Gewerbe als auch bei nicht-produzierenden Unternehmen mittlerweile essentiell und nimmt eine vordere Position ein – ganz im Gegenteil zur Vergangenheit.

Die Lieferanten standen früher meistens nicht im Fokus, wenn Unternehmensstrategien oder -ziele festgelegt wurden. Unabhängig davon ist Lieferantenmanagement bereits ab ca. 1970 auf der Agenda vieler produzierender Unternehmen. Die ursprüngliche Idee hat sich beim Lieferantenmanagement im Wesentlichen darauf beschränkt, die Zusammenarbeit mit neuen Lieferanten zu strukturieren und die Leistung der Lieferanten entsprechend zu messen. Die aktuellen Entwicklungen zeigen jedoch deutlich auf, dass sich der Fokus beim Lieferantenmanagement verändert. Er verschiebt sich hin zu einer ganzheitlichen Betrachtung des Lebenszyklus der Lieferanten über alle Stufen bis zum Ausphasen bzw. zum Beenden der Beziehung (vgl. Eryurt & Göhler, 2019).

Viele Einflussfaktoren wie das Fortschreiten der Globalisierung, die wachsende Lieferkettenkomplexität, der anhaltende Digitalisierungstrend sowie der

Einsatz von neuen Technologien wie z. B. Blockchain, künstliche und kollektive Intelligenz sowie Cloud-Lösungen führen dazu, dass bei den Unternehmen die Anzahl der Lieferanten steigt. Die heutigen Supply Chains entwickeln sich dabei zum größten Teil weg von individuellen linearen Verbindungen (Lieferant–Produktionswerk) hin zu vernetzten, komplexen Systemen von Unternehmen (Lieferant–Lieferant und Lieferant–Produktionswerk sowie Produktionswerk–Produktionswerk). Fusionen und Übernahmen tragen einen Teil dazu bei. Ebenso engagieren sich junge Unternehmen, um bestehende Lieferquellen zu verdrängen. Die Lebenszyklen der Lieferanten werden damit kürzer, wobei die Menge an Lieferantendaten weiter stark zunimmt. Es ist für die Unternehmen wichtig und erfolgsentscheidend, dass sie sich dieser Veränderung sowie der stark wachsenden Datenmengen bewusst sind und die Möglichkeiten daraus nutzen. Die konsequente Arbeit mit digitalen Plattformen kann dazu beitragen, dass die Komplexität erheblich reduziert werden kann (vgl. Eryurt & Göhler, 2019).

Ein weiterer Aspekt ist das steigende Risiko in der Supply Chain, welches aufgrund globalen Wettbewerbs, sich ständig ändernder Rahmenbedingungen sowie volatiler Märkte zu beachten ist. Robuste Lieferketten und Risikomanagement sind demzufolge wichtig, um die erhöhte Gefahr von Leistungsausfällen für die Unternehmen zu minimieren. Dazu sind eine effektive Steuerung der Lieferanten und eine Klassifizierung derselben notwendig. Die Berücksichtigung der zunehmenden Komplexität von Lieferantennetzwerken und die Performanceüberwachung werden in Verbindung mit Risikomanagement immer wichtiger. Deshalb ist es notwendig, ein stabiles, auf das Unternehmen abgestimmtes Lieferantenmanagement zu etablieren, das die Breite der Geschäftsbeziehung zu den Lieferanten unter ganzheitlichen Gesichtspunkten abdeckt. Die Vorteile von digitalen Lösungen sollen unterstützen und dazu beitragen, dass die Transparenz der Lieferantendaten sichergestellt sowie gesteigert werden kann. Damit lassen sich die jeweiligen Lieferantenleistungen nicht nur beurteilen, sondern es werden darüber hinaus auch Bereiche identifiziert, die im Rahmen einer Win-Win-Situation profitieren. Bereits erwähnte Technologien wie Machine Learning oder künstliche Intelligenz können insbesondere zur Lösung von operativen Herausforderungen des Lieferantenmanagements verwendet werden. Durch den Einsatz von Machine Learning etc. ist es beispielsweise möglich, Daten und Informationen zu filtern sowie zu objektivieren und so den Prozess des Lieferantenmanagements und des Performance Managements wesentlich stärker zu automatisieren (vgl. Eryurt & Göhler, 2019).

Lösungen, die auf Einsatz von künstlicher Intelligenz aufbauen, können beispielsweise ein Screening von sozialen Medien und öffentlichen

Informationskanälen bezüglich der Inhalte durchführen, was insbesondere bei der Generierung von Echtzeitdaten hilfreich sein kann. Mittels Schnittstellen und direkter Anbindung von externen Dritten an das Lieferantenmanagementsystem des eigenen Unternehmens werden die Automatisierungs- und Digitalisierungsanstrengungen unterstützt, wenn die Daten auf direktem Weg in das bestehende System eingespielt werden. Das Ergebnis ist neben einer höheren Datentransparenz auch eine verbesserte Erkenntnis zur Einstufung und Performance der Lieferanten aus dem Netzwerk und hilft bei der Einführung des Performance Managements. Ebenso profitiert auch das Risikomanagement von Echtzeitdaten, wenn Informationen, die die Supply Chain betreffen, umgehend verfügbar sind und sich damit Gegenmaßnahmen viel schneller einleiten lassen. Eine höhere Flexibilität und die zunehmende Automatisierung operativer Aufgaben erlauben es den Unternehmen überdies, sich stärker auf strategische Themen zu konzentrieren (vgl. Eryurt & Göhler, 2019).

Die wesentliche Grundlage für die Nutzung von Big Data ist E-Procurement. Durch spezialisierte Softwareentwicklungen, die u. a. auf Risiko- und Nachhaltigkeitsinformationen sowie News abzielen, und mittlerweile ohne Schwierigkeiten mit den Systemen der Einkaufs- und Beschaffungsabteilungen als auch mit denen der Lieferanten verbunden werden können, wird die Basis dafür geschaffen. Ebenso lassen sich weitere wertvolle Erkenntnisse aus der systematischen Analyse von Zolldaten oder aus Kostenanalysen gewinnen. All diese Informationen tragen dazu, die Chancen aus Big Data deutlich aufzuzeigen. Einige Ansätze wie z. B. eine automatisierte Materialgruppenstrategie, Sprachassistenten oder Verhandlungsroboter werden derzeit noch getestet (Krieger, 2018, S. 1ff).

Die Frage, die sich im Rahmen von Digitalisierung und Big Data ebenso regelmäßig stellt, ist die Langfristigkeit der Zusammenarbeit mit Lieferanten versus stetig wechselnde Lieferantenbeziehungen. Die Digitalisierung forciert einen starken unternehmensinternen als auch externen Fluss an Informationen und damit eine Steigerung der Transparenz innerhalb des Netzwerks. Das eröffnet wiederum neue Möglichkeiten bei der Identifikation und Auswahl der richtigen Lieferpartner und vereinfacht Lieferantenwechsel. Dieses Spannungsfeld zielt hier eindeutig auf die zu Beginn aufgeworfene Frage ab, ob eine langfristige Lieferantenbeziehung tatsächlich einen höheren Mehrwert bietet.

Grundsätzlich kann davon ausgegangen werden, dass eine enge Zusammenarbeit mit Lieferanten einerseits und Innovation andererseits die wesentlichen Erfolgsfaktoren im Einkauf sind. Synergien können bei langfristigen Geschäftsbeziehungen zu deutlichen Performancesteigerungen führen und Schlechtleistung verhindern. Eine vertrauensvolle Zusammenarbeit mit Lieferanten und langfristiger Fokus unterstützen die Positionierungs- und Differenzierungsstrategie des eigenen Unternehmens, um am Markt erfolgreich sein zu können. Das geht über den reinen Kostenaspekt deutlich hinaus, da die Faktoren Qualitätsperformance, Preisniveau und Lieferperformance als mittlerweile gleich hoch eingestuft werden. Aus diesem Grund lässt sich ableiten, dass sich der Einkauf nicht nur eindimensional mit Fragen zu direkter Kostenoptimierung beschäftigen kann, sondern die Themen ‚exzellente Qualität' und ‚hohe Lieferzuverlässigkeit' im Hinblick auf Mehrwertgenerierung ebenfalls eine entscheidende Bedeutung haben (vgl. Gabath, 2010, S. 53; vgl. Lechner, 2020, S. 146). Ebenso kann eine Innovation, die aus der Zusammenarbeit mit einem Lieferanten entsteht, einen essentiellen Wettbewerbsvorteil bringen und es dem Einkauf auf diesem Weg ermöglichen, Einfluss auf die Unternehmensstrategie zu nehmen und nicht nur ausschließlich durch die Optimierung der Einkaufspreise nachhaltige Wertbeiträge zu leisten.

Obwohl vielfältige Auswirkungen aus der Digitalisierung und den transformativen Veränderungen kommen und gegenwärtig das Lieferantenmanagement sehr beeinflussen, sind persönliche, auf Vertrauen basierte Beziehungen für den Lebenszyklus eines Lieferanten weiterhin sehr wichtig. Machine Learning, künstliche Intelligenz und Blockchain werden zur Vereinfachung des täglichen Ablaufs nachhaltig beitragen, so dass Freiräume für strategische Themen vorhanden sind, mit denen in und für Unternehmen ein zusätzlicher Nutzen generiert werden kann. Dazu gehören neben der engen Zusammenarbeit die erwähnten gemeinsam entwickelten Innovationen mit ausgewählten Lieferpartnern.

5.7 Fazit

Die Zusammenarbeit mit Lieferanten konzentriert sich schwerpunktmäßig auf die vier großen, bedeutenden Themenbereiche Optimierung der Einstandskosten, Sicherstellung der Qualitätsperformance, störungsfreie Materialversorgung sowie Entwicklung von Lieferanteninnovationen. Dabei ist anzumerken, dass die Mechanismen der Durchführung und Umsetzung der einzelnen Themenbereiche von essentieller Wichtigkeit sind, da die Sichtweisen und demzufolge die Handlungen des eigenen Unternehmens sowie die der Lieferanten tendenziell unterschiedlich motiviert sind und daher aufgrund individueller Priorisierungen vorangetrieben werden. Einen Automatismus im Hinblick auf die optimale Allokation der Ressourcen, der gemäß dem Preismechanismus im Markt funktioniert, gibt es bei Unternehmen nicht. Deshalb ist es bezüglich nachhaltig erfolgreichem Lieferantenmanagement entscheidend, die Aktivitäten zwischen dem eigenen Unternehmen und den Lieferanten bestmöglich zu synchronisieren, um die Basis für die Generierung der höchstmöglichen Wertbeiträge zu schaffen (vgl. Phelan & Lewin, 1999, S. 11; vgl. Coase, 1937; vgl. Lechner, 2020, S. 37 f).

Da ‚nichts beständiger als der Wandel' ist und korrekte Informationen die Basis für bedeutende Unternehmensentscheidungen sind, werden die Einsatz- und Anwendungsmöglichkeiten von Big Data stark zunehmen. Genauso werden diese Entwicklungen von den Unternehmen auch benötigt, um weiterhin bzw. zukünftig wettbewerbsfähig sein zu können. Die folgenden Ziele sollen damit erreicht werden:

- Kostenreduzierung durch effektiveren Einkauf und effizientere Funktionsleistung bzw. verbesserte Zusammenarbeit,
- Erkennen von Kostentreibern,
- genauere Einsparungsmessung,
- Verbesserung bestehender Kennzahlen,
- objektive Bewertung von Lieferanten,
- Simulation von Entscheidungsszenarien,
- Erstellung von Bedarfsprognosen,
- Vermeidung von Ausschuss durch Optimierung der Produkt- bzw. Produktionsplanung und Produktionssteuerung,
- Verbesserung der Produktqualität und Lieferperformance,
- Vergabeoptimierung mittels spieltheoretisch fundierter KI-Tools,
- Festlegen von Vergabezeitpunkten,
- Sicherstellung verbesserter Compliance durch intelligentere Mechanismen,
- Erreichung verbesserter Cash-Positionen durch optimierte Zahlungsströme

Außerdem lassen sich viele weitere Punkte damit nachhaltig optimieren.

Die Vernetzung von Prozessen als auch von Systemen im Hinblick auf Big Data und die Steuerung der Rahmenbedingungen durch Digitalisierung erfordern zusätzlich eine Neuausrichtung der Lieferantenbeziehungen. Aufgrund der Tragweite für Unternehmen ist Big Data – kombiniert mit Digitalisierung – allerdings keine Einzelinitiative des Einkaufs. Die Entwicklung der Big Data- und Digitalisierungsstrategie für den Einkauf sollte also strukturiert erfolgen und in die Unternehmensstrategie eingebettet sein, was zugleich den Ausgangspunkt jeder Initiative zur Etablierung eines zukunftsfähigen Einkaufs darstellt. Ein strukturiertes Reifegradmodell als Rahmen wirkt dabei unterstützend, um den konkreten Bedarf und die konkreten Aktivitäten des Einkaufs abzuleiten.

Darüber hinaus bietet digitale Kooperation erhebliches volkswirtschaftliches Potenzial. Mit entsprechenden Kooperationsstrategien lässt sich ein gewaltiges Wachstum erzielen. Das Interesse der staatlichen Stellen ist demzufolge sehr groß, dass Entwicklungen im Hinblick auf die weitere Verbreitung und den Einsatz von

Big Data-Lösungen intensiv vorangetrieben werden. Es können neben betriebswirtschaftlichen Optimierungen und Wettbewerbsvorteilen für die Unternehmen auch Beiträge zum Umweltschutz, zur Müllvermeidung, zu Fragen der Nachhaltigkeit bzw. generell zur Verbesserung des öffentlichen Lebens erwartet werden.

Literaturverzeichnis

Coase, R. H. (1937). The Nature of the Firm. *Economica*, New Series, *4*(16), pp. 386–405.

Eryurt, F., & Göhler, W. (2019). Lieferantenmanagement in der digitalen Welt. In: *All about Sourcing*. Augsburg: Network Press Company.

Fischer, T. M., Möller, K., & Schultze, W. (2012). *Controlling – Grundlagen, Instrumente und Entwicklungsperspektiven*. Stuttgart: Schäffer-Poeschel. https://doi.org/10.15358/9783800644315

Gabath, C. (2010). *Risiko- und Krisenmanagement im Einkauf – Methoden zur aktiven Kostensenkung*. Wiesbaden: Gabler. https://doi.org/10.1007/978-3-8349-8813-3

Hahn, D. (2006). US-amerikanische Konzepte strategischer Unternehmensführung. In: Hahn, D., & Taylor, B. (Hrsg.). *Strategische Unternehmensplanung – Strategische Unternehmensführung: Stand und Entwicklungstendenzen* (S. 51–71). Berlin, Heidelberg: Springer-Verlag. https://doi.org/10.1007/3-540-30763-X_3

Hungenberg, H. (2014). *Strategisches Management in Unternehmen: Ziele – Prozesse – Verfahren*. Wiesbaden: Gabler. https://doi.org/10.1007/978-3-658-06681-9

Krieger, M. (2018). Big Data im Einkauf. Aus Daten Informationen machen ist die Kunst. In: *MBI Einkäufer im Markt*, 19/2018, S. 1–3.

Laney, D. (2001). *3D Data Management: Controlling Data Volume, Velocity, and Variety*. Application Delivery Strategies. Stamford: META Group Inc.

Lechner, G. (2017). Personalentwicklung im Einkauf. Ein strategischer Erfolgsfaktor. In: Fröhlich, E., & Karlshaus, A. (Hrsg.). *Personalentwicklung in der Beschaffung. Best Practices aus Theorie und Praxis* (S. 171–183). Berlin: Gabler Verlag. https://doi.org/10.1007/978-3-662-50510-6

Lechner, G. (2020). *Analyse des Beitrags von Lieferantenmanagement zur Steigerung des Unternehmenswerts*. Dissertation, Wirtschaftswissenschaften. Sopron: Universität Sopron, Doktoratsschule.

Marr, B. (2015). *Big Data: Using SMART big data, analytics and metrics to make better decisions and improve performance*. Hoboken: John Wiley & Sons.

McKinsey & Company (2018). *Skill Shift. Automation and the Future of the Workforce*. McKinsey Global Institute, Discussion Paper.

Phelan, S. E., & Lewin, P. (1999). *Arriving At A Strategic Theory Of The Firm*. School of Management University of Texas, Dallas.

Siemens AG (2016). *Das Magazin*. München: C3 Creative Code and Content GmbH.

6. Using Artificial Intelligence-driven Innovation in Migration Management: A Case Study of the European Union

Augustin Nguh

Abstract: Since 2015, the EU has employed Artificial intelligence (AI) – driven innovation to manage the influx of people into the Union and secure its borders. This represents a significant departure from traditional practices of border enforcement or migration management in that the current practice is deeply rooted in data. Drawing on legal and political academic literature, this article reflects on the challenges of using AI-driven innovation in EU migration management practices. Specifically, this article contributes to the current debate on EU migration management and finds that the EU's use of AI in migration management has not only failed to achieve its desired objective (stop illegal migration) but has also resulted in a variety of human rights violations, thereby reinforcing the need for qualitative evidence-based migration management.

6.1 Introduction

Mass migration triggered by conflict, instability, environmental factors and economic reasons is nothing new. Neither are the challenges associated with such movements. However, in 2015 when thousands of asylum seekers from war-torn countries in the Middle East and Sub-Saharan Africa started showing up on Europe's land and sea borders, panic ensued among Europe's political leaders and citizens. This panic was not only tied to the unexpected scale of the inflow – an unexpectedness which arose from the inability of Europe's decision-makers to read early symptoms that were beyond evident – but also to the unpreparedness of the countries to which those asylum seekers were fleeing and continue to flee to. These destination countries are mainly the European Union (EU) member states. The inflow of asylum seekers into the EU has been termed the 'migration crisis' or the 'refugee crisis' and has helped to reveal cracks within the EU systems and institutions, thereby creating a polarized EU. In response to the migration crisis, the EU and its member states have begun experimenting with various innovative technologies, including the use of Artificial Intelligence (AI), to strengthen border enforcement and manage the ongoing migratory inflow (Molnar, 2019). What differentiates AI-driven innovation in migration management from traditional migration management practices is the fact that the former is deeply rooted in the availability of data.

The use of AI-driven innovation in regulating irregular migration is novel and has been at the centre of debates about their effectiveness and human rights impact. Literature on the effectiveness and impact of the EU's use of AI to curb the irregular flow of migrants, specifically from Sub-Saharan Africa into its territory is scanty. However, in terms of migration control into the EU, a considerable number of literature sources exists on, as Ruben Andersson calls it, "the business of bordering Europe" (Andersson, 2014; Andersson, 2015, p. 23). However, as Andersson rightly notes, these sources have mainly focused on aspects like the externalization of EU border controls (Bigo & Guild, 2005; Moreno-Lax & Lemberg-Pedersen, 2019); the "securitization" of migration (Huysmans, 2000; Ceyhan & Tsoukala, 2002, etc.) and the development of bureaucratic means for managing it (Feldman, 2012).

It should also be mentioned that migration is of two types: regular (legal) and irregular (illegal). While, a definition or explanation of the two types or migration is considered beyond the scope of this paper, it suffices to mention that irregular migration has been a 'thorn in the flesh' of states over the years and migration as a whole has been increasingly framed as a security problem (Huysmans, 2000). Looking at the EU's current approach towards migration from tropical Africa, it can be asserted that Andersson was right when he professed that "the perceived migratory 'threat' which scholars such as Ian Loader (2002) and Didier Bigo (2001) noted over a decade ago, has acted as catalyst for the development of new security capacities and collaboration across the West" (Andersson, 2016, p. 23). The increasing number of migration dialogues between the EU and certain migrant-source countries in Africa, as well as bilateral agreements on migration between individual EU member states such as Italy and certain African migrant source/transit countries such as Libya, stands as testament to Andersson's (2016) assertion. 12 years earlier, Leanne Weber and Benjamin Bowling, in their article titled "*Policing Migration: A Framework for Investigating the Regulation of Global Mobility, Policing and Society*", had emphasized the burgeoning 'networks of enforcement' in migration control, involving "the dispersion of such controls as well as the *blurring* between the criminal and administrative spheres, the public and private sectors, and internal and external security" (Weber & Bowling, 2004, cited in Andersson, 2016, p. 23). Migration scholars as well as policymakers may disagree on a wide range of things about migration, yet they share a consensus that irregular/

illegal migration is "a 'global security problem' (which covers multiple political, geographical and sectorial divides" (Bigo, 2001; Zureik & Salter, 2005; Seeberg & Eyadet, 2013). This is a problem which Andersson (2016, p. 23) holds to be "starkly in evidence at and beyond the physical borders of Europe, where enforcement increasingly takes on outsourced, networked and 'nodal' forms, often well before the individual traveler has approached the borderline".

Building on these literature sources, this paper will focus on the effectiveness and impact of the EU's use of artificial intelligence in migration management. It will show that the EU's border politics are changed through – to use the term coined by David Savat (2013) – "the human-machine assemblage". The paper will explore the EU's use of AI in migration management. References will be made to the United States (US) and Australia. In doing so, this research contributes to the scanty literature on the EU's use of AI for migration management. With this in mind, this paper is premised on the hypothesis that while AI may eliminate or mitigate problems which were rooted in a lack of data, its use by the EU as an instrument to stem the inflow of irregular migrants, particularly from Sub-Saharan Africa, not only have severe human rights ramifications but have also failed to achieve its desired goal (i. e. stemming the flow of illegal migrants into the Union). In fact, this paper suggests that rather than relying blindly on quantitative AI data to curb (irregular) migration from Sub-Saharan Africa, EU policymakers should also consider qualitative evidence provided by researchers in fields of sociology and anthropology when making migration policy. In bringing the focus onto EU border security practice and migrants' "aspiration and capability to migrate" (Flahaux & de Haas, 2016), as well as their migration experience, this research draws inspiration from Didier Bigo's (2001; 2014) sociological input on border controls, and from legal (human rights law) and technology studies. The rest of the paper is arranged as follows:

- The second section explores the EU's use of AI to manage migratory inflows since 2015. Reference will be made to the US and Australia's use of AI in border management. The year 2015 is selected as the starting point of this paper because it was from that year that the EU started recording an unprecedented inflow of asylum seekers from Sub-Saharan Africa and the Middle East. This section relies on EU migration governance practices to determine how the EU uses AI for migration management.
- The third section, drawing on Bigo's sociological input on border controls, legal (human rights law) and technology literature, challenges the EU's use or planned use of AI for migration management. Examples shall be drawn from the US and Australia.

- The last section offers a conclusion and lends a voice to the demand for a more qualitative evidence-based migration management policy.

Before proceeding to the issues presented above, it is imperative to state what constitutes AI. There is a consensus that AI is an ill-defined term, not least because its meaning has changed over time (Franke, 2019, p. 3). It should be highlighted that different disciplines and regulatory mechanisms employ different definitions for AI (see e. g. Amnesty International & Access Now 2018; Regulation 2016/679 of the European Parliament, and of the Council on the Protection of Natural Persons with reference to the Processing of Personal Data, and on the Free Movement of Such Data, and Repealing Directive 95/46/EC [2016] OJ L119/1 [General Data Protection Regulation or GDPR] 2016, which entered into force on May 25, 2018). AI generally refers to 'efforts to create computers and machines able to perform actions that one would expect to require human intelligence such as reasoning and decision-making' (Franke & Sartori, 2019, p. 3; Taddeo & Floridi, 2018, p. 751; Molnar, 2019, p. 309). In simple words, AI may be a 'set of techniques aimed toward approximating some aspect of human or animal cognition using machines' (Calo, 2014, p. 404). Peter Flach, in "*Machine Learning. The art and Science of Algorithms That Make Sense of Data*", notes that one of the techniques utilized is machine learning or the 'systemic study of algorithms and systems that improve their [algorithm's] knowledge or performance with experience' (Flach, 2012, p. 3). Ana Beduschi offers a simple definition of AI. She holds AI to be "technologies that perform tasks usually associated with humans and act intelligently by learning from data with the aid of algorithms (set of instructions used to solve problems)" (Beduschi, 2020, p. 2). A simpler definition had been provided by the European Commission in 2019. According to the European Commission, AI refers to "systems that display intelligent behavior by analyzing their environment and taking action with some degree of autonomy to achieve specific goals" (European Commission, 2019).Having established what constitutes AI, attention is now turned to the EU's use of AI in migration management practices.

6.2 The EU's use of AI to manage migratory inflow since 2015

Migration management is a theoretically contested notion (Ansem de Vries & Guild, 2019). Yet it is widely used in global migration governance by various international organizations (Geiger & Pecoud (eds.), 2012). Migration management has also been widely analyzed by other scholars and connected to broader theories such as biopower (see e. g. Mbembe, 2003) and state performativity (Butler, 2004) which shall not be delve into because they are beyond the scope of this paper. According to Ana Beduschi, migration management refers to "different strategies, policies, processes and procedures, negotiated and adopted by relevant actors at the international level to provide a framework to manage migratory flows in an orderly and predictable manner" (Beduschi, 2020, p. 3). However, as Stephen Castles argues, "the political will and assumed capacity to manage migratory flows is often contradicted by reality, as migration is a complex phenomenon that cannot be easily 'managed'" (Castles, 2004b, p. 214). Nevertheless states, international organizations or intergovernmental organizations such as the EU have taken a steadfast position on their aspiration to manage 'large movements of people' through the 'implementation of planned and well-managed migration policies' (see paragraphs 11 and 15 of the New York Declaration for Refugees and Migrants, adopted by the United Nations General Assembly on September 9, 2016).

Migration policies tend to fall behind technological innovations. This limits the potential benefits of the phenomenon (Eldridge et al., 2017). However, it has been argued that AI or machine learning, when applied to specific migration questions, could help shed light on successful approaches to predicting migration flows, mobilizing skills, and better understanding the power of remittances (Eldridge et al., 2017; Alburez-Gutierrez & Segura Garcia, 2018). According to these authors, "AI machine learning could use tons of data to find patterns and correlations that may indicate future human migration" (Eldridge et al., 2017). Using AI to forecast future human migration would logically begin from examining historical and current migration patterns and understanding related triggers. This brings migration policymakers a step closer to deciphering the complexity surrounding the origin of migration flows. However, for future "migration crisis" to be properly predicted using AI, the data utilized must be of high quality and must accurately integrate the possibility of a political, economic and/or social interference that might change the predictive trajectory (Nyoni, 2017; Carammia & Dumont, 2018). This could result in countries and communities being more prepared to adopt proper migrant integration strategies. This assertion has received support from scholars such as Ana Beduschi who propounds that "decision-makers could use AI algorithms to analyze large amounts of data and identify potential weak points in their reception facilities" and "detecting and acting on such loopholes would allow state authorities to prepare and adapt their reception conditions, thereby complying with their legal obligation under international human rights law" (Beduschi, 2020, p. 6).

It is important to mention that migration scholars agree on the fact that states and even intergovernmental organizations like the EU have justified the accelerated use of innovative technology in migration management because migrants have historically been displayed as a population which is intelligible, trackable and manageable (see e. g. De Genova, 2003). As submitted by Petra Molnar, "the very rhetoric of migration 'management' indicates that refugees and migrants must be presided over and controlled, as they are construed to be a threat to national sovereignty, particularly at a time when states are turning inwards and reifying their sovereign power" (Molnar, 2019, p. 325). Judith Butler (2006) had earlier highlighted that, any time a state fears its sovereignty is threatened, that state "justifies its control over population through repeated spectacles and messaging around necessary national security and border control at the exclusion of the "Other" (Butler, 2006, quoted in Molnar, 2019, p. 325). This is Butler's theory of State performativity which is particularly compelling in situations where the law is suspended, as is the case with Australia's extra-territorial – and extra-legal – immigration detention policies (Mountz, 2011, p. 118). Butler's theory can be extrapolated to the EU in light of the ongoing migration crisis where the EU has increasingly resorted to using new technologies to keep migrants out, as well as financing migrant detention centres offshore in countries like Libya and Niger.

It is undeniable that migration is one of the most divisive policy topics in today's Europe. According to the United Nations High Commission for Refugees (UNHCR), in 2018, nearly 70 million people were forcibly displaced from their homes worldwide (UNHCR, 2019). Some of these displaced people moved and continue to move in large numbers to the EU. To deal with the continuous inflow of asylum seekers into the Union, it is no secret that the EU and its member states have employed innovative technologies in strengthening its borders and manage migration (Molnar, 2019). Some of the new technologies employed including Big data to anticipate population movement in the Mediterranean Sea or the next migration crisis from Africa (Molnar, 2019; Nyoni, 2017), the use of AI lie detectors at the EU borders, and the revised Schengen Information System (SIS) aimed at (using facial recognition, DNA and biometric data) facilitating the return of migrants in irregular situation (see Regulation Regulation 2018/1860 of the European Parliament and of the Council of November 28, 2018 on the use of the Schengen Information System for the return of illegally staying third-country nationals). These few examples point to the current trend of the EU's reliance on new technologies, including AI for migration management and border security and are explored in the subsequent paragraphs.

In April 2018, the EU adopted its AI strategy and in December of the same year, presented its Coordinated Plan, prepared together with the member states, to foster the development and use of AI in Europe. The Plan proposes an accelerated use of algorithms in monitoring migration infrastructure (Monroy, 2019). Currently, the EU runs the "Copernicus Programme" which initially consists of six optical and radar-based satellites. Through this program, the images and geodata derived from space are utilized for environmental and safety purposes (Monroy, 2019). Frontex requests satellite data for its EUROSUR border surveillance system (European Commission 2018; Monroy, 2019). The data obtained can be used in an array of border control tasks, including rooting out cross-border crime patterns or in search and rescue, allowing for a quicker reaction to a boat in distress (see European Commission, 2015; Silvasti, Soldi, & Lassourd, 2016).

It is important to stress that one aspect which differentiates migration nowadays from previous migration is the use of smartphones by migrants or potential migrants. The use of smartphones has greatly altered migration decision, experiences, patterns, and process, given that migrants or potential migrants use social communication tools and Global Positioning System (GPS) to explore, decide, monitor and chart their migration paths. According to Natalie Isley, "two of the first five questions migrants/refugees asked when they enter a new country are: how to get a sim card and where to connect to the wireless internet (WiFi)" (Isley, 2016). While asylum seekers, migrants/refugees use GPS and social media communication tools to monitor and decide their migratory path, international organizations and NGOs have also increased their use of drone technology in humanitarian activities (Eldridge et al., 2017). Governments have also become aware of the potential use of drones for migration management (Eldridge et al., 2017). For example, in March 2013 the United States began using drones to patrol a large part of its border with Mexico (Bier & Feeny, 2018; Ghaffary, 2020) These drones, equipped with long-range cameras and sensors, detect illegal border crossings and coordinate with Customs and Border Protection agents on the ground (Fussell, 2019). Australia, in 2014, announced it would buy unarmed drones from the US to protect its borders (from illegal crossing by asylum seekers arriving by boat from Indonesia) and commercial interest (Wilson (ed.), 2014). The EU seems to be replicating the US's border practice given that the US currently leads the AI race (see Castro, McLaughlin & Chivot, 2019). For example, in 2016, the EU took steps to invest in a fleet of drones with video, infrared sensors and chemical detection to provide real-time data on migration flow arriving on Mediterranean shores (Stares, 2016). This, as Ruben Andersson notes, represents an "'intelligence-driven approach' to border surveillance" as it collects "'situational pictures' of the external borders as well as of the African pre-frontier" (Andersson, 2016, p. 18). It is interesting to note that the US, Australia and the EU have based the justification for their use of new technologies such as drones to monitor their borders on security (protect borders (from migrants), and humanitarianism (saving the lives of migrants who maybe be victims of trafficking/smuggling) (Moreno-Lax, 2018; Williams, 2014). These two justifications have been questioned by scholars, non-governmental rights-based organization and even some politicians.

Between 2018 and 2019, the EU adopted new laws aimed at employing AI and associated technologies in migration and security (Beduschi, 2020). These include:

- Regulation 2018/1860 on the use of the Schengen Information System for the return of illegally staying third-country nationals
- Regulation 2019/816 setting up a centralised system for identifying a Member State which holds conviction information on third-country nationals and stateless persons. This Regulation supplements the European Criminal Records Information System and amended Regulation (EU) 2018/1726
- Regulation 2019/818 which sets up a framework for interoperability between EU information systems in the field of police and judicial cooperation, asylum and migration

In October 2018, the EU announced it was funding a new automated border control system (automated lie detectors) to be piloted in Hungary, Greece and Latvia (see European Commission, 2018; Bernal, 2018; Mayer, 2018; Begault, 2019). This project called iBORDERCTRL, aims at "delivering more efficient and secure border crossing to ease the work of border guards in spotting illegal migrants, thus contributing to the prevention of crime and terrorism" (Begault, 2019; Bernal, 2018). The automated lie detectors, installed at border checks in Hungary, Greece and Latvia "monitor passengers' faces for signs of lying, and if the system becomes too skeptical through a series of complex questions, the person will be selected for further screening by a human officer" (European Commission, 2018). The project does not eradicate the human-control element in border policing. Border control agents can use hand-held devices to automatically verify information, compare facial images taken during pre-screening stage to passports and photos taken during previous border crossings (European Commission, 2018; Bernal 2018).

Another EU AI project aimed at preventing irregular migration into the Union is ROBORDER, embedded in the Horizon 2020 program. Although it is still in its pilot phase, ROBORDER is already being tested in the Greek island of

Kos and at the Bulgarian-Serbian land border, among other places (see Begault, 2019). In the Call for Proposal for the project, ROBORDER is presented as a project that offers 'solutions' to current border challenges through "unmanned mobile robots including aerial, water, surface, underwater and ground vehicles, capable of functioning both as standalone and in swarms, which will incorporate multimodal sensors as part of an interoperable network" (Roborder, 2017). This means "the EU's air, land and sea borders would be patrolled by swarms of robots alerting authorities of activities at the border whilst collecting large volumes of data to provide immediate and predictive overviews of situations" (Begault, 2019). The EU's Roborder project closely resembles the US's use of robots at its border with Mexico to monitor drug smuggling activities (see Santos, 2014). It is worth noting that Germany, a key EU member state, has piloted projects using technology such as automatic face or dialect recognition, name transliteration, and analysis of mobile data devices for identification processes (see Tangermann, 2017; Federal Office for Migration and Refugees, 2018). The purpose of such automatic face or dialect recognition technology is to cross-check migrants' claims about identity and country of origin, which would otherwise require lengthy evaluations done by human expert linguists (Patrick, Schmid & Zwaan, 2019).

It suffices to highlight that the increasing use of AI by the EU to enforce its borders creates what Bigo (2014) calls a "third social universe"; i.e. a "universe where borders are metaphorically 'gaseous'" (Bigo, 2014, p. 216–217). In this universe, borders are created through many points which are connected through networks of computerized databases. These databases regularly exchange information about the tracks left by individuals when they travel and are constantly updated to be able to forecast what may happen (Bigo, 2014, p. 217). Migration and security scholars are in agreement that borders, in this case, are "translated into a 'time line' created through data doubles of individuals who have left traces, voluntarily or not, concerning their personal information – traces that have been collected, 'mined', not only by border guards and police, but also by consultants, intelligence services and private companies" (Bigo, 2014, p. 217. See also Bigo & Guild, 2003). This poses several challenges which shall be described in the section below.

6.3 The Challenges of Using AI for Managing Migratory Inflows

The fact that we live in the age of AI is indisputable. The socio-economic revolution ushered in by this age is outstanding: big data has been able to reorganize the way humans live, work, and interact with one another over a very short period of time. Businesses, governments, and organizations are all in a race to take advantage of the technological advancements brought about by this age to eliminate or mitigate problems that were rooted in the lack of data. This is especially true for migration. As a response to the migration crisis since 2015, the EU has joined the ranks of countries such as the US and Australia to step up its investment in traditional border security systems, as well as its interest in AI and big data. This has resulted in a proliferation of what has increasingly been termed "'smart border' automated security solutions" (European Commission, 2003; Lehtonen & Aalto, 2017, p. 207–225).

However, the use of AI to manage migratory inflow into the EU raises multiple concerns, with the issue of the lack of transparency in the development of the technology being a key among them. This lack of transparency is tied to the 'black box' nature of AI (Pasquale, 2015). According to Kate Crawford, a principal researcher with Microsoft Research, the amount of data being accumulated about individuals is increasing at a proportion beyond comprehension and awareness. Datasets are created, correlations are identified, and conclusions are made (Crawford, 2014). Crawford is concerned with what she calls *"Big Data Fundamentalism,"* or the belief that the conclusions made concerning data are objective truths (Crawford, 2014. See also Bigo, 2014). However, it is not obvious how all these data are being accumulated, managed and shared. There is no transparency. This sets the foundation for bias given that the author(s) of the AI algorithm generating the data may either consciously or unconsciously transfer their conscious or unconscious bias to the said algorithm. Therefore, the quality of AI algorithms remains an issue of concern. An algorithm is said to be "a set of instructions made up of programmable steps, organizing and acting on a corpus of data input, to quickly attain desirable results (output)" (Gillespie, 2016, p. 19, cited in Molnar, 2019, p. 10). Some algorithms are 'trained' using a large, existing collection of data, which allows the algorithm to classify and generalize beyond the examples in the training set' (Molnar, 2019, p. 10). Therefore, poor data quality used for training AI algorithms can produce equally poor outcomes (Redman, 2018; Richardson, Schultz & Crawford, 2019). In simple words, it is garbage in, garbage out. In the context of migration management, Ann Singleton indicates that mistakes in the use of migration data are common (Singleton, 2016 cited in Beduschi, 2020, p. 10). She points out that analysts may "combine administrative data on the numbers of migrants with estimates of migration, and border-crossing data may be wrongly used to represent migrant numbers" (Singleton, 2016). The latter is very troublesome given that a person may cross the same border a couple of times yet may be accounted as different people for all the crossings (Beduschi, 2020, p.10). Bigo had earlier captured this problem in his "third social universe" (Bigo, 2014).

In Bigo's "third social universe," groups of population are created through algorithms and profiling, connecting otherwise unrelated individuals who happen to have similar 'data doubles' (Bigo, 2014, p. 216). The use of AI, therefore, plays with the notion of freedom and mobility and the victims are less clear to find and visualize (Bigo, 2014, p. 219). The use of smart borders to detect, filter and stop the unwanted from entering the EU, as Bigo argues, "supports the differentiation between EU citizens for whom the borders will always be open and quick (as long as they accept pre-registering their own personal information), and bona fide travelers from third countries or 'trusted' individuals who come frequently for business purposes or who are rich to be good consumers" (Bigo, 2014, p. 219). It is interesting to note that these frequent travelers, "remain oblivious to the controls and to the fact that they can, at any given moment, change category and become undesirable, not because of something they have done, but because of the profile associated with their data double" (Bigo, 2014, p. 218–219). This highlights the issue of transparency which remains absent in the development of AI technology.

Another challenge in using AI to manage migratory inflow into the EU lies in its limited focus on human rights (Crepeau & Atak, 2016, p. 113). Molnar argues that with AI, immigration and refugee decision-making rests at an uncomfortable legal node: the effect on the rights and interests of individuals is often very substantial, even where the degree of deference is high, and the procedural safeguards are weak (Molnar, 2019, p. 310). This is grounded in truth given the fact that AI algorithm may be filled with bias and its use in decision-making relating to migration management can lead to discrimination. As stated by Frank Pasquale (2015) in "*The Black Box Society: The Secret of Algorithms That Control Money and Information*", "the automated systems claim to evaluate all the individuals in the same way, avoiding discrimination", yet, "prejudices and human values are incorporated into every comma of the development phase. Computerization can simply transfer discrimination further upstream" (Pasquale, 2015, qtd. in Finn, 2017). In other words, AI algorithms reflect the biases of their creators, reinforcing discrimination (Crawford, Miltner & Gray, 2014). This problem has been recognized by the Council of Europe when it categorically expressed that training data can be adulterated by direct or indirect human agency and pre-existing bias, or when seemingly non-discriminatory variables become proxies for other categories, such as postal codes serving as proxies for race (Council of Europe, 2018). Instances of such biases are widely documented: for example, in the US, a Vice Media investigation revealed that in the wake of the Trump administration's executive orders, Immigration and Custom Enforcements (ICE) has been modifying its bail-determination algorithm at the US-Mexico border to justify the detention of migrants in every single case (Oberhaus, 2018). Still in the US, in 2017, ICE revealed its "Extreme Vetting Initiative", a process of automated evaluation of immigrants to determine the probability that an applicant would be 'a positively contributing member of society' and to national interests, and 'predict whether they intend to commit criminal or terrorist acts after entering the country' (Glaser, 2017, qtd. in Molnar, 2019, p. 315. See also Duarte, 2018). This use AI premised on less diverse datasets reinforces the biases and stereotypes of their designers (Rudinger, May & Van Durme, 2017). Embedding this in new technologies used experimentally in migration has produced far-reaching results (Molnar, 2019, p. 316). In the case of the EU, there are people who have been banned or prevented from entering the Union because of data profiling. These people have remained trapped within their countries because of everyday practices of consulates (see e. g. Infantino & Rea, 2012). This claim has received support from security scholars such as Didier Bigo who asserts that the "intelligence community frequently send to the consulates or private operators abstract virtual profiles of 'dangerous' or 'unwanted' people that must be prevented from traveling. Individuals whose data closely matches such profiles are refused from the beginning, even before access to the consulates – sometimes by police and immigration liaison officers at the consulate if the profiles are highly 'sensitive'" (Bigo, 2014, p. 219). In the US, for example, the denial of liberty when migrants are placed in detention at the US-Mexico border stands as testament of how technological experiments have rights-infringing consequences. It suffices to mention that ICE's vetting program mentioned earlier in this paper was castigated by technology experts, forcing ICE to back down and the program never saw the light of day. The arguments raised by technology experts castigating this plan revolves around the "discriminatory inferences, based on travel patterns, countries of origin and various other markers that can flag an individual for further surveillance and even deny them access into the country" (Glaser, 2017, qtd. in Molnar, 2019, p. 322), and the fact that 'heavy monitoring' of social media sites can provide misleading information to 'non-human analyst' (Laperruque, 2018, in Molnar, 2019, p. 322).

A further example of how AI algorithms may be filled with bias and hence be discriminatory could be found in the AI lie detectors at border checkpoints in airports in Hungary, Latvia, and Greece. The shortcomings of the lie detectors have received a lot of scholarly attention. For example, Robb Picheta holds, "it remains unclear how this system will be able to handle cultural differences in communication, or account for trauma and its effects on memory, such as when dealing with a traumatized refugee claimant" (Picheta, 2018, qtd. in Molnar, 2019, p. 316). As Molnar rightly contends, "refugee and immigration claims are filled with nuance and complexity" (Molnar, 2019, p. 316). Beduschi also asserts the AI lie detector could fail to recognize the faces of a large part of migrants and asylum-seekers, based on their race or ethnic group (Beduschi, 2020, p. 11). Boulamwini and Gebru had earlier argued that face recognition technologies have difficulties recognizing people of darker skin types, especially women, due to the lack of diversity in data used to train algorithms (Buolamwini & Gebru, 2018). This supports serious breaches of internationally and domestically protected human rights in the form of bias and discrimination.

An additional challenge inherent in the utilization of AI for migration management relates to the issue of data privacy. It is widely accepted that individuals benefit from the same rights online as they do offline. This includes the right to privacy or the respect for one's private life (see Human Rights Council, 2012; UN General Assembly, 2014; Human Rights Council, 2016). It has also been established that the right to respect for one's private life encompasses telecommunication and electronic data (see the case of *Uzun v. Germany (2010) no 35623/05, ECHR 2010-VI.*). The right to data privacy also extends to non-nationals and must be protected insofar as they fall within the jurisdiction of a state party to a human rights treaty recognizing this right (UN General Assembly, 1985). However, restrictions on the exercise of this right, even in migration matters, may be imposed by states. These restrictions must be adopted within the confines of the law and must pursue a legitimate interest (see Article 8, European Convention on Human Rights). The 2016 General Data Protection Regulation (GDPR) in its Article 23 (1) also allows for such restrictions on certain grounds, such as national security and public security. Given the fact that migration is now firmly embedded within the EU's security agenda, it is possible for member states invoke Article 23(1) to impose restrictions on migrants' data protection. It should be noted that even though certain protection of personal data is enshrined in the GDPR, this protection is only available for EU citizens. Migrants coming from outside the Union are excluded.

Issues of accountability and fairness poses a further challenge on the EU's reliance on AI for the purpose of managing migration flows into the Union. Beduschi contends "AI algorithms may one day become instrumental in, for example, declining one's visa application or matching a migrant's identity to that of a suspected terrorist – and do so without a clear explanation about how the machine reached such a decision" (Beduschi, 2020, p. 12). This situation (as earlier argued by Graves and Clancy (2019) may arise in part because algorithms can be trained using unsupervised learning, in which case the machine can learn by itself, identifying patterns and making predictions that do not necessarily follow what a human would do (Bedushi, 2020, p. 12). Frank Pasquale had earlier posited that these 'thought processes' cannot be explained by humans, not even by those who have designed the algorithm at the very beginning of the training process (Pasquale, 2015). As McGregor, Murray and Ng suggest, such a system creates considerable uncertainty and obscurity, making it difficult to understand how decisions were made that can have a crucial impact on one's human rights (McGregor, Murray & Ng, 2019). Nevertheless, decision-makers tend to support results presented by machines, even if these are mistaken – a phenomenon known as automation bias (Wickens et al., 2015).

This situation raises questions such as: 'who should be held accountable for decisions taken based on AI output?' To whom should the affected individuals turn to for redress in case of violations of their rights? It should be noted that fairness, which is a crucial component of the right to a fair trial, entails that a trial (including before administrative authorities) should take place without any direct or indirect influence, pressure or intimidation or intrusion from whatever side and for whatever motive' (Human Rights Committee General Comment No. 32, 2007, p. 25). Therefore, it is possible to question whether the reliance on opaque AI algorithms, combined with the persistence of automation bias, may excessively influence decision-making, thus compromising the fairness of the process. This is particularly concerning in the field of migration management, given the inherent power differentials between the decision-makers and the migrants and asylum-seekers (Beduschi, 2020, p. 12).

Some scholars have come up with proposals aimed at addressing this issue. For example, Citron recommends using the concept of 'technological due process,' which incorporates accountability, fairness, and transparency guarantees (Citron, 2008; Citron & Pasquale, 2014, cited in Beduschi, 2020). An interesting proposal forward by McGregor, Murray and Ng (2019) suggests building upon an existing legal framework, i. e. International Human Rights Law (IHRL), to tackle algorithmic accountability at all stages of its life cycle, from design to implementation. According to this proposition, IHRL would be vital in recognizing the potential harms that algorithmic decision-making could create. This is because most of the human rights issues affected by AI are embedded in human rights treaties such as the International Covenant on Civil and Political Rights, Convention on the Elimination of all Forms of Discrimination against Women, Convention on the Elimination of All Forms of Racial Discrimination, etc. Interesting as it may sound, this proposal ignores the fact that IHRL does not apply, as a matter of binding law, to non-state actors such as corporations.

Wachter and Mittelstadt (2019) propose another possible solution, through the establishment of a 'right to reasonable inferences', applicable to states and non-state actors alike. This right would require those in control of data to justify the type of data, the inferences made based on this data, the accuracy and reliability of the data, as well as the methods used. Beduschi holds the view that 'provided that there is enough political will to adopt such a solution, this new right could change the way algorithmic accountability is perceived, with implications for migration and asylum decision-making as well' (Beduschi, 2020).

It is worth mentioning that not only is the EU's use of AI to curb the inflow of irregular migrant fraught with human rights challenges, but it has equally failed to achieve its desired goal. The continuous arrival by boats filled with migrants on the EU's shore stands as testament to this assertion. The borders of Europe are increasingly displayed in the media and political debates as the stage for an eternal emergency: boats packed to the brim, crowds gathering at fences, chaotic scenes outside reception centres, etc. (Andersson, 2016, p. 1055). Efforts to contain, control and combat illegal migration from Africa to Europe have remained unsuccessful. The situation has only been getting more dire. The number of boat arrivals at the shores of the European Union is indicative of this acuteness. According to the International Organisation for Migration (IOM), from 1 January – 6 November 2019, 89,997 migrants/refugees entered Europe through the sea (IOM, 2019). This represents a roughly 11 per cent decline from 101,185 that arrived during the same period, the previous year. The death record for that year stood at 1090 individuals, representing about 52 per cent decline from the previous year's figures for the same period (2098 individuals) (IOM, 2019). Though this indicates a decline, it can be submitted that this cannot be considered or registered as a success because it is nevertheless still a daily occurrence. It suffices to say that these figures have been repeated in the media and conferences, but it makes no difference as a deterrent to migration. Neither does it, to the EU's response.

6.4 Conclusion

The introduction of new technologies has completely revolutionized the world. It has changed the way humans think, live and interact with one another as well as with the environment. Technology develops at a fast pace and states, international organizations as well as inter-governmental organizations have scrambled to take the advantages offered by new advanced technologies to eliminate or mitigate problems rooted in the lack of data. This is especially true in the domain of migration management where there has been an increasing reliance on AI to manage the inflow of people into the EU or to stop those who would otherwise find themselves via illegal means in EU territory. Within the framework of migration management, AI algorithms; relying on vast amounts of data, to learn and make inferences about patterns and future behavior (see Burrell, 2016; Wachter; Mittelstadt & Russell, 2018; McGregor, Murray and Ng, 2019); have been acknowledged to have great potential in forecasting and managing migratory flows (Rango, 2015; Beduschi, 2018; Spyratos et al., 2018).

With migration management being a theoretically contested notion, states have been able to exploit this and justify the use of new technologies, specifically AI in migration because migrants, have been rendered throughout history as a population which is intelligible, trackable and manageable (Molnar, 2019, p. 325; De Genova, 2002). This is particularly true at a time when the migrant has been transformed to a securitized object, which should be kept outside the boundaries of the social and political life of the state. It is in line with this logic that the EU has, since 2015, increased its investment in AI to manage migratory inflow and protect its borders. Regulations have been passed and projects such as the iBORDERCTRL and ROBORDER have been launched, all aimed at keeping illegal migrants out of the Union. As Molnar argues, "through technology, the EU's control over migration management has extended beyond sovereignty" (Molnar, 2019, p. 326). Csernatoni submits that the increased use of drones to police Europe's borders has resulted in the decentralization of border zones into various vertical and horizontal layers of surveillance, suspending state power from the skies and extending the border visually and virtually (Csernatoni, 2018, cited in Molnar, 2019, p. 326).

While these moves by the EU have been lauded by AI proponents as a step in the right direction at a time when migration and new technologies have become intertwined, scholars in the field of human rights law have been quick to point out the problems associated with the use of AI in migration management. These problems revolve around the lack of transparency due to the black box nature of AI, issues relating to bias, privacy rights, as well as fairness and accountability. As Molnar contends, the development of AI technologies occurs in specific spaces that are not open to everyone and its benefits do not accrue equally (Molnar, 2019, p. 327). Decision-making around implementation occurs without consultation or even without the consent of the affected group (Molnar & Gill, 2018).

As seen above, relying on AI data to manage migratory flows despite being laudable (because it presents policymakers with quantitative evidence) carries with it significant challenges. It is undeniable that AI quantitative data offers no explanation as to migrants' decision to migrate, yet they are most often favored to the detriment of qualitative data (see Rango, 2015; Alessandini et al., 2017, Baldwin-Edwards, Blitz & Crawley, 2019). What one notices are significant disparities between qualitative evidence supplied by academicians on migrants' decision to migrate, and quantitative assumptions that forms the bedrock of the EU's effort to rein in irregular migration (Baldwin-Edwards, Blitz & Crawley, 2019). Beduschi suggests that algorithms could analyze datasets made up of substantial qualitative interviews with migrants to find out patterns and make predictions about people's intentions to migrate (Beduschi, 2020, 9). Therefore, it is imperative that the two datasets, i. e. qualitative as well as quantitative datasets, are used to train AI algorithm for migration management. Interestingly, such qualitative and quantitative datasets already exist, qualitative data on different aspects of the migratory process has been collected by the Economic and Social Research Council-funded Mediterranean Migration program (see Baldwin-Edwards, Blitz & Crawley, 2019). Similar projects have equally been taken up by research agencies and programs, such as the EU's Horizon 2020. However, the extent to which they will guide policymaking in migration management issues, or to which their usage will enable the EU to deter irregular migration while at the same time protecting the human rights of migrants (regular or irregular) remains to be seen.

References

Alessandrini, A. et al. (2017). WiFi Positioning and Big Data to Monitor Flows of People on a Wide Scale. *IEEE European Navigation Conference (ENC)*, Lousanne, 2–12 May 2017.

Alburez-Gutierrez, D., & Segura Garcia, C. (2018). The UNHCR Demographic Projection Tool: estimating the future size and composition of forcibly displaced populations. UNHCR Statistics Technical Series, 2018/1.

Ansems de Vries, L., & Guild, E. (2019). Seeking A Refuge in Europe: Spaces of Transit and the Violence of Migration Management. *Journal of Ethnic and Migration Studies*, 45(12), 2156–66.

Anderssen, R. (2014). Illegality, Inc.: Clandestine Migration and the Business of Bordering Europe. University of California Press.

Anderssen, R. (2015). Hardwiring the frontier? The politics of security technology in Europe's 'fight against illegal migration'. *Security Dialogue*, 47(1), 22–39. https://doi.org/10.1177/0967010615606044

Baldwin-Edwards, M., Blitz, B. K., & Crawley, H. (2019). The Politics of Evidence-Based Policy in Europe's Migration Crisis. *Journal of Ethnic and Migration Studies*, 45(12), 2139–55.

Begault, L. (2019). Automated Technologies And The Future of Fortress Europe, Amnesty International. Retrieved from https://www.amnesty.org/en/latest/news/2019/03/automated-technologies-and-the-future-of-fortress-europe/

Beduschi, A. (2020). International Migration Management in the Age of Artificial Intelligence, *Migration Studies*. https://doi.org/10.1093/migration/mnaa003

Bier, D. J., & Feeny, M. (2018). Drones on the Border: Efficacy and Privacy Implications. Cato Institute, Immigration Research and Policy Brief No. 5.

Bigo, D. (2001). Migration and Security. In Guiraudon, V., & Joppke, C. (eds). *Controlling a New Migration World* (pp. 121–149). London: Routledge.

Bigo, D. (2014). The (in)securitization practices of the three universes of EU border control: Military/Navy – border guards/police – database analysts. *Security Dialogue*, 45. 209–225. https://doi.org/10.1177/0967010614530459

Bigo, D. & Guild, E. (2005). Controlling Frontiers: Free Movement into and within Europe. London: Routledge. https://doi.org/10.4324/9781315259321

Buolamwini, J., & Gebru, T. (2018). Gender Shades: Intersectional Accuracy Disparities in Commercial Gender Classification. *Proceedings of Machine Learning Research*, 81, 1–15.

Burrell, J. (2016). 'How The machine "Thinks": Understanding Opacity in Machine Learning Algorithms'. *Big Data & Society*, 3, 1–12.

Butler, J. (2004). Precarious Life: The Power of Mourning and Violence. London: Verso.

Carammia M., & Dumont J.-C. (2018). Can We Anticipate Future Migration Flows? Paris: OECD.

Castles, S. (2014). Why Migration Policies Fail. *Ethnic and Racial Studies*, 27(2), 205–27.

Castro, D., McLaughlin, M., & Chivot, E. (2019). Who is Winning the AI Race: China, the EU or the United States? Centre for Data Innovation. Retrieved from https://www.datainnovation.org/2019/08/who-is-winning-the-ai-race-china-the-eu-or-the-united-states/

Ceyhan, A., & Tsoukala, A. (2002). The securitization of migration in western societies: Ambivalent discourses and policies. *Alternative*, 27, 21–39.

Chui, M., et al. (2018). Notes from the AI Frontier. Applying Artificial Intelligence for Social Good. Washington D.C.: McKinsey Global Institute.

Citron, D. K. (2008). 'Technological Due Process'. *Washington University Law Review*, 85(6), 1249–1313.

Citron, D. K., & Pasquale, F. (2014). The Scored Society: Due Process for Automated Predictions. *Washington Law Review*, 89(1), 1–33.

Clapham A. (2006). Human Rights Obligations of Non-State Actors. Oxford: Oxford University Press.

Crawford K., Miltner K., & Gray M. L. (2014). Critiquing Big Data: Politics, Ethics, Epistemology. *International Journal of Communication*, 8, 1663–72.

Crepeau, F., & Atak, I. (2016). Global Migration Governance. Avoiding Commitments on Human Rights yet Tracing a Course for Cooperation. *Netherlands Quarterly of Human Rights*, 34(2), 113–146.

Csernatoni, R. (2018). Constructing the EU's High-Tech Borders: FRONTEX and Dual-Use of Drones for Border Management. *European Security*, 27, 175.

Daurte, N. (2018). ICE Finds Out It Can't Automate Immigration Vetting. Now What? Centre for Democracy and Technology, available at https://cdt.org/insights/ice-cant-automate-immigration-vetting/

De Genova, N. P. (2002). Migrant "Illegality" and Deportability in Everyday Life. *Annual Review of Anthropology*, 31, 419.

Eldridge, R., Koser, K., Levin, M., & Rai, S. (2017). What does the Fourth Industrial Revolution mean for migration? World Economic Forum. Retrieved from https://www.weforum.org/agenda/2017/06/what-does-the-fourth-industrial-revolution-mean-for-migration/

European Commission (2018). Evaluation of the Regulation (EU) No. 1052/2013 of the European Parliament and of the Council of 22 October 2013 establishing the European Borders Surveillance System (Eurosur), Commission Staff Working Document. Retrieved from https://ec.europa.eu/commission/sites/beta-political/files/soteu2018-eurosur-evaluation_en.pdf

Federal Office for Migration and Refugees (2018). *Digitisation Agenda 2020. Success stories and future digital projects at the Federal Office for Migration and Refugees (BAMF)*, Nuremberg: Federal Office for Migration and Refugees.

Feldman, G. (2012). The migration apparatus: Security, labour, and policymaking in the European Union. Stanford: Stanford University Press.

Finn, E. (2017). What Algorithms Want: Imagination in the Age of computing, The MIT Press.

Flach, P. (2012). Machine Learning. The Art and Science of Algorithms That Makes Sense of Data. Cambridge: Cambridge University Press.

Flahaux, M., & de Haas, H. (2016). African migration: trends, patterns, drivers. *CMS*, 4(1). https://doi.org/10.1186/s40878-015-0015-6

Floridi, L., Cowls, J., et al. (2018). AI4People – An Ethical Framework for a Good AI Society: Opportunities, Risks, Principles and Recommendations. *Minds and Machines*, 28, 689–707. Retrieved from https://link.springer.com/article/10.1007%2Fs11023-018-9482-5

Franke, U. E. (2019). Not Smart Enough: The Poverty of European Military Thinking on Artificial Intelligence. *European Council on Foreign Relations*.

Policy Brief. Retrieved from https://www.ecfr.eu/page/-/Ulrike_Franke_not_smart_enough_AI.pdf

Fussell, S. (2019). The Endless Aerial Surveillance of the Border. *The Atlantic.* 11 October 2019. Retrieved from https://www.theatlantic.com/technology/archive/2019/10/increase-drones-used-border-surveillance/599077/

Geiger, M., & Pecoud, A. (2010). The Politics of International Migration Management, in Geiger, M., & Pecoud, A. (eds), *The Politics of International Migration Management.* Migration, Minorities and Citizenship. London: Palgrave Macmillan https://doi.org/10.1057/9780230294882_1

Ghaffary, S. (2020). The "Smarter" wall: How drones, sensors and AI are patrolling the border, *Vox*, 7 February 2020. Retrieved from https://www.vox.com/recode/2019/5/16/18511583/smart-border-wall-drones-sensors-ai

Glaser, A. (2017). ICE Wants to Use Predictive Technology for its "Extreme Vetting" Program. *Slate,* 8 August 2017. Retrieved from https://slate.com/technology/2017/08/ice-wants-to-use-predictive-policing-tech-for-extreme-vetting.html

Graves, A., & Clancy, K. (2019). Unsupervised Learning: The Curious Pupil. Retrieved from https://deepmind.com/blog/article/unsupervised-learning

Greenfield, C. (2020). As Governments Build Advanced Surveillance Systems to Push Borders Out, Will Travel and Migration Become Unequal for Some Groups? Migration Policy Institute. Retrieved from https://www.migrationpolicy.org/article/governments-build-advanced-surveillance-systems

Huysman, J. (2000). The European Union and the Securitization of Migration. *Journal of Common Market Studies*, 38, 751–777.

International Organisation for Migration. (2019). Mediterranean Migrant Arrivals Reach 89,997 in 2019; Deaths reach 1,090. Press Release. Retrieved from https://www.iom.int/news/mediterranean-migrant-arrivals-reach-89997-2019-deaths-reach-1090

Infantino, F., & Rea, A. (2012). La Mobilisation d'un savoir pratique local: attribution des visas Schengen au Consulat general de la Belgique a Casablanca, Sociologies pratiques, No. 1, 67–78.

Laperruque, J. (2018). ICE Backs Down on "Extreme Vetting" Automated Social Media Scanning. Project on Government Oversight. 23 May 2018. Retrieved from http://www.pogo.org/blog/2018/05/ice-backs-down-on-extreme-vetting-automated-social-media-scanning.html

Lehtonen, P., & Aalto, P. (2017). Smart and Secure Borders through Automated Border Control Systems in the EU? The Views of Political Stakeholders in the Member States. *European Security,* 26(2), 207–225.

Mbembe, A. (2003). Necropolitics. *Public Culture,* 13(1), 11–40.

McGregor, L., Murray, D., & Ng, V. (2019). International Human Rights Law as a Framework for Algorithmic Accountability. *International and Cooperative Law Quarterly,*68(2), 309–343.

Molnar, P. (2019). Technology on the Margins: AI and Global Migration Management from a Human Rights Perspective. *Cambridge International Law Journal,* 8(2), 305–330.

Molnar, P., & Gill, L. (2018). Bots at the Gate: A Human Rights Analysis of Automated Decision-Making in Canada's Immigration and Refugee System. University of Toronto International Human Rights Program and the Citizen Lab, Munk School of Global Affairs.

Monroy, M. (2019). EU Commission wants to use artificial intelligence for surveillance. Retrieved from https://digit.site36.net/2019/01/07/eu-commission-wants-to-use-artificial-intelligence-for-surveillance/

Moreno-Lax, V. (2018). The EU Humanitarian Border and Securitization of Human Rights: The 'Rescue – Through – Interdiction/Rescue – Without – Protection' Paradigm. *Journal of Common Market Studies*, 56(1), 119–140.

Mountz, A. (2011). The Enforcement Archipelago: Detention, Haunting, and Asylum on Islands. *Political Geography*, 30, 118–128.

Nyoni, B. (2017). How Artificial Intelligence can be Used to Predict Africa's Next Migration Crisis. Retrieved from https://www.unhcr.org/innovation/how-artificial-intelligence-can-be-used-to-predict-africas-next-migration-crisis/

Oberhaus, D. (2018). ICE Modified its "Risk Assessment" Software so it Automatically Recommends Detention. *VICE,* 26 June 2018. Retrieved from https://www.vice.com/en_us/article/evk3kw/ice-modified-its-risk-assessment-software-so-it-automatically-recommends-detention

Patrick, P. L., Schmid, M. S., & Zwaan, K. (eds.) (2019). Language Analysis for the Determination of Origin. Current Perspectives and New Directions. Cham: Springer.

Pasquale, F. (2015). The Black Box Society: The Secret Algorithms That Control Money and Information. Cambridge, MA: Harvard University Press.

Picheta, R. (2018). Passengers to face AI lie detector tests at EU airports. *CNN,* 3 November 2018. Retrieved from https://edition.cnn.com/travel/article/ai-lie-detector-eu-airports-scli-intl/index.html

Rango, M. (2015). How Big Data Can Help Migrants. Retrieved from https://www.weforum.org/agenda/2015/10/how-big-data-can-help-migrants/

Redman, C. (2018). If Your Data Is Bad, Your Machine Learning Tools Are Useless. *Harvard Business Review.* Retrieved from https://hbr.org/2018/04/if-your-data-is-bad-your-machine-learning-tools-are-useless

Richardson, R., Schultz, J. M., & Crawford, K. (2019). Dirty Data Bad Predictions: How Civil Rights Violations Impact Police Data, Predictive Policing Systems, and Justice. *New York University Law Review*, 94, 192–233.

Roborder (2017). Aims and Objectives. Retrieved from https://roborder.eu/the-project/aims-objectives/

Rudinger, R., May, C., & Van Durme, B. (2017). Social Bias in Elicited Natural Language Inferences. Proceedings of the First Workshop on Ethics in Natural Language Processing, Association for Computational Linguistics. Valencia, Spain, 4 April 2017, pp.74–79.

Santos, F. (2014). Border's New Sentinels are Robots, Penetrating Deepest Drug Routes, the *New York Times*, 22 February 2014, available at https://www.nytimes.com/2014/02/23/us/borders-new-sentinels-are-robots-penetrating-deepest-drug-routes.html

Seeberg, P., & Eyadet, Z. (eds.) (2013). Migration, Security, and Citizenship in the Middle East: New Perspectives. New York, NY: Palgrave Macmillan.

Singleton, A. (2016). Migration and Asylum Data for Policymaking in the European Union. The Problem with Numbers. *CEPS Paper in Liberty and Security in Europe*, 89.

Silvasti, M., Soldi, G., & Lassourd, V. (2017). European Sea Border Surveillance and Ship Reporting Systems: Case EUROSUR, RANGER project. European Commission and Horizon 2020 Programme.

Spyratos, S. et al. (2018). Migration Data Using Social Media: A European Perspective, Luxembourg. Publication Office of the European Union.

Tangermann, J. (2017). Documenting and Establishing Identity in the Migration Process. Challenges and Practices in the German Context. Nuremberg: Federal Office for Migration and Refugees.

Taddeo, M., & Floridi, L. (2018). How Can AI Be a Force for Good. *Science* New York, N.Y., 361(6404), 751–2.

Uzun v. Germany (2010), no. 35623/05, ECHR 2010-VI.

United Nations High Commission for Refugees (2019). Global Trends: Forced Displacement in 2018.

UN General Assembly (2014). Resolution 68/167. The Right to Privacy in the Digital Age, A/RES/68/169.

Wachter, S., & Mittelstadt, B. (2019). A Right to Reasonable Inferences: Re-thinking Data Protection Law in the Age of Big Data and AI. *Columbia Business Law Review*, 2019(2), 494–620.

Wachter, S., Mittelstadt, B., & Russell, C. (2018). Explaining Explanations in AI (4 November 2018). Proceedings of FAT*'19: Conference on Fairness,

Accountability, and Transparency (FAT*'19), January 29–31, 2019, Atlanta, GA, USA. New York: ACM.

Weber, L., & Benjamin B. (2004). Policing Migration: A Framework for Investigating the Regulation of Global Mobility. *Policing and Society*, 4(3), 195–212.

Wickens, C. D. et al. (2015). 'Complacency and Automation Bias in the Use of Imperfect Automation'. *Human Factors: The Journal of the Human Factors and Ergonomics Society*, 57(5),728–739.

Williams, J. (2014). The Safety/Security Nexus and the Humanitarianization of Border Enforcement, *The Geographical Journal*, 182(1), 27–37. https://doi.org/10.1111/geoj.12119

Wilson, S. (ed.) (2014). Australia to spend £1.6bn on drone fleet to protect borders. *The Telegraph*, 13 March 2014. Retrieved from

https://www.telegraph.co.uk/news/worldnews/australiaandthepacific/australia/10694158/Australia-to-spend-1.6bn-on-drone-fleet-to-protect-borders.html

Zuriek, E., & Salter, M. B. (eds.) (2005). Global Security and Policing: Borders, Security and Identity. Abingdon: Routledge.

Teil II: Forschungsbericht aus der Praxis

Ein Fundament für innovatives Wissensmanagement im Bildungswesen für das 21. Jahrhundert: Personalentwicklung als Element der Schulentwicklung[1]

Zusammenschau einer Forschungsarbeit – „Bestandsaufnahme und Perspektiven in privaten Schulen in freier Trägerschaft“

Dipl.-Päd. Ing. Sonja Maria Schmolmüller, MA

Abstract: Innovatives Wissensmanagement ist die Chance, um Veränderungen in der Personalentwicklung der österreichischen Bildungspolitik sowie im Bildungswesen praktisch umzusetzen.

Im Interesse der Qualitätsentwicklung stellt die Personalentwicklung eine wichtige Funktion und Aufgabe dar, um Lehrpersonen in der pädagogischen Arbeit zu unterstützen und Professionelle Lehrgemeinschaften zu etablieren. Personalentwicklung wird daher als Schlüssel zu einer gelungenen Schulentwicklung gesehen.

Privatschulen in freier Trägerschaft sind durch ihren Innovationsgeist geprägt, haben sich einen eigenen Platz in der Bildungslandschaft erobert und zeichnen sich durch ihre Vielfalt aus.

Vor diesem Hintergrund hat dieser Beitrag die Personalentwicklung unter die Lupe genommen und ist im Speziellen auf Schulen in freier Trägerschaft fokussiert. Die Ziele waren dabei, Perspektiven, Modelle und Erwartungen zur Personalentwicklung zu ermitteln und daraus abzulesen, wie Personalentwicklung durch die Lehrpersonen wahrgenommen wird. Es wird auch der Frage nachgegangen, welchen gegenwärtigen Stand die Personalentwicklung im privaten Schulwesen hat. Für diese Problemstellungen wird versucht, Lösungen zu finden.

Der theoretische Teil umfasst einleitend eine Abgrenzung des Begriffs Privatschule in freier Trägerschaft. Anschließend wird Personalentwicklung im Kontext der Schulentwicklung allgemein erklärt. Dazu werden im Überblick Merkmale der Instrumente in der Personalentwicklung aufgezeigt.

1 Dieser Beitrag basiert auf der Masterarbeit der Autorin an der PH Oberösterreich aus 2017 mit dem Titel: *Personalentwicklung als Element der Schulentwicklung: Bestandsaufnahme und Perspektiven in privaten Schulen in freier Trägerschaft.*

Die Fragestellungen werden auf der Grundlage der Auswertung aktueller Fachliteratur und Interviews mit Lehrpersonen in privaten Schulen in freier Trägerschaft diskutiert. Im Gegenzug dazu stellt die quantitative Befragung eine ergänzende Informationsquelle dar.

Als Resultat wird ersichtlich, dass Lehrpersonen in privaten Schulen in freier Trägerschaft den Einsatz von Personalentwicklungsinstrumenten wünschen und auch kundgaben, dass dieser die berufliche Performance sowie das Professionsbewusstsein von Lehrpersonen stärkt. Überdies wird die Bedeutung der Personalentwicklung für die gesamte Schulentwicklung und die Qualität einer privaten Schule zunehmend erkannt – mit der Schlussfolgerung, dass umfassende Konzepte zur Umsetzung noch fehlen, denn Ganzheitlichkeit bedeutet auch, dass alle Akteure in einer privaten Schule einbezogen werden, um potenzielle Handlungen in der Personal- und Schulentwicklung zu erreichen und zu professionalisieren.

Zugleich zeigt das Ergebnis, dass die Komplexität und die Heterogenität, die in den einzelnen Schulen bestehen, im wissenschaftlichen Interesse sehr herausfordernd sind und es noch viele offene Fragen für weitere Forschungsfelder gibt.

Inhaltsverzeichnis

Vorwort des Herausgebers

Der Erfolg des pädagogischen Handelns ist untrennbar mit der Qualifikation des Lehrpersonals verbunden. Der folgende Forschungsbericht von Sonja Schmolmüller bereichert daher in einem dreifachen Sinne die Schriftenreihe *Innovatives Wissensmanagement*, weil …

… erstens das Lehren bzw. Unterrichten eine Tätigkeit der Wissensteilung bzw. Wissensverteilung darstellt, also auch daher schon zu den Bausteinen des Wissensmanagements (im Sinne von Probst et al.) zählt.

… zweitens das Aktionsfeld der Personalentwicklung zum einen auch eine Form der Wissens-(ver-)teilung ist und zum anderen, weil Personalentwicklung die Qualität der Leistungserstellung durch die Humanressourcen der Organisation ‚Schule' sichert.

… drittens Schulentwicklung im Sinne des organisationalen Lernens und der Organisationsentwicklung die Rahmenbedingungen der Lehr- und Lernprozesse sichert und damit ein Fundament für Innovationen in der Pädagogik legt.

Sonja Maria Schmolmüller liefert mit ihrer Arbeit wertvolle Befunde und Anregungen aus der pädagogischen Praxis nicht nur für die pädagogische Praxis auf der operativen Ebene, sondern auch für die normativen und strategischen Ebenen des Schulwesens, die die Umsetzung der Forderungen Schmolmüllers erleichtern sollen.

Salzburg, im März 2021

Tit. Univ.-Prof. Dr. Dr. Dr. habil. Bernhard F. Seyr
Herausgeber

1. Einleitung

Das nachstehende Kapitel soll zunächst einleitend darlegen, auf welche Themenstellung sich der vorliegende Beitrag bezieht und welche Zusammenhänge, Hintergründe und Interessen mit der Untersuchung verbunden sind.

1.1 Forschungsinteresse, Problemstellung und Zielsetzungen

Die vorliegende Arbeit gibt Einblicke in die Bedingungen, Wahrnehmungen, Einstellungen und Erwartungen von Lehrpersonen in privaten Schulen in freier Trägerschaft zur Personalentwicklung im Kontext der Schulentwicklung. Ziele sind dabei, daraus Rahmenbedingungen, Modelle und Erwartungen zu erfolgreicher Personalentwicklung in Schulen in freier Trägerschaft sowie Perspektiven der Schulentwicklung abzulesen.

Privatschulen haben gegenwärtig Hochkonjunktur und nehmen keineswegs eine unbedeutende Rolle im Bildungswesen ein (vgl. Haeffner, 2012, S. 13) – mit dem Merkmal, dass Privatschulen in freier Trägerschaft *„frei von engen Vorgaben des staatlichen Schulsystems, obgleich sie gesetzlichen Mindeststandards unterliegen"* (Eberhart & Kapelari, 2010, S. 13), sind.

Das größte Kapital einer Schule sind die Beschäftigten. Die Schulleitung und die Lehrpersonen sind die tragenden Säulen in einer Schule und für deren Qualität entscheidend. Die Schulleitung und die Lehrpersonen sind die Hauptakteure – nicht nur im Unterricht, sondern sie sind auch Gestalter des Schullebens und Präger des Schulklimas (vgl. Schmolmüller, 2017, S. 47).

Daher ist es fundamental, dass die Personalentwicklung eine der wichtigsten Aufgaben der Schulentwicklung ist. Somit wird die Personalentwicklung als Schlüssel zu einer gelungenen Schulentwicklung gesehen. Auch die Forderung von Michael Schratz und Tanja Westfall-Greiter zum Thema „Schulqualität sichern und weiterentwickeln" lautet:

> *„Um Lehrerinnen und Lehrer als Profis von Schule und Unterricht bei ihrer Entwicklungsarbeit zu unterstützen, ist es erforderlich, vorhandene Potenziale und Talente, Innovationsgeist, Kreativität, Wissen und andere Schlüsselqualifikationen zu entwickeln und zu fördern." (Schratz & Westfall-Greiter, 2010, S. 138)*

Um die Schlüsselfunktionen zu fördern und eine professionelle Entwicklung von Lehrpersonen zu ermöglichen, sind zielführende Personalentwicklungsmaßnahmen und der regelmäßige Einsatz von Personalentwicklungsinstrumenten eminent. Versteht man Personal- und Schulentwicklungsprozesse zunächst als reflektierte Wandlungsvorgänge von Lehrpersonen, dann steht und fällt eine gezielte Weiterentwicklung von Schule mit der Lernbereitschaft und -fähigkeit der einzelnen Lehrkraft und des jeweiligen Kollegiums. Das Lernen Erwachsener – hier: Lehrer lernen als Voraussetzung für Schulentwicklung – wird somit zu einem fundamentalen Begriff und essenziellen Parameter der Personalentwicklung (vgl. Haeffner, 2012, S. 7).

Die Untersuchungen und Theorien der Bildungsexpertinnen und -experten deuten in ihren Texten umfassend darauf hin, dass die Säule der Personalentwicklung ein grundlegendes Element der Schulentwicklung und unabdingbar in der heutigen Zeit ist. Diese Aufgaben sollten zu den Kernaufgaben in einer Schule zählen (vgl. Buhren & Rolff, 2009, S. 9). Expertinnen und Experten äußern sich zu dieser Thematik folgend: Bei den *„freien Trägern ist es bereits etwas anders." (Buhren & Rolff, 2009, S. 9)*

Die Bedeutung und der Stellenwert von Personalentwicklung in der Schule werden verstärkt – und auch, dass das eine Schlüsselfunktion in der Schulentwicklung haben soll. Und: *„Reden ist eine Sache; Handeln eine andere." (Hattie, 2016, S. 72) Auch der Ansatz von John Hattie „Visible Learning for Teachers" fordert ein: Um einen „reflexionsstarken Unterricht" (Hattie, 2016, U4)* zu ermöglichen, ist der Einsatz zielführender Personalentwicklungsinstrumente für Lehrpersonen eine wesentliche Komponente und Maßnahme in der Schulentwicklung sowie eine essenzielle Basissäule der Fort- und Weiterbildung von Lehrpersonen und Schulleitung. Manfred Becker meint auch, dass *„Personalentwicklung als Motor des Fortschritts"* in einem Unternehmen oder einer Schule fungiert. (…) *Vergleichende Untersuchungen, wie die PISA-Studie, bringen die Bedeutung des geistigen Kapitals in das Bewusstsein breiter Bevölkerungsschichten"* (Becker, 2009, S. 1), denn die aktuelle Forschungslage ist hinsichtlich der Aspekte in der Personalentwicklung noch nicht ausreichend.

Peter Suter äußert im Zusammenhang mit Untersuchungen in privaten Schulen Folgendes: *„Forschungen sind im deutschsprachigen Raum sehr rar, daher existieren bislang keine Antworten auf diese Fragen. (…) Insbesondere mangelt es an empirischen Studien, die sich auf der Mikroebene bewegen."* (Suter, 2013, S. 6)

Vor diesem Hintergrund möchte diese Arbeit die Personalentwicklung in den Blick nehmen und fokussiert im Speziellen Schulen in freier Trägerschaft. Die Begründung liegt darin, dass gerade in den letzten Jahren Schulen in freier Trägerschaft, auch als Alternativschulen bezeichnet, in den Mittelpunkt medialer und politischer Diskurse gekommen und auch bei Lehrpersonen immer wieder Gegenstand von Diskussionen sind. Außerdem gibt es zu diesem Thema kaum empirische Forschungen (vgl. Suter, 2013, S. 9).

Daher ist es im Interesse der Forscherin, mehr über die privaten Schulen in freier Trägerschaft in Österreich im Kontext der Personal- und Schulentwicklung zu erfahren, um auch Antworten auf Fragen und Determinanten für weitere Diskurse zu erhalten. Somit erhöht sich auch der Forschungsfundus hinsichtlich österreichischer Privatschulen in freier Trägerschaft.

Die Forschungsarbeit bezieht sich auf Lehrpersonen in Privatschulen in freier Trägerschaft, die dem Netzwerk des Bundesdachverbands mit dem Namen „Förderverband Freier Schulen“ angehören, und wurde in Zusammenarbeit mit der Interessenvertretung privater, nicht konfessioneller Bildungs- und Betreuungseinrichtungen Österreichs, abgekürzt „PBÖ“, durchgeführt.

Der Fokus liegt darauf, eine Ist-Analyse als eine Art Bestandsaufnahme zur Personalentwicklung in privaten Schulen in freier Trägerschaft zu erstellen und Wissen, aber auch Erfahrungen zur Personalentwicklung (als essenzielle Säule der Schulentwicklung) zu generieren.

Zielsetzung, Forschungsfragen und Thesen
In dieser Arbeit wird der Fokus auf folgende Fragenstellungen gelegt:

- Welche Bedingungen finden Lehrpersonen in privaten Schulen in freier Trägerschaft vor? (Bestandsaufnahme)
- Welche Perspektiven lassen sich für die Personalentwicklung herauslesen?
- Welche Personalentwicklungsinstrumente lassen sich daraus ableiten?

Ausgehend von den drei Fragestellungen, werden folgende korrespondierende Thesen aufgestellt:

(1) Personalentwicklung wird von den Lehrpersonen in privaten Schulen in freier Trägerschaft an sich positiv wahrgenommen.
(2) Es werden immer ähnliche Personalentwicklungsinstrumente herangezogen, so kommt zum Beispiel unter anderem das Mitarbeitergespräch als solches zum Einsatz.
(3) Aus zeittechnischen Gründen kommt Personalentwicklung an den Schulstandorten zu kurz.

Die Untersuchung verläuft in zwei Stufen: der Vor- und der Hauptstudie. Während die Vorstudie qualitatives Datenmaterial zur Datenauswertung heranzieht, wird in der Hauptstudie auf quantitative Forschungsmethoden des Fragebogens zurückgegriffen.

1.2 Aufbau und Konzeption der Forschungsarbeit

Die angeführte Tabelle skizziert im Überblick den Aufbau der Forschungsarbeit.

Tabelle 1: Aufbau der Forschungsarbeit

Zielsetzungen
Methodisches Vorgehen in der Forschungsarbeit • Aufbau • Merkmale • Bewertung
Theorie und Begriffsabgrenzungen • Privatschulen in freier Trägerschaft • Theoriegrundlage zur Personalentwicklung und Schulentwicklung
Auswertung • Interviews mit Lehrpersonen (qualitative Erhebung) • Fragebogen für Lehrpersonen (quantitative Erhebung)
Interpretation und Perspektiven • Interpretation und Schlussfolgerungen • Perspektiven der Forschung
Anlage • Quellen- und Literaturverzeichnis • Abkürzungs-, Abbildungs-, Tabellen- und Diagrammverzeichnis • Leitfadeninterview • Fragebogen

1.3 Ergebnisdarstellung

Die Ergebnisse werden in Form der Determinanten aus der qualitativen Befragung, den Leitfadeninterviews und der quantitativen Erhebung sowie dem schriftlichen Fragebogen dargestellt.

Mithilfe dieser Instrumente konnten verschiedene Bedingungen und Motive von Lehrpersonen in privaten Schulen in freier Trägerschaft aufgegriffen und auch in theoretischen Überlegungen im Kontext der Personalentwicklung dargestellt und diskutiert werden.

Aus Sicht der Autorin scheint diese Präsentation ein geeignetes Mittel zu sein, um die Ergebnisse dieser Untersuchung sichtbar zu machen.

Im Anschluss daran werden die Bedingungen erläutert, unter denen das sogenannte Resümee als Fundament der Schlussfolgerungen gezogen wurde. Daraus könnte man weiterführend eine zentrale Fragestellung oder ein neues Untersuchungsgebiet bzw. Forschungsfeld ableiten und diskutieren.

2. Methodisches Vorgehen in der Forschungsarbeit

In Kapitel 2 werden zunächst die theoretischen Hintergründe für das Leitfadeninterview und die Befragung zusammenfassend skizziert. Zusammenfassend werden im Überblick die Arbeitspakete und der zeitliche Ablauf der Forschungsarbeit skizziert.

2.1 Theoretische Hinweise zur qualitativen und quantitativen Befragung

Die beiden Befragungsformen, das Leitfadeninterview und der Fragebogen erschließen unterschiedliche Funktionen und Anwendungsbereiche.

> *„Während das standardisierte Interview vornehmlich der Messung relevanter Merkmale (zumeist im Endstadium einer Untersuchung) dient, verfolgt das nicht standardisierte Interview insbesondere der Exploration von Sachverhalten und der Ermittlung von Bezugssystemen der Befragten zu Beginn einer Untersuchung. (…) Vielmehr sind die Anwendungsbereiche verschieden und der jeweilige Einsatz wird durch Intention, Erkenntnisziel und Objektbereich im Einzelfall bestimmt." (Lamnek, 2010, S. 312)*

Das Leitfadeninterview (qualitative Befragung)
„Qualitative Interviews sind Kommunikationssituationen, das heißt, die entscheidenden Daten werden in einer hochkomplexen und die Subjektivität der Beteiligten einbeziehenden Situation generiert." (Helfferich, 2011, S. 9)

Der Begriff Leitfadeninterview basiert darauf, dass es sich hier um eine Interviewführung mit geringer Strukturierung handelt, sodass die Befragten die Gesprächsführung zum Teil selbst lenken können. *„Eine alte und zugleich moderne Methode, die sich heute großer Beliebtheit und Verbreitung erfreut, ist das Interview in seinen diversen qualitativen Formen." (Lamnek, 2010, S. 301)*

Das Leitfadeninterview ermöglicht, dass sich der *„Interviewer eines mehr oder weniger ausgearbeiteten Leitfadens zur Gestaltung bedient; ihm bleiben die Reihenfolge und Formulierung der Fragen im Wesentlichen selbst überlassen." (Lamnek, 2010, S. 674)*

Eine offene Gestaltung der Interviewsituation bietet die Chance, dass die Sichtweisen der Befragten eher zur Geltung kommen (vgl. Lamnek, 2010, S. 301).

Folgende Merkmale wurden bei der Konstruktion der Fragen berücksichtigt:

- Prinzip der Offenheit
- begrenzte Anzahl an Fragen
- formale Übersichtlichkeit und gute Handhabbarkeit

- Orientierung am „natürlichen" Erinnerungs- oder Argumentationsfluss
- kein Ablesen von Fragen
- Priorisierung von spontan produzierten Erzählungen (vgl. Lamnek, 2010, S. 322).

Im qualitativen Interview werden Themen offen angesprochen – mit dem Ziel, subjektive Sichtweisen der Befragten zu erhalten. *„Ein Leitfaden muss dabei so offen und flexibel wie möglich sein, aber gleichzeitig so strukturiert, wie es das Forschungsinteresse erfordert." (Lamnek, 2010, S. 322)*

Die vorgegebenen Fragen des Leitfadens dienen dazu, den inhaltlichen Rahmen für das Gespräch zu bilden und diesem gleichzeitig einen Impuls zu geben. Je nach Verlauf können ergänzende und klärende Fragen gestellt werden (vgl. Gläser & Laudel, 2009, S. 42).

„Um das Grundprinzip der Offenheit zu wahren und dennoch die für das Forschungsinteresse notwendige Strukturierung vorzugeben" (Helfferich, 2011, S. 182), wurde für die praktische Erstellung des Interviewleitfadens folgendes methodisches Vorgehen mit der Abkürzung (SPSS) vorgeschlagen und angewandt. Der Ansatz mit dem Kürzel „SPSS" umfasst die vier Schritte Sammeln, Prüfen, Sortieren und Subsumieren (vgl. Helfferich, 2011, S. 182).

Der Fragebogen (quantitative Befragung)

Die Befragung fungiert als das Standardinstrument der empirischen Sozialforschung (vgl. Raithel, 2008, S. 65).

> *„Das Ziel des quantitativen Paradigmas ist das „**Erklären**" der kulturell/sozial geschaffenen Wirklichkeit. Mithilfe quantifizierter Methoden werden Strukturen über überindividuelle Zusammenhänge und Regeln zwischen Begebenheiten aufgedeckt, indem soziale Gegebenheiten über einen Operationalisierungsvorgang messbar gemacht werden, um dann statistische Analysen anzuwenden." (Raithel, 2008, S. 11–12)*

Dieses Instrument ermöglicht es, mehrere Lehrpersonen in den privaten Schulen in freier Trägerschaft zu befragen, um in die Breite zu wirken. Der Vorteil der schriftlichen Befragung in Form eines Fragebogens ist, dass ein geringerer Zeitaufwand zur Befragung benötigt wird.

Der Fragebogen ist so konzipiert, dass Lehrpersonen circa zehn Minuten zur Beantwortung brauchen. Durch die vorgegebenen Fragestellungen wurden die Vergleichbarkeiten der Antworten und die Auswertungsobjektivität erhöht (vgl. Atteslander, 2010, S. 148).

Es wurde ein freies Feld hinzugefügt, um zum Thema eine eigene Eintragung machen zu können. *„Ein Befragungsinstrument muss sehr sorgfältig konstruiert* *werden, um Probleme, wie beispielsweise Antwortverzerrungen, so gering wie möglich zu halten." (Raithel, 2008, S. 67)*

Generell ist bei der sozialwissenschaftlichen Befragung darauf zu achten, dass die Antwortvarianz bei der Einstellung von Skalen hoch ist. Fragen, bei denen fast alle Antworten in ein und dieselbe Kategorie fallen, sind nicht weiter auswertbar (vgl. Raithel, 2008, S. 69).

Der Fragebogen gliederte sich in 4 inhaltliche Hauptkomplexe:

- Grunddaten zum Schulerhalter
- Basisinformationen zur Lehrperson
- Merkmale und Aufgaben der pädagogischen Arbeit
- Einsatz von Personalentwicklungsinstrumenten am Schulstandort
- Wünsche für Personalentwicklungsinstrumente zur Professionalisierung der pädagogischen Arbeit
- Perspektiven zur Personalentwicklung an den Schulstandorten

2.2 Forschungsdesign

Wie bereits im Kapitel 1 im Überblick vorgestellt, verläuft die Untersuchung in zwei Stufen: der Vor- und der Hauptstudie. Während die Vorstudie qualitatives Datenmaterial zur Datenauswertung heranzieht, wird in der Hauptstudie auf quantitative Forschungsmethoden des Fragebogens zurückgegriffen, um die zur Planung und Durchführung der Untersuchung gehörenden Schritte zu erheben (vgl. Lamnek, 2010, S. 666).

Der Zweck der Vorstudie ist, die Bedingungen für die Lehrpersonen und eine Bestandsaufnahme für das Arbeiten in Schulen in freier Trägerschaft, aber auch die Wahrnehmung und Einschätzung der Personalentwicklung zu erforschen. Die Auflagen, Eindrücke und Erfahrungen der Lehrpersonen hinsichtlich der Personalentwicklung und der Einsatz von Personalentwicklungsinstrumenten werden in der Hauptstudie erforscht.

Die nachstehende Tabelle skizziert das systematische Vorgehen. Das Forschungsdesign und die Untersuchungsinstrumente werden grafisch dargestellt.

Die Tabelle 2 zeigt, dass nach einer eingehenden Literaturanalyse die Auswertung der Erhebungen in der Vor- und Hauptstudie erfolgt.

2.2.1 Vorstudie – Leitfadeninterview

Mithilfe des Leitfadeninterviews mit Lehrpersonen in Privatschulen in freier Trägerschaft sollten eine Bestandsaufnahme der Anforderungen von

Tabelle 2: Darstellung des Forschungsdesigns

Literaturanalyse	
⇩	⇩
Vorstudie (qualitative Erhebung)	**Hauptstudie** (quantitative Erhebung)
Leitfadeninterview mit Lehrpersonen in privaten Schulen in freier Trägerschaft N = 5	**Fragebogen** an Lehrpersonen in privaten Schulen in freier Trägerschaft N = 78
Bestandsaufnahme; Welche Bedingungen (Motive) für die Arbeit und welche Wahrnehmungen/Meinungen zum Thema Personalentwicklung im Kontext der Schulentwicklung gibt es?	Bestandsaufnahme; Bedingungen von Lehrpersonen und Perspektiven der Personalentwicklung aus Sicht der Lehrpersonen Welche Personalentwicklungsinstrumente kommen zur Anwendung?
⇩	⇩
Auswertung und Analyse	
Ziele: Gewinnung von Erkenntnissen und Perspektiven, Generierung von Hypothesen zur Etablierung wirksamer Personalentwicklung und Anwendung von Personalentwicklungsinstrumenten	

Lehrpersonen an das Arbeiten in Schulen in freier Trägerschaft, aber auch die Wahrnehmung, Erfahrungen und Einschätzungen der Personalentwicklung erhoben werden.

Das qualitative Interview stellte offene Fragen und ließ Zeit und auch Raum für unerwartete Informationen. Subjektive Sichtweisen und die eigene Wirklichkeit konnten im Interview dargelegt werden. Je nach Gesprächsverlauf wurden auch oftmals ergänzende, klärende Nachfragen gestellt und sogar fallweise persönliche Erfahrungen und Zusammenhänge skizziert. Die vorgegebenen Fragen waren sogenannte Leitfäden, ein roter Faden diente als inhaltlicher Rahmen für die Unterredung und die Gesprächsimpulse.

Grundsätzlich hat die Interviewleiterin beschlossen, keinen vertiefenden Fokus auf die Beobachtung zu legen – außer, wenn eine auffällige Körperhaltung, Gestik oder Mimik im Zusammenhang mit Fragen festzustellen war, machte sie einen Vermerk. Die Gesprächsprotokolle der Interviews erklären, *„in welcher Form das Material der Untersuchung vorliegt." (Mayring, 2010, S. 53)*

Zielsetzung und Fragestellungen

Die Funktion der Vorstudie ist, aus den Daten der Interviews mit den Lehrpersonen die Bedingungen, Motive, Meinungen, Erfahrungen und Einschätzungen der befragten Lehrkräfte in privaten Schulen in freier Trägerschaft zu erheben – mit dem Ziel, eine Bestandsaufnahme zu den Forschungsfragen zu erhalten. Weiters sollen Fakten ermittelt werden, um daraus wirksame Personalentwicklungsinstrumente für Schulen in freier Trägerschaft abzuleiten. Grundsätzliche Informationen und Daten der Hauptstudie und der Fragebogenerstellung sind ebenfalls zu berücksichtigen. Die Vorgaben sind dabei, die Personalentwicklung in Schulen in freier Trägerschaft zu erforschen, den Ist-Zustand zu erkunden und Perspektiven daraus abzulesen.

Auch die Einschätzung und Erhebung von Annahmen und Visionen waren Bestandteile.

- *Welche Motive, Beurteilungen und Einstellungen zur Personalentwicklung sind zu finden?*
- *Welche Erwartungen haben Lehrpersonen hinsichtlich ihrer Professionalisierung und welche Personalentwicklungsinstrumente wünschen sie?*

Beschreibung und Tabelle der Stichproben

Bei den Befragten handelt es sich um Lehrkräfte, die sich an einer Privatschule in freier Trägerschaft für die ausgeschriebene Dienststelle einer klassenführenden Lehrperson beworben haben oder bei einem persönlichen Gesprächstermin vorstellig waren. Die Stichprobentabelle dient dazu, die herausgegriffene *„Teilmenge von Personen bzw. Untersuchungsobjekten, von der man auf die Gesamtmenge bzw. die darin herrschende Merkmalsverteilung schließen kann" (Lamnek, 2010, S. 680)*, zu veranschaulichen. Bei der Auswahl der Stichproben wurde auch darauf geachtet, Informationen für die Hauptstudie zu erhalten, um den Fragebogen darauf aufbauen zu können – mit dem Ziel, dass für die Hauptstudie eine schriftliche Befragung gemacht wird, um mehr Informationen hinsichtlich der privaten Schulen in freier Trägerschaft zu finden. Die Grundlage für die methodische Vorgehensweise der Datenanalyse zur Befragung bildet die qualitative Sozialforschung von Anselm L. Strauss (1998, S. 11 ff). Grounded Theory bedeutet, dass die empirischen Erkenntnisse systematisch und intensiv analysiert werden (vgl. Strauss, 1998, S. 51).

Stichprobentabelle

Tabelle 3: Stichprobentabelle – Leitfadeninterview

Interviewnummer	Alter der Befragten	Geschlecht	Grundausbildung (GA)/ Funktion an der privaten Schule Beschäftigungsausmaß	Pädagogischer Schwerpunkt der privaten Schule	Anzahl der Berufsjahre in privaten Schulen	Familiärer Status
Interview 1	42	weiblich	**Grundausbildung**: Sozialpädagogin **Funktion**: Lehrperson und pädagogische Leiterin an einer privaten Volksschule in freier Trägerschaft Vollzeit	Montessori-Schwerpunkt	3	verheiratet, Mutter zweier Kinder
Interview 2	44	weiblich	**Grundausbildung**: Lehramt für Volksschule **Funktion**: pädagogische Leiterin und Lehrperson Vollzeit	Montessori-Schwerpunkt	8	verheiratet, Mutter
Interview 3	39	männlich	**Grundausbildung:** Lehramt für Hauptschule **Funktion:** Lehrperson und pädagogische Leitung Vollzeit	Montessori-Schwerpunkt	8	verheiratet
Interview 4	37	weiblich	**Grundausbildung**: Lehrbefähigung an der Hochschule für Agrar- und Umweltpädagogik Wien **Funktion**: administrative Leiterin und Leiterin der Nachmittagsbetreuung Vollzeit	ganzheitliches Lehren und Lernen	5	verheiratet, Mutter

Interviewnummer	Alter der Befragten	Geschlecht	Grundausbildung (GA)/ Funktion an der privaten Schule Beschäftigungsausmaß	Pädagogischer Schwerpunkt der privaten Schule	Anzahl der Berufsjahre in privaten Schulen	Familiärer Status
Interview 5	45	weiblich	**Grundausbildung**: Sonderschullehramt **Funktion**: Lehrperson Teilzeit	Orientierung an der Montessori-Pädagogik	3	verheiratet, Mutter

Der Ansatz von Glaser und Strauss (1998, S. 53) wurde zur Datenerhebung herangezogen. Das Material wurde erhoben, kodiert, nach Schlüsselkategorien analysiert und verglichen. Grundsätzlich muss erwähnt werden, dass bei der Auswahl der Befragten kein gleiches Verhältnis zwischen weiblichen und männlichen vorliegt, da fast ausschließlich Lehrerinnen Gesprächs- und Bewerbungstermine nutzten.

Auf der Suche nach Gegenbeispielen wurde folgende Maximierung unterschiedlicher Indikatoren getroffen: weiblich versus männlich; Volksschullehrpersonen versus Hauptschullehrpersonen oder Lehrpersonen der NMS; Lehrpersonen mit Leitererfahrung versus Lehrpersonen ohne Leitererfahrung; Lehrpersonen als Elternteile versus Lehrpersonen, die keine Eltern waren.

Bewertung des Verfahrens

Die qualitative Befragung erwies sich als sehr hilfreich und nützlich, da unterschiedliche Einstellungen sichtbar wurden. Die Vorstudie in Form eines Leitfadeninterviews lieferte auch Informationen für die Hauptstudie, um aufbauende Daten in der schriftlichen Befragung zu etablieren.

Grundsätzlich wurde das Leitfadeninterview als sehr angenehm empfunden und es gab auch niemanden, der das Interview verweigert hätte. Je nach Gesprächsverlauf konnte in den jeweiligen Interviews direkt auf Äußerungen eingegangen und im Zuge der Befragung konnten Dinge abgeklärt werden, weil ein Nachfragen möglich war. Somit konnte die Interviewleiterin durch direkte Rückfragen ergänzende oder klärende Informationen zur Fragestellung erhalten. Der Interviewleitfaden mit den offenen Fragen diente dazu, um Gesprächsimpulse zu geben. Grundsätzlich war ein sehr guter Gesprächsfluss bei allen Interviews gegeben. Die qualitative Befragung forderte einen höheren

Zeitaufwand bei der Durchführung als eine standardisierte (vgl. Atteslander, 2010, S. 142).

Dies hatte aber den Vorteil, dass subjektive Meinungen der Befragten sichtbar wurden. Deshalb ist es sehr wichtig, dass für jedes Interview ein Interviewbericht angefertigt wird (vgl. Gläser & Laudel, 2010, S. 192).

Zwei wesentliche Merkmale konnten festgestellt werden: Erstens muss im Vorfeld ausreichend Zeit für die Vorbereitung und Durchführung des Interviews vorhanden und geplant sein. Zweitens fordern die Auswertung der einzelnen Interviews sowie danach das Reinschreiben der Protokolle eine hohe Form an Konsequenz und Konzentration, um eine systematische Bearbeitung des sprachlichen Materials zu erhalten (vgl. Mayring, 2010, S. 47).

Im Laufe der Interviews war festzustellen, wie bedeutend die Phänomene der Kommunikations- und auch Auffassungsfähigkeit sind. Diese Erfahrung kann mit der Theorie von Paul Watzlawick in Verbindung gebracht werden, die wie folgt lautet: *„Wir können nicht nicht kommunizieren.* Und: (…) *Wie wirklich ist die Wirklichkeit?" (Watzlawick, 2010, S. 147)* Jeder hat seine eigene Wirklichkeit und sein eigenes Bild sowie Verbindungen zu bestimmten Begrifflichkeiten und Zusammenhängen von Fragen. Der Forscherin ist aufgefallen, dass es einige Male wichtig war nachzufragen, um Transparenz bei der Antwort zu erzielen und Irritationen in den Gesprächsinhalten zu vermeiden. Die Klarheit der Fragen sowie die Länge der Fragestellungen sind sehr bedeutend. Je klarer die Fragen im Vorfeld formuliert werden, desto weniger Irritationen sind in den Interviews zu finden. *„Man darf aber auch nicht zu viele Verständnisfragen stellen. Häufige Verständnisfragen wirken blockierend und können den Interviewer pingelig oder begriffsstutzig erscheinen lassen." (Gläser & Laudel, 2010, S. 175)*

Grundsätzlich sind die Gespräche sehr gut verlaufen und es eröffnete sich auch die Chance, die Meinungen und Einstellungen verschiedener Menschen in Erfahrung zu bringen. Alle Interviews waren sehr ausführlich, die Befragten hatten vieles zu bereden und vermittelten mehr Informationen, als erwartet.

2.2.2 Hauptstudie – Fragebogen

Im anstehenden Kapitel wird die Hauptstudie vorgestellt. Einleitend wird das Forschungsdesign dargestellt. Im Anschluss wird die Bewertung des Verfahrens erörtert.

Zielsetzung und Fragestellung

Die quantitative Studie – die schriftliche Befragung – wurde über das Netzwerk des Förderverbands für private Schulen in freier Trägerschaft gemacht. Das eröffnete einen breiteren Zugang, um mehr Daten für die Forschungsarbeit zu erhalten.

Befragt wurden 78 Lehrpersonen, die dem Netzwerk des Bundesdachverbands mit dem Namen „Förderverband Freier Schulen" angehören – in Zusammenarbeit mit der Interessenvertretung privater, nicht konfessioneller Bildungs- und Betreuungseinrichtungen Österreichs, abgekürzt „PBÖ".

Mithilfe der Fragebögen an Lehrpersonen in privaten Schulen in freier Trägerschaft sollten folgende Fragen erhoben werden:

- Welche Bedingungen finden Lehrpersonen in privaten Schulen in freier Trägerschaft vor? (Bestandsaufnahme)
- Welche Perspektiven lassen sich für die Personalentwicklung herauslesen?
- Welche Personalentwicklungsinstrumente lassen sich daraus ableiten? (Mit dem Zweck, Beurteilungen zum Ist-Zustand zu erhalten)
- Was kennzeichnet die Personalentwicklung?
- Welche Personalentwicklungsinstrumente kommen zum Einsatz und wie werden diese betrieben?
- Welche Erwartungen und Wünsche waren wichtige Bestandteile?

Zugleich konnten Wünsche, eine Bestandsaufnahme etablierter Personalentwicklungsinstrumente und die Wahrnehmung der Personalentwicklung von Lehrpersonen in privaten Schulen in freier Trägerschaft erhoben werden. Ergänzend zur Befragung, konnten im ersten Teil demografische Daten, wie Form des Schulerhalters, pädagogische Positionierung der privaten Schule, erhoben werden.

Beschreibung der Stichproben

Der Zugang zur Datenerhebung von Lehrpersonen erfolgte über den Bundesdachverband mit dem Namen „Förderverband Freier Schulen" in Zusammenarbeit mit der Interessenvertretung privater, nicht konfessioneller Bildungs- und Betreuungseinrichtungen Österreichs, abgekürzt „PBÖ".

Die Onlinebefragung wurde über das Verteilernetzwerk der Bundesdachverbände an Lehrpersonen an unterschiedlichen Schulstandorten ausgesandt. Insgesamt haben 78 Lehrkräfte, die in den österreichweit verteilten Schulen arbeiten und den beiden Verbänden angehören, an der Befragung teilgenommen (N 78).

Es handelt sich um Lehrpersonal, das in einer Privatschule in freier Trägerschaft arbeitet – Lehrpersonen, die Schülerinnen und Schüler im Pflichtschulalter in der Grund- und/oder Sekundarstufe unterrichten. Die Grundstufe umfasst die erste bis vierte Schulstufe und die Sekundarstufe die fünfte bis achte Schulstufe. Die pädagogische Arbeit dieser Unterrichtenden ist von unterschiedlichen pädagogischen Schwerpunkten gekennzeichnet. Etabliert sind heterogene Ansätze der Reformpädagogik, wie z. B. Montessori- oder Waldorfpädagogik, oder eine weiterentwickelte pädagogische Ausrichtung.

Um möglichst viele Lehrpersonen zu erreichen, wurden mehrere Varianten angeboten, auf die der Fragebogen beantwortet werden konnte. Teilnehmer, welche die Befragung aus EDV-technischen Gründen nicht online durchführen konnten, hatten die Möglichkeit, die Unterlagen auch auszudrucken, händisch auszufüllen und entweder eingescannt an das genannte E-Mail-Postfach oder auf postalischem Weg an die angeführte Adresse zurückzusenden.

Bewertung des Verfahrens

Grundsätzlich wurde dieses Vorhaben nach der Erstinformation durch den Dachverband und der Bitte, an der Befragung teilzunehmen, generell befürwortet. Wobei seitens des Dachverbands eingangs erwähnt wurde, dass nicht in Erfahrung gebracht werden konnte, inwieweit die Schulleitungen die Informationen zur Teilnahme an der Befragung an die Lehrpersonen weiterleiten und wie viele Lehrpersonen teilnehmen würden. Insgesamt haben 78 Lehrpersonen aus unterschiedlichen Standorten teilgenommen. Warum nicht alle Lehrpersonen den Fragebogen erhalten haben, konnte die Forscherin trotz mehrmaliger Recherche und Anfrage nicht erheben.

Grundsätzlich kann festgestellt werden, dass trotz dieses heterogenen Forschungsfeldes die quantitative Befragung von Lehrpersonen das Gesamtbild abrundete.

Die zurückgesandten Fragebögen wurden kodiert und anonymisiert gesichert. Bei der Aufbereitung und Analyse der Daten wurde auf das Statistik-Programm LamaPoll zurückgegriffen. Um einen quantifizierten Überblick zu erhalten, erfolgte zunächst eine deskriptive, invariante Auswertung der einzelnen Items. Nach der Betrachtung derselben wurden anhand von Balkentabellen mehrere Variable in Relation gesetzt.

Grundsätzlich zeigte sich während der Onlinebefragung ein besonderes Phänomen: Trotz moderner Technik und einfacher Handhabung der Onlinebefragung haben überraschend viele Lehrpersonen die Fragebögen händisch ausgefüllt und postalisch zurückgesandt.

3. Theoretischer Kontext: Exploration Theorie und Begriffe

Das Ziel in diesem Kapitel ist es, die theoretischen Zusammenhänge und Phänomene, die hinter den verwendeten Begrifflichkeiten stecken, abzuklären.

3.1 Private Schulen in freier Trägerschaft

3.1.1 Einleitung

Privatschulen in freier Trägerschaft gibt es sowohl in Österreich als auch international. *„In vielen Ländern, wie etwa den USA, bilden Privatschulen feste Bestandteile des Bildungswesens – und das schon ab der Primärstufe."* (Suter, 2013, S. 9) Sie haben sich einen eigenen Platz in der Bildungslandschaft erobert und zeichnen sich durch ihre Vielfalt aus. Privatschulen in freier Trägerschaft werden oftmals auch als Alternativschulen bezeichnet (vgl. Eberhart & Kapelari, 2010, S. 10).

Der Begriff „alternativ" bezieht sich auf die Zielsetzung, eine Alternative zum herkömmlichen Schulwesen anzubieten, und sagt nichts darüber aus, ob eine Privatschule gemeinnützig ist, was für die meisten österreichischen und auch deutschen Privatschulen zutrifft. Gleichwertige und mittlerweile ebenso übliche Bezeichnungen für Privatschulen sind freie Schulen, Alternativschulen oder Schulen in freier Trägerschaft. Der Begriff „frei" beschreibt die Freiheit (Autonomie), eigene Organisations-, Arbeits- und Lernformen zu entwickeln. *„Sie sind vorbildlich in ihrer gelebten Autonomie und dem großen Einsatz, den sowohl Eltern als auch Lehr- und Begleitpersonen erbringen." (Eberhart & Kapelari, 2010, S. 10)*

Diese privaten Schulen *„sind frei von engen Vorgaben des staatlichen Schulsystems, obgleich sie gesetzlichen Mindeststandards unterliegen." (Eberhart & Kapelari, 2010, S. 13)*

Das anstehende Kapitel skizziert im Überblick die prägenden Merkmale der internationalen Entwicklung und taucht in die Bildungsgeschichte der Privatschulen in freier Trägerschaft ein.

3.1.2 Internationale und historische Entwicklung

In der zweiten Hälfte des 19. Jahrhunderts hat in Europa eine umfassende internationale Bewegung der sogenannten privaten Schulen in freier Trägerschaft unter dem verwendeten Begriff der Alternativschulen begonnen. Einer der ersten Pioniere dieser Initiative war der Gründer der ersten Freien Schule, Leo Tolstoi. Er leitete auf seinem Landsitz in Russland eine Schule. Diese Reformbewegung entwickelte sich im Laufe der Zeit in sehr unterschiedliche Richtungen und einige dieser Schulen hielten das Ideal der demokratischen Erziehung hoch. Somit entwickelte sich ein Demokratiemodell, welches sehr eng in der Beziehung zu Jean-Jacques Rousseau und auch Karl Marx stand (vgl. Eberhart & Kapelari, 2010, S. 26 ff).

„Rousseau und Leo Tolstoi gehören zu den ersten Reformern, welche die natürliche Neugier des Kindes betonten." (Eberhart & Kapelari, 2010, S. 26) Mit dieser Aussage äußerte Rousseau, dass der Mensch schon von Geburt an mit individuellen Anlagen ausgestattet ist. Auf diese Erkenntnis stützte er seine Theorie, dass es wichtig ist, dass das Kind – der junge Mensch – die Chance erhält, sich auf natürliche Weise zu entfalten, und *„vielfältige Sinneserfahrungen für die kindliche Entwicklung bedeutsam sind. (…) Und den heute viel zitierten Spruch: ‚Lernen mit Kopf, Herz und Hand' verdanken wir dem Pädagogen Johann Heinrich Pestalozzi." (Liebertz, 2007, S. 24)*

Dieses Menschenbild wurde von den Reformbewegungen weltweit aufgenommen und hat sich in den pädagogischen Modellen der privaten Freien Schulen erprobt (vgl. Eberhart & Kapelari, 2010, S. 26).

Unter anderem ist eine der bekanntesten Freien Schulen mit einer modernen Prägung die „Summerhill School" in England. Summerhill ist eine der ältesten und bekanntesten demokratischen Schulen in England (vgl. Eberhart & Kapelari, 2010, S. 27).

Der Prototyp wurde im Jahr 1921 gegründet. Die Schule hat den Status einer privaten Internatsschule, in der ca. 40 bis 60 Mädchen und Jungen aus verschiedenen Nationalitäten im Alter von 5 bis 17 Jahren, also bis zur Reifeprüfung, unterrichtet werden. Zusammenfassend kann dargestellt werden, dass die intensivste Gründungszeit der Reformbewegung in den 60er-, 70er- und 80er-Jahren des vorigen Jahrhunderts lag und viele in dieser Zeit ins Leben gerufene Schulen heute nicht mehr existieren. Die autoritären Gesellschaftssysteme zu überwinden, war der Anstoß zu dieser Bewegung. Ein prägendes geschichtliches Ereignis in der Bildungsgeschichte war die deutsche Studentenbewegung. Ende der 70er- und 80er-Jahre ging die Zahl derartiger revolutionärer Bewegungen zurück und es wurden auch kaum mehr neue gegründet. Ein wesentlicher Grund dafür war, dass diese Modelle aufgrund finanzieller und administrativer Hindernisse nicht nachhaltig waren (vgl. Eberhart & Kapelari, 2010, S. 26 ff).

> *„Die derzeitige Zunahme von Neugründungen Freier Schulen ist weniger spektakulär, dafür aber beständiger. (…) Es ist schwer möglich, ihre aktuell gültige Anzahl weltweit zu bestimmen, da es kein flächendeckendes Netzwerk von Dachverbänden gibt. Gegenwärtig ist die Mehrheit der Freien Schulen in Europa und Nordamerika zu finden." (Eberhart & Kapelari, 2010, S. 27–28)*

Daraus kann die Erkenntnis geschlossen werden, dass man aus den Erfahrungen anderer Schulen gelernt hat und es auch Interessenvertreter, wie zum Beispiel die Bundesdachverbände, gibt, welche auf die Anliegen auf politischer Ebene aufmerksam machen und diese vertreten (vgl. Eberhart & Kapelari, 2010, S. 28).

Im Vergleich dazu gab das Statistische Bundesamt in Wiesbaden im Dezember 2008 bekannt, dass die Zahl der Privatschülerschaft, also der Schüler und Schülerinnen, von 1992 bis 2008/2009 um mehr als die Hälfte gestiegen war. *„Dem Privatschulwesen in Deutschland kommt damit eine faktisch angestammte und keinesfalls unbedeutende Rolle zu." (Haeffner, 2012, S. 13)*

Wobei hier vermerkt werden muss, dass es keine statistische Angabe gibt, die ausschließlich Bezug auf die privaten Freien Schulen nimmt, sondern es sich um eine statistische Auswertung der Privatschulen handelt, welchen die beiden großen Kirchen (römisch-katholische und evangelische Religionsgemeinschaft) neben dem Verband der privaten Schulen in freier Trägerschaft zugehörig sind (vgl. Haeffner, 2012, S. 13).

> *„In der Schweiz hingegen ist die Volksschule tief in der Gesellschaft verankert und nimmt eine klare Monopolstellung ein. Während die öffentlichen Schulen einen guten Ruf haben, muten Privatschulen eher elitär an. (…) Die Debatte um Privatschulen ist unweigerlich mit dem Politikum der freien Schulwahl verbunden." (Suter, 2013, S. 9)*

Zudem fehlt international ein breiter Forschungsfundus, denn *„Forschungen zu Privatschulen sind im deutschsprachigen Raum sehr rar, daher existieren bislang keine Antworten auf diese Fragen." (Suter, 2013, S. 5)*

Im anstehenden Kapitel werden die rechtlichen Grundlagen und Rahmenbedingungen abgegrenzt und einander gegenübergestellt, um die juristische Ausgangslage dazustellen.

3.1.3 Rechtliche Grundlagen und Rechtsvorschriften

Eine Privatschule in freier Trägerschaft ist eine Schule, die sich im Gegensatz zur Schule in öffentlicher Trägerschaft in der Verantwortung eines freien (nicht staatlichen) Schulträgers befindet. Das Privatschulgesetz und das Grundgesetz bilden die juristische Ausgangslage für das Verhältnis von Staat und Schule in Österreich (vgl. ÖGSR, 2008, S. 3).

Die rechtliche Basis bildet das österreichische Privatschulgesetz. Privatschulen sind in Österreich nach dem Privatschulgesetz (PrivSchG), BGBl. Nr. 244 (1962), in der geltenden Fassung geregelt. Die grundsätzlichen Regelungen gehen auf das Provisorische Gesetz über den Privatunterricht vom 27. Juni 1850 zurück. Juristisch wird grundsätzlich gemäß Privatschulgesetz zwischen

Privatschulen von gesetzlich anerkannten Kirchen und Religionsgesellschaften (§ 17 PrivSchG) sowie Privatschulen in freier Trägerschaft (§ 14 Abs. 2. lit. b PrivSchG) unterschieden.

Privatschulen in freier Trägerschaft mit Öffentlichkeitsrecht werden auch als sogenannte Statutschulen bezeichnet. Darunter versteht man, dass ein privater Träger (Schulerhalter) ein Organisationsstatut beim Bundesministerium einreicht, welches den rechtlichen Vorgaben laut den Auflagen des Bundesministeriums für Bildung und Frauen entsprechen muss. Schulerhalter können ein österreichischer Staatsbürger und andere inländische juristische Personen sein. Es folgt ein Verweis auf die Rechtsvorschriften, die sich in ihren Genehmigungsverfahren jedoch an die vorgegebenen Grundsätze und Rahmenbedingungen des Privatschulgesetzes halten müssen: Die Genehmigung muss erteilt werden, wenn die gesetzlichen Grundlagen gemäß Privatschulgesetz zur Errichtung und Anzeige sowie zum operativen Betrieb erfüllt werden und, wie juristisch formuliert, im Vergleich zu den öffentlichen Schulen mindestens gleichwertig sind. Somit bilden das Organisationsstatut, der Lehrplan, die Lehrpersonen und das Schulareal die Grundlagen, um das Öffentlichkeitsrecht für ein Schuljahr zu erhalten. Die Begriffsbestimmung wird im Privatschulgesetz im § 2 wie folgt definiert:

(1) *Schulen im Sinne dieses Bundesgesetzes sind Einrichtungen, in denen eine Mehrzahl von Schülern gemeinsam nach einem festen Lehrplan unterrichtet wird, und im Zusammenhang mit der Vermittlung von allgemeinbildenden oder berufsbildenden Kenntnissen und Fertigkeiten ein erzieherisches Ziel angestrebt wird.*

(2) *Ein erzieherisches Ziel ist gegeben, wenn außer den mit der Erwerbung von Kenntnissen und Fertigkeiten an sich verbundenen Erziehungszielen die Festigung der charakterlichen Anlagen der Schüler in sittlicher Hinsicht bezweckt wird.*

(3) *Privatschulen sind Schulen, die von anderen als den gesetzlichen Schulerhaltern errichtet und erhalten werden (Artikel 14, Abs. 6 und 7 des Bundes-Verfassungsgesetzes in der Fassung von 1929 und in der Fassung des Bundesverfassungsgesetzes vom 18. Juli 1962, BGBl. Nr. 215).*

(4) *Eine Lehrbefähigung im Sinne dieses Bundesgesetzes liegt bei Erfüllung der für ein öffentlich-rechtliches oder ein privatrechtliches Dienstverhältnis erforderlichen besonderen Ernennungs- bzw. Anstellungserfordernisse vor.“ (BGBl. Nr. 244)*

Auszug aus dem Schulpflichtgesetz und Schulorganisationsgesetz

Die allgemeine Schulpflicht kann durch den Besuch von Schulen, die keiner gesetzlich geregelten Schulart entsprechen, erfüllt werden, wenn 1) dies in zwischenstaatlicher Vereinbarungen vorgesehen ist, oder 2) in dem vom Bundesministerium für Bildung und Frauen erlassenen oder genehmigten Organisationsstatut (§14 Abs. 2 lit. b des Privatschulgesetzes, BGBI. Nr. 244/1962, idgF.) die private Schule als zur Erfüllung der Schulpflicht anerkannt wird und die Schule Öffentlichkeitsrecht besitzt (vgl. Eberhart & Kapelari, 2010, S. 184).

Die rechtliche Basis der Gründung und Gestaltung privater Bildungseinrichtungen in Österreich ist im *Schulorganisationsgesetz* und im *Schulunterrichtsgesetz* geregelt.

> *Im Schulunterrichtsgesetz beschreibt der § 2 die Aufgaben der österreichischen Schulen. Zu diesen gehören zwar Privatschulen mit einer öffentlichen Schulartbezeichnung […], nicht aber der häusliche Unterricht oder Privatschulen (mit oder ohne Öffentlichkeitsrecht). In den jeweiligen rechtlichen Bestimmungen zum Privatschulwesen und häuslichen Unterricht wird aber immer wieder auf die Gleichwertigkeit des Unterrichts und der erzieherischen Aufgaben hingewiesen. (Eberhart & Kapelari, 2010, S. 181)*

Hinweise zum Staatsgrundgesetz und Privatschulgesetz

Das Staatsgrundgesetz und das Privatschulgesetz unterscheiden drei Formen von privater Bildung: 1) häuslichen Unterricht, 2) freie Privatschulen ohne Öffentlichkeitsrecht und 3) Privatschulen mit Öffentlichkeitsrecht als sogenannte Statutschulen. Die im Anschluss angeführte Tabelle skizziert die rechtlichen Merkmale dieser drei Formen.

Hinweise zum Öffentlichkeitsrecht – die Voraussetzung für Subventionen

Wie bereits im vorgehenden Kapitel dargestellt, bilden das Organisationsstatut, der Lehrplan, die Lehrpersonen und das Schulareal die Grundlagen, um die Verleihung des Öffentlichkeitsrechtes für ein Schuljahr zu erhalten. Die gängige Rechtsvorschrift und die Praxis der Schulaufsicht bei der Genehmigung von Privatschulen in freier Trägerschaft in Österreich können folgendermaßen beschrieben werden: Statutschulen müssen nach Genehmigung des Organisationsstatuts jedes Jahr um die Verleihung des Öffentlichkeitsrechts ansuchen, bis sie alle Schulstufen einmal laut Organisationsstatut durchgeführt haben – mit dem Vermerk, dass keine gravierenden Mängel in der Umsetzung festgestellt wurden. Ein Beispiel dazu: Hat eine Privatschule acht Schulstufen geplant, dann ist jährlich um das Öffentlichkeitsrecht anzusuchen – so lange, bis alle acht Schulstufen durchlaufen wurden. Ist nach diesem Zeitraum der Unterrichtserfolg gegeben, das

Tabelle 4: Rechtliche Merkmale privater Bildung

Form der privaten Bildung	Rechtliche Merkmale
Häuslicher Unterricht	*Das Schulpflichtgesetz (*BGBl. Nr. 76/1985), verankert in § 11 bis 13 die Rechtsvorschriften zur Erfüllung der allgemeinen Schulpflicht (vgl. Bundeskanzleramt der Republik Österreich, 2017). *„In Österreich existiert Schulpflicht, die aber aufgrund der Regelungen zum häuslichen Unterricht als Unterrichtspflicht verstanden wird." (Eberhart & Kapelari, 2010, S. 182)* Die Rechtsvorschrift zur Regelung der Bildung sieht vor, dass Schülerinnen und Schüler auch außerhalb von Schulen unterrichtet werden können – unter der Voraussetzung, dass die Schülerinnen und Schüler am Ende des Schuljahres eine kommissionelle Prüfung, also Externistenprüfung, ablegen müssen. Die Grundlage der Testinhalte stammt aus dem jeweiligen Lehrplan – mit dem Vermerk, dass die Schulpflicht aber nur dann erfüllt werden kann, wenn der Unterricht jenem an einer allgemeinbildenden Pflichtschule mindestens gleichwertig ist. *„Der häusliche Unterricht schränkt nicht die Möglichkeit ein, mehrere Kinder gemeinsam zu unterrichten." (Eberhart & Kapelari, 2010, S. 182)*
Freie Privatschulen ohne Öffentlichkeitsrecht	Die freie Privatschule ohne Öffentlichkeitsrecht muss *„relativ wenige Auflagen erfüllen, kann nach einem eigenen Lehrplan vorgehen, darf jedoch keine rechtsgültigen Zeugnisse ausstellen." (Eberhart & Kapelari, 2010, S. 182)* Die Schülerinnen und Schüler müssen am Jahresende, so wie im häuslichen Unterricht, ihre Fähigkeiten an einer öffentlichen Schule nachweisen und in Form einer Prüfung absolvieren. Fällt diese positiv aus, dann dürfen die Schülerinnen und Schüler weiterhin die Privatschule besuchen. Ist jedoch kein positiver Prüfungsabschluss gegeben, dann werden sie gezwungen, sich in einer öffentlichen Schule einzutragen (vgl. Eberhart & Kapelari, 2010, S. 182).
Freie Privatschulen mit Öffentlichkeitsrecht (Statutschulen)	Wie bereits erwähnt, werden diese privaten Schulen vor dem Gesetz auch noch als sogenannte Statutschulen bezeichnet. Das heißt, ein privater Träger (wie z. B. ein Schulverein, eine gemeinnützige GmbH) reicht beim Bundesministerium ein Organisationsstatut ein, sodass entsprechende Vorgaben, wie im Kapitel 3.1. erläutert, zu erfüllen sind. *„Die Verleihung des Öffentlichkeitsrechtes ist seitens des Bundesministeriums für Bildung, Wissenschaft und Kultur nur dann auszusprechen, wenn sämtliche in § 14 PrivSchG genannten Bedingungen erfüllt sind. Es handelt sich hierbei einerseits um Bedingungen, welche in den Personen des Schulerhalters (bei juristischen Personen dessen vertretungsbefugte Organe),*

Form der privaten Bildung	Rechtliche Merkmale
	des Schulleiters und der Lehrer vorliegen müssen, und andererseits um einen entsprechenden Unterrichtserfolg. Bei Privatschulen, die keiner öffentlichen Schulart entsprechen („Statutschulen"), ist darüber hinaus erforderlich, dass die Organisation, der Lehrplan und die Ausstattung der Schule sowie die Lehrbefähigung des Leiters und der Lehrer mit einem von der Bundesministerin für Bildung, Wissenschaft und Kultur erlassenen oder genehmigten Organisationsstatut übereinstimmen." (BMBF, 2004). Das Privatschulgesetz regelt in § 4 bis 9 die rechtlichen Angaben, die das Organisationsstatut beinhalten muss, um eine öffentliche Anerkennung zu erhalten. Das Organisationsstatut muss folgende Angaben beinhalten, um eine Genehmigung des Öffentlichkeitsrechts zu erhalten: • Name, Bezeichnung, Standort und Schulerhalter der privaten Schule • Aufgaben der Schule, pädagogisches Leitbild und Philosophie • Aufbau und Gliederung • Schulräume, Ausstattung und Lehrmittel • Angaben zu Schulleitung und Lehrpersonen • Aufnahmevoraussetzungen für Schülerinnen und Schüler • Schülergruppenanzahl, Lehrplan und Unterrichtssprache • Leistungsbeurteilung • Schulzeit, Schulordnung, Schulveranstaltung, Lehrerkonferenzen und Angaben zur Erfüllung der Schulpflicht (vgl. BGBl. Nr. 244, 1962).

heißt, hat die Privatschule für alle acht Schuljahre nach jährlichem Ansuchen das Öffentlichkeitsrecht erhalten, kann der Privatschule das Öffentlichkeitsrecht auf Dauer verliehen werden. Das wird dann als permanentes Öffentlichkeitsrecht bezeichnet. Dabei geht es nicht nur um die Erreichung der Bildungsziele der entsprechenden privaten Schulen, sondern auch um die Erfüllung der integrierten Lehrpläne (vgl. Eberhart & Kapelari, 2010, S. 185).

Das Öffentlichkeitsrecht ist die Voraussetzung für eine private Schule in freier Trägerschaft, um die Chance auf eine anteilige Subventionierung zu erhalten. In der Finanzierung unterscheidet das Bundesministerium für Bildung und Frauen zwischen konfessionellen und nicht konfessionellen Schulen, als Beispiel private katholische, evangelische und solche anderer anerkannten Religionsgemeinschaften. Konfessionelle Schulen werden im Konkordat geregelt und vom Bundesministerium teilfinanziert. Das heißt, in den meisten Fällen werden die Personalkosten der Lehrpersonen übernommen. Weiters gibt es noch zusätzliche Förderungen von Bund, Land und/oder Gemeinden. Privatschulen in freier Trägerschaft mit Öffentlichkeitsrecht haben hingegen keinen Anspruch auf Übernahme der Personalkosten. Die Subventionszuwendungen für die Privatschulen in freier Trägerschaft sind jährliche anteilige Beträge pro Schülerin, Schüler und Schuljahr. Eine Grundvoraussetzung für den Erhalt dieser finanziellen Zuwendung ist, dass die Privatschule das Öffentlichkeitsrecht für das jeweilige Schuljahr erhalten hat. Subventionen werden immer im Nachhinein zugewiesen (vgl. Eberhart & Kapelari, 2010, S. 183).

Um ein aktuelles Vergleichsbeispiel zum vorhin angeführten Kapitel zu erhalten, wurde zur Darstellung dieser Thematik ein Informationsgespräch mit den jeweiligen Vorsitzenden der Bundesdachverbände geführt, um aktuelle Zahlen zur Bundesförderung zu erlangen. Die Bundesdachverbände, wie der „Förderverband Freier Schulen" sowie die „PBÖ" für private Schulen in freier Trägerschaft in Österreich, versuchen schon seit Jahren, eine gesetzliche Gleichstellung zu erreichen.

> *„Freie Schulen erhalten nur ca. ein Zehntel jener Gelder, die vom Staat für öffentliche und konfessionelle Schulen aufgebracht werden, der Rest muss vom Schulerhalter getragen werden. Als Beispiel für das Schuljahr 2015/2016 haben die Privatschulen in freier Trägerschaft mit Öffentlichkeitsrecht im Pflichtschulbereich genau 751,88 Euro pro Schülerin, Schüler und Jahr erhalten. Nun fordern wir für unsere Privatschulen in freier Trägerschaft eine Gleichstellung mit den katholischen und evangelischen Schulen, damit ihre Lehrerkosten übernommen werden." (Förderverband Freier Schulen, 2017)*[2]

Ob eine private Schule im laufenden Betrieb das Öffentlichkeitsrecht erhält, wird von der Schulaufsicht der Landes- und/oder Bezirksinspektoren geprüft.

Aufgaben der Schulaufsicht und Merkmale der Errichtungsanzeige

Die Aufsicht über Privatschulen ist auch im Privatschulgesetz geregelt und betrifft zum einen die Anzeige der Errichtung einer Privatschule und zum anderen Aufgaben, die während des laufenden Schulbetriebs zu erledigen sind. Die Schulaufsicht prüft die bauliche Eignung des Schulgebäudes nach der Errichtungsanzeige, im Anschluss die Kompetenz der Schulleitung und der Lehrpersonen sowie die Organisation, den Lehrplan, die Ausstattung der Schule und den Unterrichtserfolg entsprechend dem eingereichten Organisationsstatut.

Im laufenden Schulbetrieb erhebt die Schulbehörde am Schulbeginn alljährlich die Gesamtschülerzahlen, die Anzahl der Lehrpersonen und die Einhaltung

2 Expertengespräch mit der Verbandsleitung am 20.03.2017 um 13:45 Uhr.

des Schulzeitgesetzes. Hat eine private Schule das Öffentlichkeitsrecht noch nicht auf Dauer, so hat die Schulleitung am Schulbeginn ein schriftliches Ansuchen auf das Öffentlichkeitsrecht für das laufende Schuljahres zu stellen. Zugleich muss die Privatschule während des laufenden Schuljahres einen Schülerzugang und/oder Schülerabgang in eine andere Schule oder einen Personalwechsel auf Schulleiterebene oder beim Lehrpersonal während des laufenden Schuljahres umgehend der Landesbehörde melden (vgl. MeineSchule1, 2012, S. 15).

Die Errichtungsanzeige zur Gründung einer Privatschule ist beim zuständigen Landesschulrat anzuzeigen. Die zeitliche Vorgabe zur Errichtungsanzeige ist in § 7 Abs. 1 des Privatschulgesetzes verankert. Zur Errichtungsanzeige müssen alle relevanten Unterlagen miteingereicht werden. Die zuständige Abteilung beim Landesschulrat (Rechtsabteilung) prüft die Unterlagen und gibt die Meldung an die Landes- und Bezirksinspektoren weiter. Mit der Errichtungsanzeige müssen folgende Unterlagen eingereicht werden: ein formloses Schreiben zur Errichtung/Anzeige der Privatschule, das Organisationsstatut und der Prüfbericht zum Liegenschaftsobjekt (Schulgebäude). Der Prüfbericht muss ein baubehördliches Gutachten 1. Instanz, sicherheitstechnische Maßnahmen und eine Feuerbeschau nachweisen.

Die Aufgabe der Landes- und Bezirksinspektoren ist es, eine Begehung und Prüfung des Schulgebäudes zu machen und die Ergebnisse anschließend in einem Prüfbericht festzuhalten. Ist dieser Termin positiv verlaufen und wurden keine Mängel beanstandet, dann folgt die Mitteilung an den zuständigen Landesschulrat, dass die Errichtungsanzeige gemäß § 7 des Privatschulgesetzes nicht untersagt wurde.

Die Unterlagen der Errichtungsanzeige werden dann an die zuständige Abteilung des Bundesministerium für Bildung und Frauen (Abt. III/3a) weitergeleitet und müssen bis spätestens 15. April des laufenden Jahres beim Bundesministerium eingelangt sein.

Die Aufgabe der zuständigen Abteilung im Bundesministerium ist es, das Organisationsstatut nach den Rechtsvorschriften des Privatschulgesetzes zu prüfen. Erfüllt das Organisationsstatut die rechtlichen Angaben, dann erhält der Träger der Schule die Genehmigung in Form eines Bescheides gemäß § 14 Abs. 2 lit. b Privatschulgesetz, BGBI. Nr. 244/1962, in der geltenden Fassung.

Der Bescheid beinhaltet den Spruch zum Ansuchen, die Begründung zur Rechtsform und den Hinweise auf Rechtsmittelbelehrung.

Daraufhin ist der Schulerhalter berechtigt, die Schule laut den Angaben des Organisationsstatuts zu starten und operativ tätig zu sein (vgl. Schmolmüller, 2017, S. 29).

Die juristischen Anforderungen zur rechtlichen Grundlage bilden die Basis, um die behördliche Genehmigung zur Errichtung einer privaten Schule sowie das Öffentlichkeitsrecht zu erhalten. *„Heute sind [sic!] der Großteil der* *österreichischen Freien Alternativschulen Privatschulen mit Öffentlichkeitsrecht." (Eberhart & Kapelari, 2010, S. 183)*

Im anstehenden Kapitel werden wesentliche Merkmale der pädagogischen Tätigkeit von privaten Schulen in freier Trägerschaft vorgestellt.

3.1.4 Wesentliche Merkmale der pädagogischen Arbeit

Die Gestaltung des Lernangebots richtet sich nach den individuellen Entwicklungszyklen der Schülerinnen und Schüler und die Lehrpersonen sind pädagogische Experten, die das Lernangebot ganzheitlich organisieren und die Schülerinnen und Schüler beim Lernen und Wachsen begleiten – mit dem Ziel, einen Lernzuwachs im Sinne der Fach- und Selbstkompetenz der Schülerinnen und Schüler zu erreichen (vgl. Schmolmüller, 2017, S. 131ff).

Pädagogische Ansätze im Überblick

Im folgenden Abschnitt werden die Reformlinien beschrieben, welche in den privaten Schulen mit Öffentlichkeitsrecht Anwendung finden. Die Merkmale der einzelnen Ansätze werden im Überblick skizziert und zusammenfassend in der angeführten Tabelle (Tabelle 5) dargestellt. Grundsätzlich muss eingangs dargelegt werden, dass sich die Privatschulen in freier Trägerschaft untereinander in vielen Bereichen unterscheiden, sodass eine einheitliche Beschreibung fast nicht möglich ist. Daher werden die wesentlichen Merkmale und pädagogischen Grundlagen zusammengefasst. Das wesentliche gemeinsame Leitprinzip dieser privaten Bildungseinrichtungen besteht darin, dass Lehren und Lernen als ganzheitliche Entwicklungsprozesse verstanden werden, das Kind – der junge Mensch – mit seinen individuellen Bedürfnissen und Entwicklungszyklen in seiner Ganzheit wahrgenommen wird und darauf ganzheitliches Lehren und Lernen aufbaut (vgl. Schmolmüller, 2017, S. 134).

> *„Das Phänomen des ganzheitlichen Lernens ist keine Neuerfindung, sondern eine wiederentdeckte Forderung." (Schmolmüller, 2017, S. 136)*

Die anstehende Tabelle stellt im Überblick Merkmale der pädagogischen Schwerpunkte vor.

Diese pädagogischen Ansätze sind häufig als Mischformen in den privaten Schulen zu finden. Es gibt Schulen, die sich nicht auf einen Gründer berufen, sondern sich in der pädagogischen Arbeit weiterentwickelt haben und lieber eine eigene pädagogische Richtung und Linie gestalteten als *„eine Zusammenschau vieler Reformbewegungen." (Schmolmüller, 2017, S. 30)*

Es gibt innerhalb der Privatschulen nicht nur Unterschiede hinsichtlich der pädagogischen Arbeit, sondern auch der verwendeten Lehrpläne.

Tabelle 5: Merkmale reformpädagogischer Ansätze

Pädagogischer Schwerpunkt	**Merkmale**
Montessori	Maria Montessori (1870–1952) war eine Pionierin in ihrer Zeit und kämpfte für die Rechte des Kindes. Sie zählt zu den Vorreiterinnen einer reformpädagogischen Bewegung. Ihre Theorie basierte auf den sensiblen Phasen in der kindlichen Entwicklung. Sie legte einen Schwerpunkt auf die vorbereitende Umgebung und stellte den Kindern dazu ein passendes Entwicklungsmaterial als Lernmaterial zur Verfügung. Die Aufgabe bestand darin, welche Entwicklungszyklen und -bedürfnisse angepasst sind und somit Anreize in der Entwicklung zeigen. *„Sie ging davon aus, dass das Kind in seiner Entwicklung einem biologischen Bauplan folgt, den es pädagogisch zu begleiten und zu fördern gilt. Nach dem Motto: „Hilf mir, es selbst zu tun", entwickelte sie sinnesaktivierende Lernmittel." (Liebertz, 2007, S. 25)* Die Stärken der Montessori-Pädagogik liegen in einer gemeinsamen Überzeugung hinsichtlich des Menschenbilds, der Entwicklung von Kindern, der Pädagogik und Didaktik. Zugleich wird ein Fokus auf die Freiwahlarbeit mit eigenen Lernmaterialien, welche sehr vielfältig und sinnstiftend anregend sind, gelegt. Dieser Reformansatz hat bereits eine bewährte Praxis mit langer Tradition (vgl. Eberhart & Kapelari, 2010, S. 18).
Waldorf	Die Waldorf-Schulen werden auch noch als „Rudolf-Steiner-Schulen" bezeichnet. Diese Schulen arbeiten nach einem relativ einheitlichen und detailliert ausgearbeiteten Lehrplan, der auf einer spezifischen Weltanschauung und Entwicklungslehre von Rudolf Steiner (1861–1925) beruht. Dieser hat auch die Lehre der Anthroposophie begründet. Charakteristische Merkmale sind der Epochenunterricht, die Fremdsprachenvermittlung, die vielseitige künstlerische, handwerkliche Ausbildung und die Eurythmie, das Zeichnen und Erleben geometrischer Formen durch Bewegung, das Schulorchester sowie kreativ gestaltete Klassenzimmer und Schulhäuser. Als Vergleich dazu sind die Waldorf-Schulen stärker durch Regeln und Gesetze bestimmt, welche von den Erwachsenen vorgegeben werden (vgl. Eberhart & Kapelari, 2010, S. 19).
Freinet	Der reformpädagogische Ansatz geht auf Célestin Freinet (1896–1966) zurück. Der Reformpädagoge hat in Frankreich den Arbeitsschulgedanken vertreten. Sein Motto lautete, *„aus dem Leben – für das Leben – durch die Arbeit"* zu lernen. Sein Ansatz war, dass es wesentlich ist, dass die Klassenzimmer mit unterschiedlichen Arbeitsecken ausgestattet sind, damit das Kind in den Themenbereichen Naturwissenschaft, Technik, Haushaltsarbeit, kreativ-künstlerisches Gestalten, sprachliche Kompetenz und vielem mehr mit einem Partner oder in der Gruppe tätig sein kann. Wesentliche pädagogische Elemente sind: der Wochenarbeitsplan, die Arbeitsbücherei, die Arbeitskartei mit Aufgaben und Lösungen, akustische Lernprogramme, der Klassenrat zur Schülerselbstverwaltung. Freinet-Techniken sind heute in vielen Schulen zu finden, nicht nur als Mischform in privaten Schulen, sondern auch in Regelschulen (vgl. Eberhart & Kapelari, 2010, S. 20).

Lehrpläne

Grundsätzlich arbeiten private Schulen in freier Trägerschaft mit unterschiedlichen Lehrplänen. Einige Privatschulen in freier Trägerschaft arbeiten mit dem sogenannten Herzogenburger Lehrplan, dem Glocksee-Lehrplan oder dem österreichischen Lehrplan. Der Glocksee-Lehrplan sieht keine Unterrichtsfächer, sondern vier Fachbereiche vor. Dazu gehören: Natur, Sprachen, Gesellschaft und Ästhetik.

> *„Der Herzogenburger Lehrplan wurde auf der Basis der nicht direktiven Begleitung von Kindern und Jugendlichen und der Entwicklungspsychologie Jean Piagets sowie anderer wissenschaftlicher Forschungsarbeiten von MitarbeiterInnen der Lernwerkstatt Herzogenburg und MitarbeiterInnen des Erziehungswissenschaftlichen Institutes der Universität Wien erarbeitet. Für die Genehmigung dieses Herzogenburger Organisationsstatuts wurde durch eine Gesetzesnovelle zum Schulpflichtgesetz im Jahr 1997 die Möglichkeit geschaffen, (…) auch eigene Lehrpläne zu entwickeln und zur Genehmigung vorzulegen.“ (Eberhart & Kapelari, 2010, S. 184)*

Damit die Einhaltung der Mindeststandards zur Genehmigung des Herzogenburger Lehrplans gegeben ist, wurde in der Zusammenarbeit mit dem Bundesministerium der sogenannte Differenzierungslehrplan erstellt – mit dem Ziel, dass eine Gleichstellung der allgemeinen Bildungsziele mit dem öffentlichen Lehrplänen gewährleistet ist (vgl. Eberhart & Kapelari, 2010, S. 184).

Es gibt auch private Schulen, die sich auf Basis des österreichischen Lehrplans der Volksschule (BGBI. Nr. 134/1963 idgF.) oder Neuen Mittelschule (BGBl. II Nr. 185/2012 idgF.) orientieren. Zugleich gibt es Privatschulen in freier Trägerschaft, die auch eine Erweiterung durch die Erstellung eines neuen Lehrplans, ergänzend zum österreichischen Lehrplan, mit einem neuen Unterrichtsgegenstand gemacht haben – mit dem Hinweis, dass ein Lehrplan für den neuen Unterrichtsgegenstand verfasst werden muss, der im Organisationsstatut verankert ist. Daraufhin muss das Organisationsstatut eingereicht und vom Bundesministerium für Bildung und Frauen hinsichtlich einer Genehmigung geprüft werden (vgl. Schmolmüller, 2017, S. 101 und 145).

Als Beispiel ist in Abbildung 1 ein Auszug aus dem Organisationsstatut einer Privatschule in freier Trägerschaft mit Öffentlichkeitsrecht, die sich am österreichischen Lehrplan orientiert, wiedergegeben.

Wie bereits im vorgehenden Kapitel dargestellt, bilden das Organisationsstatut, der Lehrplan, die Lehrpersonen und das Schulareal die juristischen Grundlagen zur Schulgründung und auch in späterer Folge zur Gewährung des Öffentlichkeitsrechts.

Funktion und Rolle der Schulleitung und der Lehrpersonen

Die rechtlichen Merkmale des Befähigungsnachweises für die Schulleitung und die Lehrpersonen sind in § 5 im Privatschulgesetz verankert. Zusätzlich wurde

§ 9 LEHRPLAN

(1) Die Privatschule orientiert sich am österreichischen Lehrplan. Es kommen der Volksschullehrplan, BGBl. Nr. 134/1963 idgF., und der Lehrplan der Neuen Mittelschule, BGBl. II Nr. 185/2012 idgF., zur Anwendung.

(2) An der Privatschule wird zusätzlich in allen Schulstufen der Unterrichtsgegenstand „Persönlichkeitsentfaltung und Lebensbildung" (Anlage 1) mit 2 Wochenstunden unterrichtet. Der Gegenstand steht im Zusammenhang mit dem „lebensbegleitenden Lernen". Die Kinder werden hier zur Selbstbefähigung angeleitet. Die Vermittlung von praktischen und theoretischen Kenntnissen im Zusammenhang mit ihrem Persönlichkeitsprofil, Interessenfeldern und Begabungen steht im Vordergrund, somit werden die Schüler/-innen zur Selbstkompetenz und zu lebensbezogenen, selbstwirksamen Inhalten angeleitet (übergeordnete Bildungsziele).

Abbildung 1: Auszug aus dem Organisationsstatut (Schmolmüller, 2012, S. 7)

zur Klärung dieses Sachverhalts ergänzend ein Antwortschreiben vom Bundesministerium für Bildung und Frauen herangezogen. In diesem Schreiben hat das Bundesministerium die Anforderungen an die Befähigung von Lehrerinnen und Lehrern an Privatschulen mit eigenem Organisationsstatut ausführlich definiert und mitgeteilt. Diese Informationen wurden auch elektronisch an die Bundesdachverbände und auch Privatschulen in freier Trägerschaft übermittelt.

Befähigungsnachweis und Rechtsvorschriften

Die Anforderungen an den Befähigungsnachweis der Schulleitung und/oder einer Lehrperson sind im Privatschulgesetz gemäß § 5 verankert. Die Schulleitung und die unterrichtenden Lehrpersonen in einer Privatschule in freier Trägerschaft müssen die Voraussetzungen des § 5 Abs. 1 und 4 des Privatschulgesetzes, BGBl. Nr. 244/1962 idgF., erfüllen.

> *„Die relevante Begriffsbestimmung zum Befähigungsnachweis der Leiterinnen bzw. Leiter und der Lehrerinnen bzw. Lehrer findet sich in § 5 Abs. 1 lit. c PrivSchG: Demnach muss die Leiterin bzw. der Leiter eine Schule die Lehrbefähigung für die betreffende oder eine verwandte Schule oder eine sonstige geeignete Befähigung nachweisen. Gemäß § 5 Abs. 4 haben die an der Schule verwendeten Lehrerinnen und Lehrer ebenfalls die im Abs. 1 lit. a–d genannten Bedingungen zu erfüllen. Aus der Verwendung des Wortes „oder" in § 5 Abs. 1 lit. c ergibt sich, dass diese Möglichkeiten des Befähigungsnachweises gleichberechtigt nebeneinanderstehen." (BMBF, 2014)*

Die Lehrperson muss die Rolle des Lehrers, Begleiters und Beobachters beim Lehren der Schülerinnen und Schüler ausführen und das fachfremde Unterrichten wird in vielen privaten Schulen in freier Trägerschaft praktiziert (vgl. Eberhart & Kapelari, 2010, S. 114f).

Neben der Fach- und Methodenkompetenz in der Wissensvermittlung und der Gerechtigkeit ist die souveräne Haltung der Persönlichkeit einer Lehrperson besonders wichtig. Dies setzt vor allem ein intensives Bewusstseins- und Reflexionstraining voraus, um mit den im Lehr-/Lernverhältnis auftauchenden Emotionen und Situationen angemessen und professionell umzugehen (vgl. Fend, 2008, 334).

Funktion und Rolle der Schulleitung

Die Schulleitung erfordert unternehmerische, kommunikative und administrative Fähigkeiten und vor allem eine Persönlichkeit mit einem großen Herzen für Schülerinnen, Schüler und Lehrpersonen. Die Schulleitung muss Managerqualitäten, Persönlichkeitskompetenz, Herzensbildung und Teamfähigkeit sowie pädagogisches Blut in den Adern haben. Sie soll die zentrale Stelle in den Schulprozessen sein und somit ein Steuerungsorgan, das nicht nur für die organisatorischen Belange verantwortlich ist, sondern auch in der Führung der Lehrpersonen und der Reflexion der Unterrichtsarbeit tätig ist. Die Schulleitung ist das Bindeglied zwischen Schule (also Lehrpersonen, Schülerinnen und Schülern) und Eltern. Daher wird der Schulleitung eine große Bedeutung beigemessen und die Erfahrungen in der Schulpraxis zeigen, dass Führungskompetenz auf mehreren Dimensionen beruht. Im Gegensatz zum herkömmlichen Schulwesen hat eine Privatschule in freier Trägerschaft die Autonomie in der Personalauswahl. Die Schulleitung ist die tragende Säule im Personalaufnahmeverfahren und in der Personalentwicklung. Diese hat die Aufgabe, in der Zusammenarbeit mit dem Vorstand des Schulträgers die richtige Entscheidung für die Auswahl von Lehrpersonen für die Schule zu treffen. Nach dem Personalaufnahmeverfahren ist es die Angelegenheit der Schulleitung, die Lehrpersonen einzuschulen, um mit dem Schulalltag vertraut zu werden, die pädagogische Arbeit kennenzulernen und je nach pädagogischem Schwerpunkt der Privatschule im Unterrichtsalltag umzusetzen, denn eine Lehrbefähigung zu haben, garantiert nicht, dass eine Lehrperson tatsächlich imstande ist, Wissen ganzheitlich zu vermitteln und die jungen Menschen am Weg des Sich-Bildens zu begleiten (vgl. Schmolmüller, 2017, S. 60 f).

Funktion und Rolle von Lehrpersonen

Eine pädagogische Grundausbildung, ein hohes Maß an Engagement und sozialpädagogischer Kompetenz sowie die laufende Weiterbildung sind Grundvoraussetzungen für eine Diensttätigkeit in vielen Privatschulen. *„Das Idealbild besteht somit in der mündigen und souveränen Lehrperson, die selbstständig handelt und entscheidet, die sich selber in Frage [sic!] stellen und korrigieren kann, die sich aber gleichzeitig auf der Grundlage einer unprätentiösen Selbstsicherheit und Orientierungssicherheit positiv" (Fend, 2008, S. 335)* dem Bildungsauftrag ihrer Tätigkeit verpflichtet. Neben der fachlichen und pädagogischen Kompetenz sollen *„Lehrpersonen ihren Beruf mit Freude und Begeisterung ausüben." (Schmolmüller, 2017, S. 177)*

Daher legen die Schulstandorte ein besonderes Augenmerk auf die berufsbegleitende Fortbildung für Lehrpersonen, um so die Unterrichtsentwicklung zu reflektieren und weiterzuentwickeln. Lehrkräfte müssen daher *„lernen, mit Heterogenität professionell umzugehen." (Fend, 2008, S. 175)*

Auch John Hattie meint, dass es in der Führungsarbeit wichtig ist, Lehrpersonen dazu anzuleiten, dass sie lernen und erfahren, über das Unterrichten zu sprechen, damit ihnen der Einfluss der eigenen Arbeit auf die Kinder bewusst wird. Sie verstehen durch intensives Reflexionstraining *„die Einstellungen und Dispositionen, die Schülerinnen und Schüler in die Unterrichtsstunde mitbringen, und zielen darauf ab, die so anzureichern, dass sie einen positiven Teil des Lernens darstellen." (Hattie, 2016, S. 44)*

Fazit

Souveräne Lehrkräfte müssen die Fähigkeit besitzen, mit sich selbst identisch zu sein. Eine zentrale Rolle kommt somit der Führungskraft, u. a. den leitenden Personen in Organisationen wie einer Schule zu (vgl. Fend, 2008, S. 335).

Die Schulleitung als Führungskraft *„gilt als entscheidender Faktor, um Reformen zu implementieren und Innovationen anzustoßen." (Eschborn-Müller, 2008, S. 2) „Wenn man von Führung spricht, meint jeder etwas Anderes und doch alle das Gleiche." (Oppermann-Weber, 2011, S. 7)*

Der Begriff „Führung" umfasst mehrere Dimensionen und im Allgemeinen wird von Personen, die in der Position als Leiterin oder Leiter sind, erwartet, dass sie/er auch alles steuert. Eine zusammenfassende Definition nach dem Ansatz von Ursula Oppermann-Weber lautet: *„Führen heißt, dass bestimmte Menschen andere Menschen für Themen und Ziele begeistern und sie überzeugen, diese umzusetzen bzw. zu erreichen." (Oppermann-Weber, 2011, S. 7)*

Somit bedeutet eine Schule zu leiten weit mehr, als ausschließlich Verwaltungstätigkeiten zu erledigen. *„Der Schulleitung wird eine große Bedeutung zugemessen und immer wieder wird betont, dass es bei der Schulentwicklung und Qualitätssicherung gerade auf die Person der Schulleitung ankommt." (Eschborn-Müller, 2008, S. 2)*

Um den Anforderungen gerecht zu werden, brauchen die Schulleiter *„Führungskompetenz, die auf vier essenziellen Dimensionen beruht: 1. Unternehmerischer Dimension; 2. Kommunikativer Dimension; 3. Fachlicher/administrativer Dimension und 4. persönlicher Dimension."* (Eschenborn-Müller, 2008, S. 2)

Der Ansatz und die Theorie der *„lernenden Organisation" (Senge, 2011, S. 71)* gehen davon aus, dass das Lernen ein integrativer Bestandteil des organisationalen Handelns ist und die Mitglieder einer Organisation durch ihr Tun dazu beitragen, organisationsspezifische Ziele zu verfolgen (vgl. Becker, 2009, S. 786).

3.1.5 Organisationsformen, Merkmale und Werte

Um einen Einblick in angewandte Organisationsformen der privaten Schulen in freier Trägerschaft zu erhalten, werden gängige Organisationsformen skizziert und daraus Merkmale und Werte vorgestellt. Die meisten Schulinitiativen sind als Mischformen organisiert (vgl. Eberhart & Kapelari, 2010, S. 166).

Die Organisationsentwicklung ist die Summe von Entscheidungen und daher ist es von besonderer Bedeutung, die Prozesse, die Rahmenbedingungen, die Strukturkonzepte zur pädagogischen Arbeit, zum Führungsprinzip und zur Schulleitung, Kommunikationsstrukturen und den Aufbau einer Organisation aus diesem Blickwinkel zu betrachten.

> „Eine *Organisation bezeichnet eine Institution, in der eine abgegrenzte Gruppe von Personen (Organisationsmitglieder) ein auf Dauer angelegtes Regelsystem planvoll schafft, um gemeinsame Ziele zu verfolgen. Eine Organisation wird durch folgende Merkmale gekennzeichnet: Personenmehrzahl, Zielgerichtetheit, Planmäßigkeit, Herrschaft, hierarchische Verfassung, Komplexität, Strukturiertheit, Dauerhaftigkeit, Arbeitsteilung und autorisierte Instanzen zur Koordination der Leistung.“ (Becker 2009, S. 770–771)*

Im Anschluss werden die drei Modelle gängiger Organisationsformen von Privatschulen in freier Trägerschaft stichwortartig in Tabelle 6 dargestellt.

Wie bereits erwähnt, haben sich in den Privatschulen in freier Trägerschaft Mischformen dieser Organisationsformen durchgesetzt.

> *„Viele Schulen entwickeln sich im Laufe ihrer Geschichte von einer Grundform in eine andere oder sie wechseln hin und her. Die meisten älteren Schulen haben in der Gründungszeit die Basisdemokratie gewählt, da sie am ehesten eine Alternative zur vorherrschenden Gesellschaftsordnung darstellte. Im Laufe der Jahre – insbesondere im Zuge einer Vergrößerung (ab ca. 30 Kindern) – gehen viele ursprünglich basisorientierte Schulen dazu über, Verantwortung aufzuteilen und sich zu partizipativen Organisationen zu entwickeln.“ (Eberhart & Kapelari, 2010, S. 169–170)*

Privatschulen haben das Merkmal, ein besonderes Augenmerk auf Selbstständigkeit, Mit- und Eigenverantwortung im Miteinander zu richten und diese täglich einzufordern. Diese Werte der Schulgemeinschaft sind auch im Organisationsstatut verankert, um so diese pädagogische Grundhaltung zu einer verpflichtenden Aufgabe für alle in der Schule zu machen – zu einem festen Bestandteil in der Zusammenarbeit der Schulgemeinschaft für Schüler, Eltern, Lehrer und Schulleiter. Lehrkräfte sind die tragenden Säulen der Werte- und Wissensvermittlung mit einem durchaus umfassenden Aufgabengebiet: Sie sind es, die diese Dinge vermitteln und weitergeben, den Lehr-/Lernprozess

Tabelle 6: Organisationsformen in Privatschulen (vgl. Eberhart & Kapelari, 2010, S. 165 ff)

Organisationsform	Merkmale
Basisdemokratische Organisation	Das Leitprinzip dieser Organisationsform ist die Mitentscheidung aller beteiligten Personen in der Schule. Dabei findet das Konsensprinzip Anwendung, das heißt, es wird so lange diskutiert, bis alle einverstanden sind. Merkmale sind, dass die Gruppendynamik sehr intensiv ist und der Prozess der Entscheidungsfindung sehr viel Zeit in Anspruch nimmt. Wesentliche Vorteile können sein, dass durch die intensive Kommunikation ein sehr starker und enger Austausch stattfindet, die Beteiligten stärker an ein Projekt gebunden sind und das Vorhaben im Miteinander gestaltet wird. Ein Nachteil kann sein, dass, wie bereits erwähnt, viel Zeit investiert werden muss – unter dem Leitsatz: Viele Köche verderben den Brei. Wenn viele Menschen in eine Entscheidung eingebunden werden, ist der Weg zu einem definitiven Entschluss meist lang. Zugleich fordert es von den Teilnehmerinnen und Teilnehmern eine hohe soziale Kompetenz ein, um auch Konfliktsituationen zu bewältigen.
Partizipative (demokratische) Organisation	In dieser Organisationsform werden die Aufgaben in einzelnen Arbeitskreisen ausgearbeitet. Diese übernehmen die Verantwortung für den zugeteilten Bereich mit den dazugehörenden Tätigkeiten. Eine einzelne Entscheidung kann nur in Abstimmung mit den anderen Organisationsmitgliedern getroffen werden. Grundlegende Beschlüsse und Rahmenbedingungen, wie Finanzplanung oder Personaleinstellung, werden meist dann vom übergeordneten Gremium, welche die Leitung der Arbeitskreise der Organisation innehat, bearbeitet. Dies kann zum Beispiel der Vorstand eines Vereins oder die Geschäftsführung einer gemeinnützigen GmbH sein. In einer Vereins- oder Geschäftsführer-/Gesellschaftersitzung werden die Rahmenbedingungen und Ordnungen diskutiert und daraufhin wird ein Entschluss gefasst. Positive Merkmale dieser Organisationsform können sein, dass die Verantwortung auf kleine Gruppen oder Teams aufgeteilt wird und sich die Personen auf einen Bereich spezialisieren, wodurch Entscheidungsprozesse verkürzt werden. Somit werden auch die Kompetenzbereiche konkret abgegrenzt und eingeschränkt. Ein nachteiliger Effekt kann sein, dass eine dringliche Entscheidung innerhalb der Organisationsmitglieder nicht immer einfach zu treffen ist, da jedes Ressort oder jeder Arbeitskreis sein eigenes System hat.

(*fortgesetzt auf der nächsten Seite*)

Tabelle 6: Fortgesetzt

Organisationsform	Merkmale
Geführte Demokratie	Diese Organisationsform hat das Merkmal, dass die leitende Person über eine größere Verfügungs- und Entscheidungsmacht und -gewalt verfügt. Bei Schulvereinen als Träger der Schule ist es zum Beispiel üblich, dass die Leitungsaufgabe an einen Geschäftsführer abgegeben wird. Die Verteilung der Aufgaben ist präzise abgegrenzt und durch genaue Arbeitsvereinbarung schriftlich festgehalten. Die Arbeitsaufträge sind strukturiert, begrenzt und auf die Gesamtaufgabe abgestimmt. Es gibt eine begrenzte Mitsprache, z. B. der Eltern und/oder Lehrpersonen. Kontrollinstanzen und Weisungsrechte sind präzise definiert. Charakteristisch für Vereine ist die demokratische Gesinnung bei der Wahl der Vereinsvorstandsmitglieder, welche in der Generalversammlung durchgeführt wird. Möchte der Vorstand wiedergewählt werden, so müssen eine kompetente Leitung, eine gute Organisation und eine hohe Beziehungskompetenz das Vertrauen der Vereinsmitglieder gewinnen. Diese Klarheit der Organisationsform kann für die Arbeitsgruppen und auch die Angestellten sehr angenehm sein – und auch der Umstand, dass eine kompetente Leitung die Verantwortung hat und Entscheidungen zum Wohle des Systems, also der Privatschule trifft und doch offen für Anregungen der Beteiligten ist.

initiieren, planen, gestalten, evaluieren und reflektieren (vgl. Haeffner, 2012, S. 39).

> *„Werte sind in einem soziokulturellen Entwicklungsprozess herausgebildet und von der Menschheit (…) akzeptierte und internalisierte Vorstellungen über das Wünschbare. Es werden ökonomische, politische, soziale, kulturelle und moralische Werte unterschieden. (…) Sie sind kennzeichnend und bestimmend für das Verhalten von Individuen und sozialen Gruppierungen und manifestieren sich in sozialen Normen sowie kulturellen Selbstverständlichkeiten bzw. Verhaltensvorschriften.“ (Becker, 2009, S. 779)*

Dies ist auch ein signifikantes Element einer Schulkulturbewegung, welche die berechtigten Leistungsstandards der PISA-Studien ergänzt sehen möchte um ebenfalls berechtigte Standards des humanen und gerechten Zusammenlebens in Schulen sowie Standards der produktiven ganzheitlichen Persönlichkeitsentwicklung (vgl. Fend, 2008, S. 213).

Die pädagogischen Akteure, die in und für Schulen arbeiten und Entscheidungen treffen, sowie auch Eltern sind daher gefordert, auf den Wertewandel in unserer Gesellschaft zu reagieren (vgl. Liebertz, 2007, S. 9).

> *„Wollen wir unseren Kindern eine gute Schulbildung geben, müssen wir uns von alten Denkmustern lösen und Schule vom Lernen junger Menschen her völlig neu denken. Alle Schulpartner – Lehrende wie Lernende und ihre Eltern – sind gefordert, den Schritt vom, Ich und meine Klasse' zum, Wir und unsere Schule´ zu machen." (Schratz & Westfall-Greiter, 2010, U 4)*

Die Botschaft lautet: *„Erst wenn Wissen und Wertebewusstsein zusammenkommen, erst dann ist der Mensch fähig, verantwortungsbewusst zu handeln. Und das ist vielleicht das höchste Ziel von Bildung. Gute Bildung stellt den ganzen Menschen in den Mittelpunkt." (Liebertz, 2007, S. 21)*

Resümee

Das 21. Jahrhundert ist von hoher Dynamik und Komplexität geprägt. Die Versuche, dieser Dynamik mit klassischen Management- und Organisationsmethoden Herr zu werden, die auf den Prinzipien des Planens, Kontrollierens und Steuerns beruhen, sind vergebliches Bemühen und letztlich Vergeudung von Zeit, Ressourcen und Potenzialen (vgl. Malik, 2014, S. 11 ff).

Im Interesse der Qualitätsentwicklung hat die Personalentwicklung eine wichtige Funktion und Aufgabe, um Lehrkräfte in der pädagogischen Arbeit zu unterstützen und Professionelle Lehrgemeinschaften zu etablieren. Personalentwicklung wird daher als Schlüssel zu einer gelungenen Schulentwicklung gesehen. Die Begriffe Personal- und Schulentwicklung werden in der Literatur nicht einheitlich verwendet, jedoch stehen sie in vielen Publikationen eng nebeneinander. Allgemein kennzeichnet die Schulentwicklung eine bewusste und absichtsvolle Veränderung, die von den Mitgliedern der Einzelschulen selbst vorgenommen wird – ein dauerhafter Prozess, um eine verbesserte Situation zu erhalten.

3.2 Personalentwicklung als Element der Schulentwicklung

Dieses Kapitel beinhaltet eine theoretische Annäherung sowie Grundlagen und Grundbegriffe zum Arbeitstitel.

Schlüsselbegriffe sind: Schulentwicklung, Personalentwicklung, Personalmanagement, Führungsaufgaben und Instrumente der Personalentwicklung zur Steigerung der Professionalität der pädagogischen Arbeit.

3.2.1 Theoretische Annäherung: Grundbegriffe, Grundlagen und Konzepte

Schulentwicklung ist ein weltweit diskutiertes Thema mit der Frage:

> *„Wie müsste die Schule von morgen für Schülerinnen und Schüler von heute sein? Hinter dieser Frage verbirgt sich das, was als größte Distanz in der Schulpolitik bezeichnet wird, nämlich jene zwischen dem, was Entscheidungsträger zur Verbesserung der nationalen Bildungssysteme in ihre Programme (policies) schreiben, und dem, was in den Köpfen von Schülerinnen und Schülern vorgeht (practice). (…) Daher sollte auch die Gestaltung von Schule und Unterricht vom Lernen junger Menschen her (neu) gedacht und umgesetzt werden." (Schratz & Westfall-Greiter, 2010, S. 12)*

Das Thema Schulentwicklung hat seit den 1990er-Jahren einen rasanten Bedeutungszuwachs erfahren. *„Die deutschsprachige Schulentwicklung orientierte sich in den 1960er- und frühen 1970er-Jahren stark an bildungsökonomischen und bildungssoziologischen Vorstellungen." (Haeffner, 2012, S. 22)*

Die Weiterentwicklung einer Schule umfasst unterschiedliche Aktivitäten, um die pädagogischen und gesellschaftlichen Aufgaben, Funktionen und Verpflichtungen von Schulen zu erfüllen – mit dem Merkmal, dass in einer Schule im 21. Jahrhundert Schule und Lernen weit mehr fordern als einen Ort der Wissensvermittlung. *„Schule ist ein Lebens- und Erfahrungsraum, in dem die Heranwachsenden einen Großteil ihrer Kindheit verbringen." (Fend, 2008, S. 178)*

Von diesem Hintergrund erläutert Helmut Fend, dass die Personalentwicklung ein elementarer Bereich der Schulentwicklung sein muss (vgl. Fend, 2008, S. 59).

Nach einem im deutschsprachigen Raum weithin geteilten Verständnis lässt sich Schulentwicklung als die systematisierte Weiterentwicklung von Einzelschulen verstehen und kennzeichnet eine zielgerichtete, systematische und reflexive Gestaltung in den Bereichen Personal-, Unterrichts- und Organisationsentwicklung (vgl. Buhren & Rolff, 2008, S. 4).

3.2.2 Überblick: Instrumente der Personalentwicklung – Qualität mit System in der Schule

3.2.2.1 Annäherung an den Qualitätsbegriff: Zusammenhänge & Vorstellungen

Nach den schockierenden Ergebnissen der PISA-Studie sind auch in den deutschsprachigen Ländern Bildungspolitiker auf die Idee gekommen, Normen als neue Steuerungsinstrumente einzusetzen. Durch die Einführung der Bildungsstandards erhalten Schulen mehr Selbstständigkeit und

Eigenverantwortung – mit dem Ziel, mehr Qualität im Bildungswesen zu erreichen, um durch eine Kombination von standartbezogener Zielsetzung und Überprüfung einerseits sowie pädagogischer Autonomie andererseits Qualitätssicherung zu ermöglichen (vgl. Klieme, 2005, S. 7).

Die Leitbegriffe Bildungsqualität, Qualitätsentwicklung, -management und -sicherung in der Schule sind seit Jahren Dauerthemen. Die Maßnahmen in der Schul- und Personalentwicklung sind nur dann wirksam, wenn sie in ganzheitlicher Betrachtung und im Gesamtzusammenhang eines Qualitätsmanagementsystems stehen. Daher ist es von Bedeutung, eine theoretische Annäherung zum Qualitätsbegriff zu machen und in den Kontext der Schul- und Personalentwicklung einzutauchen und diese im Überblick zu skizzieren. *„Die Qualitätsentwicklung und -sicherung ist eine wesentliche Anforderung (Seyr, 2006, S. 39)* und hat eine signifikante Aufgabe. Dies setzt eine Klärung der Vorstellungen von „Qualität" im Schulbereich voraus. *„Die Qualitätssicherung in der Forschung ist wesentlich schwieriger umzusetzen, da die Qualität der Forschungsleistung nicht an einem allgemeingültigen Maßstab gemessen werden kann." (Seyr, 2006, S. 40)* Qualitätsmanagement wird als das Paradigma oder Modell für Schul- und Unterrichtsentwicklung gesehen. *„Sinnvolles Qualitätsmanagement darf nicht bei der Diagnose aufhören, sondern muss auch zur Entwicklung von Qualität beitragen. Die Frage ist, welche Konsequenzen sich an die Feststellung von Stärken und Schwächen knüpfen." (Seyr, 2006, S. 41)*

Qualität ist eine Systemeigenschaft und die Schulqualität hat auf den verschiedenen Ebenen des Schulsystems bzw. für verschiedene Gruppen in der Schule unterschiedliche Inhalte (vgl. Daschner & Rolff, 2011, S. 4).

In einer Schule sind alle Beteiligen für Qualität verantwortlich: der Lehrkörper, die Schulleitung, die Eltern und auch die Schülerinnen und Schüler.

> *„Selten allerdings wird es im Zusammenhang eines Qualitätsmanagementsystems behandelt. Qualitätsmanagement (QM) ist anspruchsvoll, denn es muss ganzheitlich sein. (...) QM muss ein umfassendes Konzept sein. Es betrifft jeden Akteur, jede Arbeitseinheit und letztlich das Ganze einer Schule." (Daschner & Rolff, 2011, S. 4)*

Ein vollständiges Qualitätsmanagementsystem zeichnet sich dadurch aus, wie gut die Komponenten in einer Schule zusammenspielen. Für ein wirksames Qualitätsmanagementsystem in einer Schule sind von Bedeutung:

- Bestandsanalyse
- Leitbild und Schulprogramme
- Schul- und Unterrichtsentwicklungsschwerpunkte
- Zielorientiertes Handeln und Feedbackkultur
- Kooperative Unterrichtsentwicklung und interne Evaluation

- Peer Review und Berichte dazu
- Qualitätsdokumentation und -analyse
- Konzepte zur Unterstützung von Lehrpersonen sowie zu Weiterbildung
- Zielvereinbarungen und eine Steuergruppe, die zusammen mit der Schulleitung das Qualitätsmanagement gestaltet und dokumentiert (vgl. Daschner & Rolff, 2011, S. 5).

Diese Komponenten sind als wesentliche Aufgaben zu sehen, um Qualität in der Schule zu erzeugen. Ein integriertes Qualitätsmanagementsystem fordert, dass zielführende Instrumente und planerischen Aktivitäten in die Personalentwicklung integriert sein müssen, um die Performance von Lehrpersonen und auch der Organisation, der Schule, direkt am Arbeitsort weiterzuentwickeln und zu unterstützen.

Damit neben den fachlichen, methodisch-didaktischen, kommunikativen und sozialen Kompetenzen muss auch die Persönlichkeitsbildung von Lehrpersonen unterstützt werden. Dies ist vor allem auch deswegen notwendig, um Professionelle (Lehr- und) Lerngemeinschaften in einer Schule zu installieren. Lehrpersonen werden einerseits auf die täglichen Anforderungen der pädagogischen Arbeit und des Unterrichts vorbereitet und andererseits können die Qualifikationen der Lehrpersonen an der Schule zielführend genutzt werden (vgl. Buhren & Rolff, 2009, S. 13 f).

Unter Qualifikation versteht man die

> *„allgemeine und berufliche Ressourcenbasis für potenzielle Handlungen. Sie umfassen Kenntnisse, Fähigkeiten, Fertigkeiten und Verhaltensmuster eines Individuums und werden in funktionale (an Erfordernisse einer bestimmten Tätigkeit ausgerichtete) und extrafunktionale (in andere Arbeitsbereiche transferierbare) Qualifikationen unterteilt. Qualifikationen bezeichnet das Niveau aus Lernen und Erfahrung, das eine Person oder Organisation zu einem bestimmten Zeitpunkt erreicht.“ (Becker, 2009, S. 774)*

Die Maßnahmen und Aktivitäten zur Schul- und Personalentwicklung sowie zum Personalmanagement leiten sich vom Leitbild der Schule und den gemeinsamen Werten der Schulkultur und der pädagogischen Arbeit her. Selten wird es als Qualitätsmanagementsystem behandelt. *„Qualitätsmanagement ist anspruchsvoll; denn es muss ganzheitlich sein, d. h., es muss alle wesentlichen Komponenten umfassen und diese systematisch aufeinander beziehen.“ (Rolff, 2011, S. IX)*

Gute Schulen sind – abgesehen davon, dass sie fachlich und sozial kompetent sind, von einer ausgeprägten Schulkultur mit einem positiven Klima charakterisiert (vgl. Fend, 2008, S. 212 f).

> *„Über Schulqualität wird viel geredet und es gibt auch zahlreiche Einzelmaßnahmen zur Verbesserung von Schulqualität, konkrete, [sic!] oder auch bloß symbolische. Was jedoch weitgehend fehlt, sind praktikable Modelle umfassenden und systematischen Qualitätsmanagements speziell für Schulen und mit pädagogischem Bezug.“ (Rolff, 2011, S. 1)*

Dazu ist das „Wie“ in der Personalentwicklung maßgebend, beschreibt die systematische Gestaltung von Förderung, Entwicklung und Reflexion der Arbeit von Lehrpersonen und beeinflusst somit die Qualität in Systemen, wie zum Beispiel der Schule (vgl. Becker, 2009, S. 179).

Professionelle Entwicklung, welche die Förderung einzelner Lehrpersonen im Auge hat, ist in der Schule ein größeres Problem und eine schwierigere Angelegenheit als in der Wirtschaft und Verwaltung. Die Schule ist diesbezüglich eine besonders herausfordernde Institution (vgl. Buhren & Rolff, 2009, S. 61).

Die Systemtheorie argumentiert dazu, dass Interventionen und die daraus abgeleiteten Maßnahmen selbst erzeugte Irritationen sind. Daher muss sich die Schulleitung in Zukunft mit den Paradoxa der Leitung und Führung auseinandersetzen, um Potenziale und Stärken in produktiver Weise zu fördern. Nur so können Professionelle Lerngemeinschaften in Schulen erhalten werden (vgl. Buhren & Rolff, 2009, S. 52).

Bereits Peter M. Senge vertritt die Meinung, dass jede Interventionsmaßnahme nur eine momentane Überbrückung ist, und bringt ein einfaches Vergleichsbeispiel: *„Wer einen Elefanten in zwei Hälften teilt, bekommt nicht zwei kleine Elefanten, sondern einen toten.“ (Willke, 2005, S. 181)* Innovationen und Erneuerungen sind die Ergebnisse von Aushandlungsprozessen und wer *„Veränderung will, muss Verbündete suchen.“ (Perrenoud, 2008, S. 26)*

Zusammenfassend ist noch einmal herauszustreichen, dass die Personalentwicklung und auch -führung in Schulen denselben Tendenzen des Wandels unterliegen wie alle anderen gesellschaftlichen Bereiche.

> *Die Veränderung von Macht- und Organisationsstrukturen auf dem Weg zur lernenden Organisation wird für Führungskräfte sicherlich einerseits bedeuten, dass sie der Isolation durch Macht enthoben werden. Sie können die Rolle des einsam Entscheidungen treffenden Leiters ablegen. (Buhren & Rolff, 2009, S. 52)*

Unterrichtsbezogenes Feedback ergänzt und erweitert die ergebnisorientierten Daten aus Leistungsmessung mit Rückmeldungen zur Qualität von Schulprozessen. Durch den Einsatz von unterschiedlichen Instrumenten in der Personalentwicklung können Abläufe verbessert oder optimiert werden. Somit ist eine *„Chance, den notwendigen Freiraum für Neues zu schaffen" (Schley & Schley, 2010, S. 28)*, gegeben.

3.2.2.2 Instrumente der Personalentwicklung: Grundlagen & Merkmale

Geradewegs in Zeiten des Wandels und der neuen Aufgaben und Anforderungen wächst der Bedarf an Begriffsabgrenzungen hinsichtlich Beratung, Unterstützung, Coaching, Mentoring und allen Formen der Reflexion bzw. Ideengewinnung (vgl. Schley & Schley, 2010, S. 11).

> *„Management beginnt dort, wo Macht aufhört. Das heutige Schulsystem basiert auf Machtstrukturen: Selektion und Beurteilung, Stoff und Noten. Schüler und Schülerinnen – aber auch die Lehrkräfte – sind diesen Mustern ausgeliefert. (...) Mehr zielführende Selbststeuerung ginge folglich einher mit einem Strukturwandel: Classroom Management für die Arbeit mit Gruppen aller Art, Informationsmanagement für den Support und Human Resources Management für das Lernsparring. Solche Units können je für sich [sic!] aber auch im Zusammenwirken untereinander die Basis bilden für eine Schulorganisation, die den vitalen Interessen aller Beteiligten Rechnung trägt." (Müller, 2007, S. 153)*

Mitarbeitergespräche

Das Mitarbeitergespräch, auch oftmals Personalentwicklungsgespräch genannt, ist eines der bedeutendsten Führungsinstrumente für die Schulleitungen. Es ist geprägt von einem Klima gegenseitigen Vertrauens und Wertschätzung. Leitung erfolgt im Wesentlichen über Kommunikation, eine Kernaufgabe von Führung, und sollte die Schul- und Personalentwicklung initiieren und nachhaltig steuern.

> *„Gerade in großen Schulsystemen mit mehr als 80 Lehrkräften stoßen Schulleiterinnen bzw. Schulleiter sehr schnell an die Grenzen ihrer zeitlichen Ressourcen. [...] Eine Übertragung auf andere Mitglieder der Schulleitung ist möglich, bedarf aber einer gründlichen Abwägung hinsichtlich der Akzeptanz und der Wirkung im Kollegium." (Jünke, 2011, S. 251)*

Das Gespräch zwischen Vorgesetztem und Mitarbeitern ist ein Bestandteil der kooperativen Führung. *„Das Gespräch ist Standortbestimmung für den Mitarbeiter und hilft Leistung, Verhalten, Ziele und Potenzial einzuschätzen. Institutionalisierende Gespräche dienen als Planungsgrundlage und als Evaluierungsinstrument der Personalentwicklung." (Becker, 2009, S. 769)*

Das strukturierte Mitarbeitergespräch gliedert sich in 3 Phasen (vgl. Oppermann-Weber, 2011, S. 50):

- Vorbereitung,
- Durchführung
- Umsetzung der Gesprächsführung

Ein Mitarbeitergespräch muss gut vorbereitet werden. Es bedarf klarer Überlegungen mit präzise formulierten Zielvereinbarungen und es muss für einen konkreten Zeitpunkt geplant werden (vgl. Oppermann-Weber, 2011, S. 51 ff).

Die Schulleiterin oder der Schulleiter sollte sich für das Gespräch folgende Fragen stellen:

- Wann ist der passende Zeitpunkt? Wie viel Zeit wird dafür eingeräumt?
- Welche Ziele und Inhalte sind wichtig und wesentlich?
- Wie sehen die Vorbereitungen aus? Gibt es ein Formblatt, welches unterstützend zur Dokumentation während des Gesprächs herangezogen werden kann?
- Wie viel Zeit benötigt die Schulleitung?
- Welche Dauer brauchen die Lehrpersonen?
- Welche Zielvereinbarungen werden gemacht?
- Reflexion und Zusammenfassung

„Zum Orientierung-Geben gehört auch, dass dem neuen Mitarbeiter Grenzen gezeigt werden und die Erwartungen des Unternehmens klar vor Augen geführt werden." (Oppermann-Weber, 2011, S. 113)

Das Mitarbeitergespräch fördert die Offenheit, über aktuelle Themen zu sprechen. So hat die Schulleitung, aber auch die Lehrperson die Möglichkeit, unterschiedliche Sichtweisen darzulegen, zu erfahren und daraus das Selbst- und Fremdbild abzuleiten und zu reflektieren. Sich Zeit für ein Gespräch zu nehmen, bringt auch die Vorteile mit sich, dass Irritationen und Ungewissheit, aber auch Unsicherheiten aus dem Weg geräumt werden. Zugleich ist das Mitarbeitergespräch sehr wesentlich – gerade dann, wenn es um einen Berufseinstieg geht oder z. B. Lehrpersonen eine neue Funktion, Rolle oder Aufgabe übertragen bekommen. Einen guten Start wünscht sich jede Person. Der Berufseinstieg aktiviert einen neuen Lebensabschnitt und zeigt zugleich eine Veränderung in einer Organisation. Ein Neueinstieg, aber auch ein Ausstieg von Mitarbeitern bedeutet eine Veränderung auf struktureller und personeller Ebene. Die Einführung und Integration neuer Mitarbeiter sind sehr wichtige Führungsaufgaben der Schulleitung. Das Ziel ist es, dass sich neue Mitarbeiterinnen und Mitarbeiter orientieren können und zugleich tatsächlich Orientierung erhalten – entweder von der Schulleitung oder den Kolleginnen und

Kollegen, die von der Schulleitung bestimmt werden. Schritt für Schritt sollen neue Mitarbeiterinnen und Mitarbeiter die neue Umgebung, die neuen Regeln, Kolleginnen und Kollegen, das Arbeiten und Wissen kennenlernen. Eine gute Einarbeitung bedeutet, dass die neuen Mitarbeiterinnen/Mitarbeiter nach einer bestimmten Zeit wissen, was sie an Aufgaben in welcher Qualität leisten sollen. Durch ihre Integration in das neue Arbeitsfeld und Team entwickeln sie eine Bindung (Identifikation und Loyalität) zur Schule/zum Unternehmen.

Ein weiterer wesentlicher Bereich ist, dass auch Mitarbeiter das Recht auf eine Rückmeldung haben. Daher ist es auch die Pflicht von Führungskräften, den Mitarbeitern ein authentisches Feedback zu geben (vgl. Becker, 2009, S. 506).

Mitarbeitergespräche werden zumeist auch noch als Förder- oder Entwicklungsgespräche bezeichnet – mit dem Zweck, mögliche Perspektiven mit den Arbeitskräften zu besprechen. Die Förderung kann ebenso als ein Teilaspekt in Mitarbeitergesprächen angesprochen werden. Der persönliche und direkte Kontakt in einem Gespräch ermöglicht es, gemeinsame Ziele zu einer Vision oder Aufgabe zu definieren, und stärkt auch die Beziehungsebene in einem Kollegium. Einerseits können gemeinsame Ziele festgelegt, Unklarheiten, offene Fragen oder Lösungen für Konflikte besprochen werden und andererseits wird dazu beigetragen, dass Klarheit von Entscheidungen, Werte und Regeln vermittelt und kommuniziert sowie Wertschätzung und Anerkennung ausgesprochen werden, um Vertrauen und einen respektvollen Umgang zu schaffen. Das Mitarbeitergespräch fordert Offenheit, Zuversicht und Emotionalität. *„Wertschätzung wird als Grundlage der Wertschöpfung verstanden. Nur wer sich selbst einlässt, Resonanz erlebt und zugleich sich selbst im Blick hat" (Schley & Schley, 2010, S. 39)*, hat die Chance, den eigenen Horizont in der pädagogischen Arbeit zu erweitern.

Dieser Umstand ist eine Grundvoraussetzung dafür, dass eine professionelle Arbeitsgemeinschaft in der Schule besteht und sich Aufgaben, Ziele, Aktivitäten und Menschen im Zusammenspiel ergänzen und inspirieren.

In diesem Zusammenhang sind die beiden Begriffe Leadership und Learnship in einer wechselseitigen Beziehung zu betrachten.

> *Aus der Bewusstheit der ständigen und sich noch beschleunigten Verkürzung der Halbwertzeit von Wissen erwächst die zwingende Schlussfolgerung, dass die Menschheit und jeder Einzelne lernen muss, in seinem Leben mit Aufgaben umzugehen, die ihm zum richtigen Zeitpunkt der schulischen Bildung oder der späteren Ausbildung noch gar nicht bekannt waren. (Schley & Schley, 2010, S. 38)*

Das Mitarbeitergespräch kann auch den Zweck haben, Leadership-Kompetenzen mit dem Schwerpunkt auf Innovationsmanagement, Kommunikations- und Konfliktfähigkeit sowie Veränderung von Einstellungen in Richtung einer Verantwortlichkeit für die Schule und das Unterrichten zu vermitteln. Hierzu ist es wesentlich, die gemeinsamen Ziele des Gesprächs schriftlich festzuhalten und zu einem späteren Zeitpunkt zu reflektieren.

Zielvereinbarungen

Zielvereinbarungen zwischen der Schulleitung und den Lehrpersonen gehören zu einem aussichtsreichen Handeln und gewinnen auch im Bereich Schule an Bedeutung. Sie können der Schulentwicklung, der Personalförderung und der Personalführung dienen. Sie werden üblicherweise in Zielvereinbarungsgesprächen in Form von Mitarbeitergesprächen oder in Jahresgesprächen getroffen.

> *Ziele beschreiben aus dem Blickwinkel der Gegenwart Zustände, die in der Zukunft erreicht werden sollen. (...) Zielvereinbarungen legen als Instrumente der Personalentwicklung fest, welche Befähigung ein Mitarbeiter zu einem bestimmten Zeitpunkt erreicht haben soll. (Becker, 2009, S. 488–489)*

In der Schule sollten die Schulleitung und die Lehrpersonen in der Lage sein, ihre operativen Ziele selber zu formulieren, zu überprüfen und nach der Zielerreichung zu evaluieren. Die Zielvereinbarungen ergeben sich aus den Lehrplanvorgaben, den Bildungsstandards, dem Leitbild und der Philosophie der Schule, selbst vereinbarten Qualitätsleitsätzen und den Schwerpunkten der Personal- und Schulentwicklung in den einzelnen Schulen (vgl. Rolff, 2011, S. 5).

Hat die Organisation oder die Schule definierte Ziele, die quantitativ oder qualitativ bestimmt sind, ist es wirksam, regelmäßige Gespräche in der Kollegenschaft zu führen, um vorgegebene Ziele im vorgegebenen Rahmen bis zu einem bestimmten Zeitpunkt zu realisieren.

> *Zielvereinbarungen legen in kooperativer Form Leistung und Verhalten des jeweiligen Mitarbeiters für einen definierten Zeitraum fest. Die vereinbarten Ziele steuern Leistung und Verhalten und zielen auf die Verbesserung der Wettbewerbsfähigkeit durch hohe Motivation. Die Mitarbeiter erwarten bei hoher Zielerreichung zusätzliches Einkommen in Form variabler Vergütung. (Becker, 2009, S. 780)*

Zielvereinbarungsgespräche werden oftmals als Mitarbeitergespräche definiert und sind auch Bestandteile einer Analyse der Personalbeurteilung. In der Literatur und Praxis bekannt, zeigt das Führen durch Zielvereinbarungen (ZIV) in vielen Organisationen eine lange Tradition. Eine weitere Führungsform wird auch als „Management by Objectives" (MbO) bezeichnet. Diese hat das Merkmal, dass es einen Unterschied zwischen Zielvereinbarungen und -vorgaben gibt.

> *Die Ziele werden entweder von den Vorgesetzten definiert (Zielvorgabe) oder im Dialog mit den Mitarbeitern festgelegt (Zielvereinbarung). Als Instrumente der Personalentwicklung tragen Zielvereinbarungen dazu bei, das Leistungs- und Kooperationsverhalten zu verbessern. (Becker, 2009, S. 489)*

Zielvereinbarungen können auch die Motivationswirkung einer Person beeinflussen und zur Selbstmotivation (intrinsische Motivation) beitragen. Die Qualität der Zielvereinbarungen hängt von organisatorischen und personellen Voraussetzungen ab. Die Zielerfüllung wird von mehreren Parametern bestimmt und beeinflusst. Wesentliche Kriterien hierfür sind: die rechtzeitige Kommunikation und Bereitstellung der Information, personalwirtschaftliche Maßnahmen, die Führungskompetenz und das Leitprinzip – wie z. B. die Art und Weise, wie eine Führungskraft die Zielvereinbarungen zur Förderung handhabt –, der Handlungsspielraum zur Zielerreichung, die Übertragung der notwendigen Kompetenzen sowie die Bereitstellung von finanziellen und personellen Ressourcen (vgl. Becker, 2009, S. 493).

Es ist wichtig, dass Führungskonzepte mit Zielvereinbarungen von allen beteiligten Personen in einer Organisation – einem Unternehmen oder einer Schule – verbindlich gelebt werden. Für Führungskräfte sind Zielvereinbarungen ein personalwirtschaftliche Instrumente als notwendige Bestandteile ihrer Funktion anzusehen. Das Treffen von Zielvereinbarungen als Führungsinstrument zu nutzen, kann dann problematisch werden, wenn die Führungskraft die Angst hat, Macht abzugeben und einbüßen zu müssen (vgl. Becker, 2009, S. 493). Zielvereinbarungen sind auch die „*Basis der Motivation, sofern es Ziele sind, für die sich der Handelnde entschieden hat und mit denen er sich identifiziert. Ziele sollen den Bezugspunkt zur Leistung, Ergebniskontrolle und Leistungsmotivation darstellen.“ (Buhren & Rolff, 2009, S. 68)*

Kollegiale Hospitation

Im Zusammenhang mit beruflicher Weiterbildung, Qualifizierung – on und near the job – sowie strategischen Entwicklungs- und Prozessbegleitungen aus unterschiedlichen Lebenswelten gibt es unterschiedliche Formen, Methoden und Ansätze, um Menschen zu begleiten, zu beraten und in ihrer Arbeit am jeweiligen Standort zu unterstützen (vgl. Schley & Schley, 2010, S. 11).

Ein konstruktiver Bestandteil vieler Qualitätsmanagementsysteme für Schulen ist der Aufbau einer Feedbackkultur. Wenn von kollegialer Hospitation gesprochen wird, wird dies oftmals auch als kollegiale Resonanz verstanden, denn eine solche fordert es ein, eine Rückmeldung abzugeben. Doch was bedeutet Rückmeldung im Gegensatz zu Bewertung und Beurteilung?

Es wird vermutet, dass der Begriff Feedback ursprünglich aus der Kybernetik stammt. Daraus leitet sich die Lehre von der Steuerung und Regelung von Systemen ab und dieser Begriff wird im Deutschen von diesem Ansatz her als Rückkoppelung übersetzt – mit dem Kernmerkmal eines Regelkreises, worin

> *A einen Impuls an B gibt und B an A zurückmeldet [sic!] was es tut, was A wieder veranlasst, einen Impuls an B zu senden, sodass entweder eine Selbstverstärkung, eine Selbstbegrenzung oder ein programmierter Gleichgewichtszustand eintreten kann. In verschiedenen Systemen laufen diese Rückkoppelungsprozesse automatisiert. (Buhren, 2011, S. 67)*

Das kollegiale Hospitieren ist in der Schullandschaft auch unter dem Begriff „Tandem" bekannt. Die Übertragung des Feedbacks auf zwischenmenschliche Interaktion, Kommunikation oder Lernprozesse ist nicht ganz so einfach, da die Wirkungen der Kommentare sehr unterschiedlichen Bedingungen und Kontexten unterliegen. So eine Rückmeldung kann sich nicht nur auf die Interaktion zweier Personen beziehen, sondern auch auf die Wechselbeziehungen in Gruppen. Es können alle Beteiligten in der Schule zur Rückmeldung herangezogen werden. Wesentlich und wichtig dabei ist, dass sich beim Umgang mit Feedbackinstrumenten unbedingt eine Rückmeldeschleife bildet. Für Lehrpersonen bedeutet dies, Formen der kollegialen Hospitation zu praktizieren, für Schülerinnen und Schüler heißt es, Stellung zum Lehr-/Lernprozess (Unterricht) sowie zum Handeln der Lehrer und auch der Schulleitung zu nehmen. Somit hat die Schulleitung die Chance, ihr Führungshandeln und -verständnis zu reflektieren und Aktionen im Führungsprozess aufzubauen oder Veränderungen anzusteuern. Diese Methode ist sehr gut geeignet, um ein Führungskräftefeedback zu erhalten und daraus somit sinnvolle Prozesse und Aktivitäten in der Schul- und Unterrichtsentwicklung abzuleiten. Damit die Informationen aus einem Feedback zur Qualitätsentwicklung in einer Schule beitragen können, ist es von großer Bedeutung und Wichtigkeit, dass alle Gruppen und Personen in der Schule in ein Feedbacksystem eingebunden werden (vgl. Buhren, 2011, S. 70 ff).

Um die Bedeutung von Responsion im Zusammenhang der zwischenmenschlichen Kommunikations- und Verhaltenssituationen zu veranschaulichen, haben die beiden Psychologen Joseph Luft und Harry Ingham (1955) das nach ihnen benannte „Johari-Fenster" entwickelt. Es gilt als ein beliebtes Modell, um die Wahrnehmung und Persönlichkeitsentwicklung von Individuen oder Gruppen darzustellen. In dieser Betrachtungsweise können

Zusammenhänge, die sich aus Verhaltensweisen, Persönlichkeitsmerkmalen und dem professionelle Handeln ableiten, reflektiert werden. Das Johari-Fenster besteht aus vier Quadranten, die als Offenheit, blinder Fleck, Privates und Unbekanntes bezeichnet werden (vgl. Buhren, 2011, S. 67f).

Feedback sollte folglich keine Bewertung oder Beurteilung sein, sondern ist auf die Fremdwahrnehmung einer anderen Person bezogen – mit dem Merkmal, dass sich zwei Lehrpersonen während eines bestimmten Zeitraums beobachten, im Unterricht besuchen und sich im Nachhinein darüber austauschen. Die Betrachtung zum Selbst- und Fremdbild in Form der Rückmeldungen wird sichtbar. Das Kernelement der gemeinsamen Arbeit für das kollegiale Hospitieren besteht darin, dass nach einer Vorbesprechung unbedingt eine Nachbesprechung folgen muss, aber auch, dass im Vorfeld ein gemeinsamer Beobachtungsschwerpunkt festgelegt wird, damit die Beobachtungen im Nachhinein zielführend reflektiert und auch gemeinsame Lösungsstrategien zur Steigerung der Unterrichtsqualität gefunden und umgesetzt werden können. Grundsätzlich sind folgende Aspekte wichtig, um kollegiale Hospitation mit einer nachhaltigen Wirkung zu gestalten. Rückmeldungen an Lehrpersonen, aber auch an Führungskräfte zu geben, bietet die Chance, einerseits den „blinden Fleck" aufzuhellen und andererseits daraus Handlungen und Aktivitäten in der eigenen Arbeit – im Unterricht, aber auch im Führen von Schülern sowie Kollegen – zu setzen, um seinen Horizont zu erweitern und sich weiterzuentwickeln (vgl. Buhren & Rolff, 2009, S. 79).

Aspekte für ein erfolgreiches und nachhaltiges kollegiales Hospitieren:

- Zielformulierung für die berufliche Weiterentwicklung festlegen
- Die Organisation bestimmen: Das Team sollte auf dem Prinzip der Gegenseitigkeit funktionieren. Die Beobachtungen sollen der Symmetrie dienen und nicht der Befriedigung der Neugierde.
- Die Methode zur Fremdperspektive festlegen: Hierzu ist es wesentlich, dass der Vergleich von Selbstbild-, Selbstwahrnehmung und Fremdbild-, Fremdwahrnehmung abgegrenzt wird, um die Perspektiven und Verhaltensweisen offenzulegen, damit Verzerrungen oder Missverständnisse hinsichtlich der gemachten Beobachtungen vermieden werden können.
- Die strukturierte Verlaufsform: Die Form der kollegialen Hospitation soll einen klaren Verlauf und eine einheitliche Struktur repräsentieren. Der Ausgangspunkt ist der Unterricht, der nach bestimmten Gesichtspunkten beobachtet wird. Der Kreislauf der Zusammenarbeit ist von folgenden Situationen gekennzeichnet: A) Vorbereitung und Beobachtung festlegen; B) Dokumentation und deren Merkmale festhalten; C) Nachbesprechen und

dazu ein Feedback geben lassen und auch die Hinweise dazu annehmen und zuzulassen, um daraus Erkenntnisse und Lösungsansätze zu gewinnen und zu formulieren; D) Umsetzung der gewonnenen Erkenntnisse und die Planung von Handlungssequenzen in der pädagogischen Arbeit (vgl. Inhelder, 2002, S. 2).

Am Ende der Sequenz der ersten Beobachtungsphase können erst der Transfer und die Wirkung der Zusammenarbeit in Form von Tandemarbeit ermittelt werden. Nach der ersten Abfolge wird sich entscheiden, ob die Partnerinnen und Partner weiterhin die kollegiale Hospitation fortsetzen und diese Methode als Chance zur eigenen Weiterentwicklung ihrer Arbeit sehen. *„Bei offenen Beobachtungsinstrumenten ist es das Ziel der Beobachtung, ein möglichst genaues Bild der Stunde – ausgehend von der Beobachtungsfrage – nachzuzeichnen." (Buhren, 2011, S. 77)*

Dieses Beobachtungsinstrument ist auch für Führungskräfte eine reale Chance, um ein Fremdbild zur Führungsarbeit zu erhalten. Diese Form der Feedbackgewinnung kann auch genutzt werden, um die Rückmeldung von Schülern einzubinden. Allerdings sollt man sich zuvor genau überlegen, welche Ziele eine Schülerresonanz im Rahmen der kollegialen Hospitation haben sollte. Im Vorfeld ist genau festzulegen, wie und welche Beobachtungskriterien zu definieren sind, um reelle Daten zur Responsion zu erhalten. Die Zielsetzung und das Instrument für ein Schülerfeedback müssen präzise erhoben und definiert sein, z. B. in Form eines Beobachtungsbogens. In der Vorbereitungsphase sind einführende Maßnahmen zu treffen, damit die Schüler auch darauf vorbereitet werden. So werden sie mit der Handhabung dieses Instruments vertraut und wissen genau, was zur Umsetzung der Beobachtung durchzuführen ist. Nur so macht es Sinn, dass Ergebnisse aus einer Beobachtung wirksam und zielführend reflektiert werden können. Ziele für ein Schülerfeedback könnten beispielsweise sein: 1) Informationen über Wirkungen von Lehrerverhaltensweisen zu bekommen; 2) direkte und unmittelbare Auskünfte über die Effektivität zum Unterricht, das heißt, die Lernwirkung von Lehrmaßnahmen zu erhalten; 3) Schülerrückmeldungen als Indikatoren zur Erreichung der übergeordneten Lehr- und Lernziele; 4) Hinweise zu Interaktionen zwischen der Lehrperson und den Schülerinnen und Schülern (vgl. Buhren, 2011, S. 93).

Ebenso wie bei der kollegialen Hospitation oder beim Schülerfeedback sollte eine Rückmeldung an die Schulleitung auf der Basis eines entsprechenden Fragebogeninstruments erfolgen. Hierzu gibt es zahlreiche bewährte Formen, die sich auf das Schüler- und Mitarbeiterfeedback beziehen. Grundsätzlich sind folgende Dimensionen von Führungsverhalten wesentlich:

„1. fördert die Zusammenarbeit; 2. fördert die Mitarbeiter/-innen; 3. gibt Anerkennung; 4. informiert; 5. fördert Ideen; 6. verbessert die Wirtschaftlichkeit; 7. führt wertorientiert; 8. handelt kundenorientiert und, nicht zu vergessen, die Öffnung des Fragebogens für weitere berichtenswerte Aussagen der Mitarbeiter/-innen.“ (Buhren, 2011, S. 94)

Das Professionsbewusstsein drückt aus, sich als Experten wahrzunehmen. Regelmäßige Reflexion durch ein Feedback ist ein entscheidendes Element, um sich auf dem Weg der Professionalisierung zu befinden. Lehrpersonen haben dadurch die Gelegenheit, ihre Arbeit in ihrer Praxis regelmäßig zu reflektieren. Lassen das Lehrpersonen zu, dann haben sie die Chance, zu pädagogischen Expertinnen und Experten zu werden. Sie sind dann weit mehr als nur Fachleute hinsichtlich des Wissen und der Methode (vgl. Rolff, 2013, S. 123).

Coaching

Eine weitere Vorgehensweise zur Förderung von Lehrpersonen ist das *„Coaching, welches im Schulbereich eine wichtige Rolle zu spielen beginnt.“ (Buhren & Rolff, 2009, S. 91)* Dieser Begriff hat eine lange Tradition und wird unterschiedlich definiert. Coaching umfasst die Beratung, Betreuung und Motivierung von Einzelpersonen, aber auch von Gruppen und steht im Zusammenhang einer beruflichen Weiterbildung und Qualifizierung *on the job.* Vera und Wilfried Schley haben aus dem traditionellen Coaching ein praxistaugliches Konzept für die Schule entwickelt und die Methode des kollegialen Teamcoachings (KTC) entwickelt. Das Konzept des *„kollegialen Teamcoachings greift die dem Menschen verfügbaren Potenziale der Intuition, der Resonanz, der Phantasie, der bildhaften Vorstellung von Situationen und Szenen auf und leistet eine hoffnungsvolle Antizipation“ (Schley & Schley, 2010, S. 11),* um sich so für Lösungsräume zu öffnen.

Ziel des Coachings ist es, Hilfe zur Selbsthilfe zu geben und die Arbeit an der Person zu ermöglichen. Coaching wird in mehreren Sitzungen durchgeführt und ist zeitlich begrenzt. Die Modifikation im Coachingprozess soll die Orientierungs-, Klärungs-, Veränderungs- und Abschlussphase wiedergeben. Das Coaching ist eine anspruchsvolle Form des gemeinsamen Arbeitens – mit dem Merkmal, dass unterschiedliche methodische Verfahren und Techniken zugeordnet werden. Eine Empfehlung im pädagogischen Bereich ist, dass ethische Prinzipien formuliert und integriert werden. Diese bilden die Herzstücke eines Coachings.

Die angeführte Tabelle gibt einen Einblick in die Prinzipien als „Gebote“, die ein Coach berücksichtigen muss, um erfolgreiche Arbeit zu gewährleisten, aber auch, um auf die individuellen Situationen eines Individuums oder einer Gruppe zielführend eingehen zu können.

Tabelle 7: Ethische Prinzipien zum Coaching (vgl. Schley & Schley, 2010, S. 93)

Ethische Prinzipien für einen Coach
• Die Coachingarbeit muss immer transparent sein und Veränderungen müssen immer im gegenseitigen Einvernehmen vorgenommen werden.
• Der Coach muss dafür sorgen, dass die äußere und innere psychische Repräsentanz beachtet werden.
• Die gemeinsame Arbeit soll in einem absoluten gegenseitigen Vertrauen stattfinden und es soll Artikulationsmöglichkeit geboten werden.
• Der Coach hat die Aufgaben, sich die Erlaubnis für bestimmte Fragen einzuholen, die Daten absolut vertraulich zu behandeln und diese zu schützen.
• Bloßstellungen und Abwertungen sind absolut zu vermeiden.
• Die Aussagen und Inhalte des Gegenübers sind respektvoll als subjektive Wahrheiten zu sehen.
• Vergleiche zum Kollegium sind nicht relevant und zu vermeiden.
• Eigene Bewertungen, Erfahrungen und Wahrnehmungen können hilfreich sein, dürfen aber nur als objektive Informationen verstanden werden.

Diese ethischen Prinzipien sind grundlegende Elemente, die im Coachingprozess zu beachten sind. Coaching durch Führungskräfte, kurz auch Führungskräftecoaching genannt, kann eine durchaus fragwürdige Angelegenheit sein. Andererseits zählt es zu den primären Aufgaben jeder Führungsperson, die Mitarbeiterinnen und Mitarbeiter – in der Schule Lehrpersonen – bei der Erfüllung ihrer Aufgaben zu beraten, zu unterstützen und ihnen für die Situation praktizierbare Anleitungen anbietet. Der Coachingprozess umfasst mehrere Phasen und wird vom Coach in das Verhaltensrepertoire aufgenommen. Ein Coachingprozess umfasst fünf elementare Phasen: die Problemwahrnehmung, die Problemanalyse, die Lösungssuche, die Umsetzung und die Evaluierung. Diese Vorgehensweise ist bereits eine erprobte Methode, um Menschen und Menschengruppen zu begleiten, damit sie es in Zukunft ihre Herausforderungen fachlicher und persönlicher Natur lösen können (vgl. Becker, 2009, S. 541 ff).

Ist in der Schule die Schulleitung der Coach, ist es von eminenter Bedeutung und Wichtigkeit, dass es eine präzise Abgrenzung in der Rollenfunktion, der Beurteilungsbefugnis und der Beratungspflicht gibt. Sobald die Schulleitung als Coach der Lehrpersonen auftritt, muss die Funktion des Vorgesetzten im Hintergrund sein und es müssen die Ziele, Funktionen und Rolle des Coachings definiert werden. Eine Lehrperson wird nur dann bereits sein, sich auf diesen Prozess und das Coaching einzulassen, wenn diese Parameter definiert sind und die Teilnahme freiwillig ist (vgl. Schley & Schley, 2010, S. 29 ff).

Das Coaching bietet die Chance, unentdeckte Talente sichtbar zu machen und zu fördern, damit diese für die Schule, den Lehrprozess mit Schülern, genutzt werden können.

Zusammenhänge, Grundlagen und Grundbegriffe: Coaching und Mentoring

Einzelberatung, Begleitung und individuelles Einzeltraining des Mitarbeiters in sachlichen und persönlichen Fragestellungen sollen zur Sicherstellung bzw. Steigerung seiner persönlichen Arbeitsleistung unterstützt werden. Durch diese Instrumente kann die Qualität im Miteinander von einzelnen Personen – wie Lehrpersonen in der Schule – genutzt und maßgeblich positiv beeinflusst werden. Die Mentoringarbeit in der Schule umfasst drei Bereiche: Mentorat, Coaching und Counseling. Der Schwerpunkt ist vom Selbstverständnis des Mentors und von der jeweiligen Lernsituation abhängig. Der Mentor fördert die berufliche Entwicklung des Mentees. Dabei begleitet er auf Augenhöhe, um die Fähigkeiten des Mentees zu fördern. Ziel ist es, das Potenzial des „Wissenden" für andere in der Organisation Arbeitende umfassend nutzbar zu machen.

Der Coach unterstützt bei der Bewältigung einer bestimmten Entwicklungsaufgabe. Das Coachingverhältnis ist eher hierarchisch angelegt. Der Coach ist für die Leistung des Gecoachten mitverantwortlich. Counseling kann als Beratung im engeren Sinne bezeichnet werden und dient der Lösung von Problemen oder der Unterstützung in einem persönlichen Entscheidungsprozess. Der Counselor ist unabhängig vom Beratenen. Wie die Entscheidung bzw. Problemlösung ausfällt, liegt in der Verantwortung des Beratenen.

Zusammenfassend ist darzustellen, dass Mentoring ein Verhältnis zwischen einem Berater (Mentor) und einem Ratsuchenden (Mentee), der eine persönliche Weiterentwicklung wünscht oder eine persönliche Förderung zum Ziel hat, bezeichnet. Die Funktion des Mentors ist, den Ratsuchenden bei folgenden Aktivitäten zu unterstützen: 1. Hilfe beim systematischen Aufbau eines Netzwerkes; 2. Weitergabe von informalen Strukturen; 3. Weitergabe von Wissen, die personell bestimmt ist; 4. Weitergabe von Normen, Werten und auch Erfahrungen; 5. Vermittlung von sozialen Fähigkeiten, die erwünscht sind und das berufliche Weiterkommen unterstützen; 6. Support der beruflichen Entwicklung des Mentees.

Es gibt Unterschiede zwischen Coaching und Mentoring. Letzteres ist zumeist in ein umfassendes Personalentwicklungskonzept eingebunden und somit auf einen längeren Zeitraum bestimmt. Das Coaching ist hingegen auf konkrete aktuelle Themen und Probleme punktuell ausgerichtet und wird über eine bestimmte Periode eingesetzt (vgl. Becker, 2009, S. 547).

Professionelle Lerngemeinschaft (PLG) – als Lernplattform

Die Begriffe Professionalität oder Professionalisierung haben eine lange Tradition. Diese werden auch in der Schul- und Personalentwicklung immer wieder genannt und sind dennoch schwer erklärbar und in der Definition abzugrenzen.

> *„Der Begriff der Professionalisierung bezeichnet den Prozess der gesellschaftlichen Institutionalisierung der jeweils spezifischen Wissensbasis, der Ausbildungswege, der besonderen Tätigkeitsfelder, des Berufsprestiges und der Laufbahn bzw. der Karrieremuster und der Etablierung einer eigenen Standesvertretung eines Berufes." (Becker, 2009, S. 691)*

In der Schulentwicklung sind die drei Worte – Profession, Lernen und Gemeinschaft – eng miteinander verbunden. Die Arbeitsform der Professionellen Lerngemeinschaft wird als eine „Lernplattform" bezeichnet und in diesem Kontext auch als Treiber der Schulentwicklung bezeichnet. In diesem Zusammenhang steht eine schematische Formel mit der Abkürzung PLG – Professionelle Lerngemeinschaft.

Als professionell werden Spezialisten bezeichnet, die über eine qualifizierte Ausbildung verfügen, hohe Standards in der Berufstätigkeit erfüllen, sich daran orientieren und sich kontinuierlich über aktuelle Entwicklungen und Erkenntnisse zu ihrer Professionalität informieren. Eine Gemeinschaft wird als eine Gruppe von Menschen verstanden, die gemeinsamen Zielen und Interessen nachgeht. Es wird personenzentriert gehandelt und fundamentale Bedürfnisse, wie Vertrauen, Anteilnahme, Beziehung und Weiterentwicklung sowie auch Verpflichtung und Verbindlichkeiten, werden erfüllt (vgl. Haeffner, 2012, S. 282).

Der Ansatz von PLGs ist, dass die Schule ein Ort einer Gemeinschaft ist – Schule als ein Ort mit Erwachsenen und für Heranwachsende. In einer Lerngemeinschaft muss die wichtigste Bedingung aller Mitglieder sein, dass alle Angehörigen der Gemeinschaft lernende Personen sind – gleich, ob man Schülerin oder Schüler, Lehrperson, Schulleitung oder Eltern ist. Erst wenn die Erwachsenen anfangen, ihr eigenes Lernen und auch Lehren ernst zu nehmen, und Wert darauf legen, dass sie das Lernen und auch die Leistung den Lernenden positiv beeinflussen und vorantreiben, werden diese Grundhaltung und Einstellung auch von den Schülerinnen und Schülern wahrgenommen. Schulen sind dazu da, damit das Lernen aller begünstigt wird (vgl. Schratz & Westfall-Greiter, 2010, S. 126).

> *„Professionelle Lerngemeinschaften bezeichnet ein bestimmtes Verständnis einerseits von einem besonderen Modus für die Zusammenarbeit in einer Berufsgruppe und andererseits von einer bestimmten Struktur, die für Schulentwicklung nach der Vorstellung einer Lernenden Schule zunehmend an Bedeutung gewinnt. Das heißt fürs Erste: Lernen spielt eine zentrale Rolle, und das Selbstverständnis der Beteiligten ist, dass sie Lernende sind. (…) Professionelle Lehrer und Lehrerinnen sind verantwortlich für die Realisierung eines Unterrichts, in dem die Lernenden gut lernen können. (…) Lernen ist die Aktivität, auf die sich Professionelle einlassen, um ihr Wissen und ihre Kompetenz weiterzuentwickeln." (Schratz & Westfall-Greiter, 2010, S. 127)*

Bereits Peter Senge argumentiert in seinen Texten die Eckpfeiler, dass die 5 Fertigkeiten, genannt Disziplinen, zusammenspielen müssen, um sich am Weg als lernende Organisation entwickeln zu können. Er benennt es als wichtiges Gesetz in der Organisations-, aber auch Schulentwicklung. Er argumentiert, dass eine Gesamtbetrachtung des Systemdenkens – Personal Mastery, mentale Modelle – sowie eine gemeinsame Vision und das Teamlernen vorhanden sein müssen (vgl. Senge, 2011, S. 74 f).

In der Schulentwicklung wurde zum Thema Professionalisierung im Lehrerberuf im Auftrag des Bildungsministeriums das sogenannte EPIK entwickelt. Die Abkürzung steht für den Titel „Entwicklung von Professionalität im internationalen Kontext" und beinhaltet fünf Aufgabenbereiche für Lehrpersonen zur Professionalisierung und Weiterentwicklung der pädagogischen Arbeit (vgl. Schratz, et al., 2008, S. 123).

In Betrachtung der „Fünften Disziplin" erfolgte in Anlehnung an die Theorie von Peter Senge (vgl. 2011, S. 74 f) eine Einbettung in den inhaltlichen Kontext. Diese erklärt den Zusammenhang mit der Arbeit von Lehrpersonen und wird unter dem Begriff „Sechste Disziplin" angeführt. Die grafische Darstellung der Spirale (Abbildung 2) soll die kontextspezifischen Anteile der fünf Domänen und die Wechselwirkung zueinander auf den unterschiedlichen Ebenen skizzieren.

> *„Die Darstellung in Puzzle-Teilen weist darauf hin, dass keine Domäne für sich alleine steht, sondern diese sich aufeinander beziehen und zum Teil überschneiden, was ihre Mehrperspektivität ausmacht. Ebenso ist keine Domäne bloß auf Strukturveränderung oder bloß auf persönliche Weiterentwicklung fokussiert, sondern verlangt immer nach beiden Perspektiven (Struktur und Person)." (Paseka, Schratz & Schrittesser, 2011, S. 26)*

Im Überblick orientiert sich das EPIK-Modell an der Überlegung, dass Handlungen und Strukturen aufeinander bezogen sind und eine Wechselwirkung zueinander haben. Die Vorstellung von professionellem Handeln und die organisatorischen Aspekte von Lehrpersonen bedingen einander und sind folglich in ihrer wechselseitigen Verschränkung wahrzunehmen. Um diese

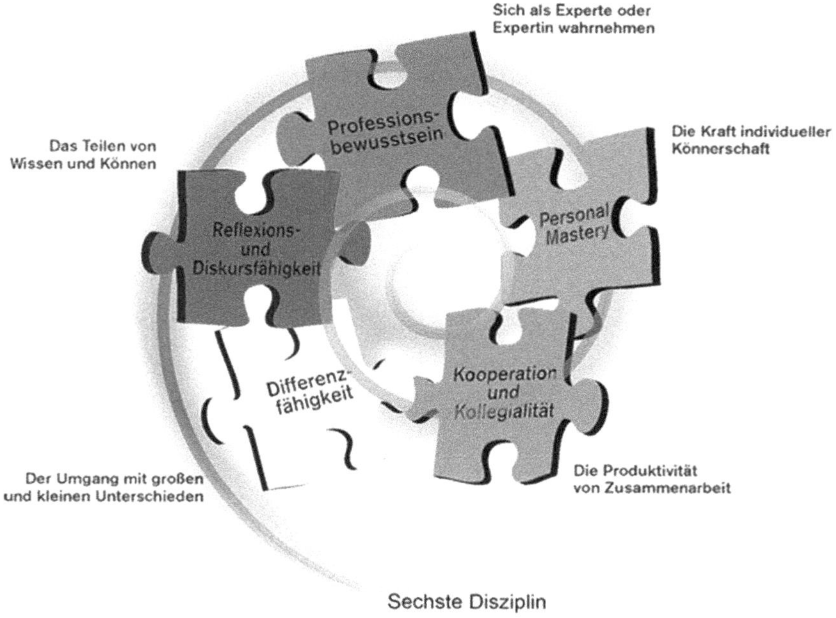

Abbildung 2: Die fünf Domänen der Professionalität von Lehrerinnen und Lehrern und die Sechste Disziplin (Paseka, Schratz & Schrittesser, 2011, S. 26)

Überkreuzung der beiden Perspektiven darzustellen, wurden Kompetenzfelder, sogenannte „Domänen", definiert und beschrieben.

> *„Auf den Punkt gebracht, besteht das Ziel einer Professionellen Lerngemeinschaft darin, die Lernergebnisse der Schülerinnen und Schüler durch regelmäßige systematische Reflexion (Aktionsforschung) zu verbessern. (...) In Professionellen Lerngemeinschaften denken Lehrkräfte gemeinsam über ihre Unterrichtstätigkeit und die Lernergebnisse von Schülern nach und übernehmen die gemeinsame Verantwortung für die von ihnen unterrichteten Schülerinnen und Schüler." (Bonsen, 2011, S. 104)*

Die enge Zusammenarbeit in einer Lerngemeinschaft bietet die Möglichkeit, Herausforderungen zu bearbeiten, beispielsweise gemeinsam darüber nachzudenken, wie sich Auswirkungen und Veränderungen beobachten lassen, um daraus Lösungswege zu finden oder die pädagogische Arbeit zu optimieren.

> *„Professionelle Lerngemeinschaften sind im Kern nichts anderes als Lehrerteams. Auch die Idee der Kooperation von Lehrkräften ist nichts Neues. (...) Nicht jede Form von*

Lehrerkooperation, nicht jedes Lehrerteam lässt sich somit als Professionelle Lerngemeinschaft bezeichnen. Gerät der Unterricht aus dem Blick, verliert das Konzept an Schärfe und Kontur.“ (Bonsen, 2011, S. 104)

Das Konzept der Professionellen Lerngemeinschaften baut auf fünf Säulen (Abbildung 3) und ist ein praxiserprobtes Modell zur kooperativen Schul- und Unterrichtsentwicklung.

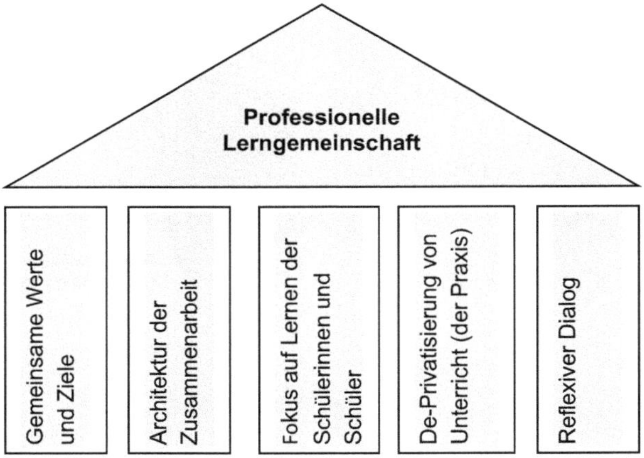

Abbildung 3: Fünf Säulen einer PLG (vgl. Bonsen, 2011, S. 105)

In Anlehnung an Martin Bonsen beschreiben die fünf Elemente, durch die das Konzept der Professionellen Lerngemeinschaft bestimmt werden (vgl. Bonsen, 2011, S. 105 ff):

1. *Gemeinsam geteilte Werte und Ziele:* Darunter werden eine gemeinsame Sicht und die Identifizierung der gemeinsamen Werte und Ziele von Lehrpersonen hinsichtlich der Schüler, des Lernens und der Kollegen verstanden. Ein ausgearbeitetes Schulleitbild kann ein Ausdruck für ein gemeinsames Grundverständnis sein.
2. *Architektur der Zusammenarbeit:* Im Laufe der Zeit schafft die Schulleitung eine regelgerechte Struktur, um die Zusammenarbeit von Lehrpersonen zu unterstützen – mit dem Merkmal, dass dieser Aufbau nicht bürokratisch bedingt ist, sondern dazu dient, die einzelne Lehrperson in der pädagogischen Arbeit zu unterstützen und in das schulische Gesamtgeschehen

einzubinden. Es wird ein Zeitfenster festgelegt, um regelmäßige Gespräche wöchentlich oder zweiwöchentlich festzulegen. Diese sind fest im Stundenplan verankert und verbindlich. In diesen Treffen sollen Lehrkräfte aufgefordert werden, ihre Erfahrungen auszutauschen, und das bietet somit die Gelegenheit, die pädagogische Praxis zu reflektieren. Der Fokus in der Lerngemeinschaft richtet sich danach, dass kontinuierliche Gespräche und Diskussionen über Ziele, Methoden, Verhaltensweisen und gemeinsame Regeln als Parameter für die Zusammenarbeit sowie Standards der Bewertung im Lehren und Lernen geführt werden, um Qualitätsindikatoren und Wertigkeit zu entwickeln.

3. *Fokus auf das Schülerlernen und den Unterricht:* Das zentrale Ziel und die Mitte aller Aktivitäten, der pädagogischen Arbeit sowie der Reflexion der Lehrpersonen ist das erfolgreiche Lernen der Schülerinnen und Schüler. Die kooperative Bearbeitung soll die Auseinandersetzung mit dem pädagogischen Auftrag und dem Berufsethos als Lehrperson fördern. Gemeinsam übernehmen Lehrpersonen *„Verantwortung, ohne sich als Einzelperson zu überfordern." (Bonsen, 2011, S. 106)* Die Schwerpunkte aller Handlungen und Vorhaben liegen auf der Lernförderung und -entwicklung der Schüler und bilden die „Kerncharakteristik" von Professionellen Lerngemeinschaften.
4. *De-Privatisierung der Praxis (des Unterrichts)*: De-Privatisierung kennzeichnet, dass Lehrpersonen die sichere und gewohnte „Welt" des eigenen Klassenzimmers verlassen. Sie erfahren somit neue Wege der pädagogischen Arbeit und lernen, über ihre Unsicherheiten und ihr Tun zu reden. *„Der Unterricht ist öffentlich, die Schwelle zu übertreten, ist kein Vergehen, sondern gewollt." (Bonsen, 2011, S. 106)* Denn erst, wenn aus den Ereignissen hinter den Klassentüren kein Geheimnis mehr gemacht wird, kann über die pädagogische Arbeit – das Lehren und Lernen – konstruktiv gesprochen und diese weiterentwickelt werden.
5. *Reflexiver und reflektierender Dialog:* Reflexion ist dadurch gekennzeichnet, dass über die eigene Arbeit – das Tun – nachgedacht wird, um eine erhöhte Bewusstheit über das eigene professionelle Handeln und dessen Konsequenzen erlangen zu können. Eine Feedbackkultur ist ein unverzichtbarer Bestandteil und der kontinuierliche professionelle Dialog zwischen den Lehrpersonen erforderlich. Der Fokus richtet sich darauf, dass die intellektuellen Ansprüche, die sozialen Prozesse sowie die Inhalte und Methoden des Lehrens und Lernens reflektiert werden. Die Lehrpersonen reden über Prozesse und Wirkungen ihres Unterrichts, ihrer pädagogischen Tätigkeit.

Forschungsbefunde zeigen, dass sich die Arbeit in einer Professionellen Lerngemeinschaft positiv auf Lehrpersonen auswirkt (vgl. Bonsen, 2011, S. 104 ff).

Zusammenfassend weisen die empirischen Befunde darauf hin,

> *„dass mit der Entwicklung von PLGs eine signifikante Reduzierung der Isolation von Lehrkräften, eine höhere Identifikation von Lehrkräften mit den Zielen ihrer Schule, [sic!] sowie eine erhöhte Verantwortungsübernahme von Lehrpersonen für die Gesamtentwicklung und den Lernerfolg von Schülerinnen und Schülern einhergeht [sic!]. (…) Forschungen aus den USA geben Hinweise, dass PLGs Auswirkungen auf die Personalentwicklung und das Schülerlernen haben." (Haeffner, 2012, S. 284)*

Classroom Walkthrough

Die Schulleitung ist nach der allgemeinen Dienstordnung berechtigt, die Lehrpersonen im Unterricht zu besuchen. In der Praxis werden diese Aufgaben im Führungshandeln allerdings eher vernachlässigt und nur meist dann angewandt, wenn es schon zu Problemen oder Konflikten gekommen ist. Zugleich hat dieser „Besuch" auch einen negativen Beigeschmack bei Lehrpersonen. Dies mag am prüfungsähnlichen Charakter und am Eindruck, eine Kontrollfunktion auszuüben und die Macht einer höheren Position auszuüben, liegen. Durch Kurzbesuche schafft sich die Schulleitung einen Überblick über den Unterricht. Classroom Walkthrough ist ein Führungsinstrument – mit dem Ziel, eine nachhaltige Unterrichtsentwicklung zu erreichen. Durch kurze, immer wiederkehrende Unterrichtsbesuche mit einem schriftlichen oder mündlichen Feedback kann die Schulleitung Einblick in das Lehren und Lernen an der Schule nehmen. Die Besuche sind nicht angekündigt, das Schulzimmer wird ohne anzuklopfen betreten. Damit der Unterricht nicht gestört wird, gibt es keine Begrüßung und keine Verabschiedung. Die Schülerinnen und Schüler werden auch über diese Methode informiert, sie lernen und begreifen schnell, sie schätzen die Besuche der Schulleitung. Durch die vorgegebenen Beobachtungsschwerpunkte – die sogenannten Look-fors – kann Unterrichtsentwicklung gezielt verwirklicht werden. Voraussetzung muss jedoch sein, dass es eine Vertrauenskultur innerhalb der Schule gibt (vgl. Buhren & Rolff, 2009, S. 49).

Die internationale Forschung zeigt, dass kein anderes Merkmal so eindeutig und konsistent mit dem Leistungsniveau und dem -fortschritt von Schulklassen verknüpft ist und auch die Klassenführung von Lehrpersonen auf die Leistungsebene der Schülerinnen und Schüler einwirkt – mit dem Hintergrund, dass die mangelnde Disziplin einer der stärksten Stressfaktoren für Lehrpersonen ist. Die Studien zur Lehrerbelastung sind sich darin einig, dass die höchste nervliche Anspannung bei Lehrern aus Disziplinschwierigkeiten resultiert. Daraus erfolgt die Erkenntnis, dass die Lehrperson die Freude am

Beruf verliert. Classroom Walkthrough schafft ein geordnetes Klassenzimmer und die Voraussetzungen dafür, dass Lehrpersonen gesund bleiben und den Spaß an ihrer Tätigkeit bewahren. Auf diese Weise können ein harmonisierendes Schul- und Klassenklima sowie gute Beziehungen zwischen Lehrpersonen und Lernenden erreicht werden. Eine aggressive Atmosphäre erzeugt jedoch schlechte Beziehungen, Misstrauen zwischen Schülerinnen und Schülern, Lehrpersonen und Eltern, erschwert zusätzlich die pädagogische Arbeit und prägt das Schulklima, was sich wiederum hemmend auf die Schul- und Bildungsqualität auswirkt (vgl. Schwarz, 2013, S. 15 ff).

Die Philosophie von Classroom Walkthrough lässt sich wie folgt zusammenfassen: Es wird präventiv gehandelt und das positive Verhalten von Schülerinnen und Schülern hervorgehoben. Classroom Walkthrough geht davon aus, dass alle Beteiligten in der Schule davon profitieren sollen: die Schulleitung, die Lehrpersonen, die Schulklassen – und auch das Schulklima.

Merkmale sind:

- Die Schulleitung ist regelmäßig genau dort, wo „Schule" – das Lehren und Lernen – stattfindet, nämlich in den Klassenzimmern. Daraus erhält die Schulleitung Daten über den Stand der Unterrichtspraxis und das Lernen der Schülerinnen und Schüler. Ein anschließendes Gespräch zwischen Schulleitung und Lehrpersonen ermöglicht es, ein informelles Feedback abzugeben und sich über Beobachtungen und Wahrnehmungen auszutauschen.
- Lehrpersonen erhalten daraus ein Feedback durch die Schulleitung und sehen sich in ihrer Arbeit bestätigt. Mit anerkennenden Worten der Schulleitung kann die Arbeitszufriedenheit erhöht werden. Der eigene Unterricht wird reflektiert, neue Erkenntnisse erweitern die Unterrichtspraxis.
- Die Kinder und Jugendlichen erfahren so, dass sich die Schulleitung für ihre Arbeit interessiert, und es signalisiert auch, dass die Schulleitung und Lehrpersonen zusammenarbeiten.

Durch Classroom Walkthrough soll eine bessere Beziehung zwischen allen Beteiligten in der Schule erreicht werden – ein Werkzeug für reflexionsstarke und unterrichtsbegleitende Führung. Durch Beobachtungen im Unterricht, welche die Schulleitung und Lehrpersonen reflektieren und worüber sie sich austauschen, wird eine Weiterentwicklung der pädagogischen Arbeit ermöglicht. Durch den kollegialen Austausch werden unterschiedliche Perspektiven eröffnet – mit dem Ziel, die Bereitschaft zur Weiterentwicklung und Professionalisierung zu stärken (vgl. Schwarz, 2013a, S. 37 ff).

3.2.2.3 Resümee

Die Schule ist ständig gefordert, eine wachsende Vielfalt an Aufgabenstellungen effizient und effektiv zu bearbeiten. Immer wieder wird betont, dass es bei Schulentwicklung und Qualitätssicherung gerade auf die Person der Schulleitung ankommt. „Sie gilt als entscheidender Faktor, um Reformen zu implementieren und Innovationen anzustoßen." (Eschborn-Müller, 2008, S. 2) In der Rolle eines Schulleiters oder einer Schulleiterin vereinigt sich idealtypisch der Pädagoge mit einem „inneren Team" aus Manager und Sozialarchitekt, Berater und Betreuer, Prediger und Prophet und gegebenenfalls aus Anwalt und Politiker (vgl. Bonsen, 2003, S. 298).

Diese Aussagen verdeutlichen die schwierige Position von Schulleitungen innerhalb der Schule. Der Schulleiter gilt als „Türöffner" in der Schule, ist „Hüter" des Schulklimas und soll die „Mitarbeiter stärken" (vgl. Schmolmüller, 2017. S. 61 f).

Nicht die Veränderung von Menschen und auch nicht die Beseitigung ihrer Schwächen sind herausfordernde Aufgaben von Führungskräften, sondern die größtmögliche Umsetzung von Stärken und Kompetenzen der Belegschaft in den auszuführenden Tätigkeiten. Der Führungs- und Leitungsprozess ist an Verantwortung, Leistung und Disziplin festgemacht. Diese zeigen sich in der Regel erst, wenn Herausforderungen auftreten.

Um die berufliche Weiterentwicklung von Lehrpersonen zu ermöglichen, ist das Fundament für wirksame Schul- und Personalentwicklungsmaßnahmen zu setzen, um mehr Qualität in der Schule zu erreichen und erhalten sowie Schule zu einer lernende Organisation zu werden. Schule als solche fordert alle schulbeteiligten Akteure, sich kontinuierlich zu verändern, zu lernen und sich weiterzuentwickeln – das ist nicht nur für Individuen eine Chance, sondern auch für Gruppen und die ganze Organisation.

Schul- und Personalentwicklung müssen auf der Metaebene angesetzt werden. Auch Peter Senge sieht das als Grundvoraussetzung, um Schule als lernende Organisation zu gestalten. Er argumentiert in seinen Texten, dass folgende Bedingungen gegeben sein müssen, um Weg und Richtung einer lernenden Organisation zu sein. Die Schwerpunkte in der Schul- und Personalentwicklung müssen sein: Personal Mastery, mentale Modelle, eine gemeinsame Vision, das Teamlernen und das Systemdenken sowie die Gestaltung in einem ganzheitlichen Zusammenhang (vgl. Senge, 2011, S. 74f).

4. Auswertung und Darstellung der Ergebnisse

Es werden Motive, Bedingungen, Wahrnehmungen und Einschätzungen der Lehrpersonen in privaten Schulen in freier Trägerschaft sowie Perspektiven der Personalentwicklung dargelegt.

Allgemeine Hinweise zur Lesbarkeit

Zur besseren Lesbarkeit wird in diesem Kapitel die Bezeichnung Lehrpersonen herangezogen und bezieht sich auf die Lehrpersonen in privaten Schulen in freier Trägerschaft. Damit der Kommunikationsfluss nicht gestört wird, wird der Begriff „private Schule in freier Trägerschaft" nicht mehr gesondert angeführt.

4.1 Interviewergebnisse

Die angeführten Tabellen dienen dazu, die Indikatoren zur Auswertung der Interviews einleitend und überblicksmäßig darzustellen.

Tabelle 8: Motive und Beweggründe zur Arbeit in einer privaten Schule

Motive von Lehrpersonen zur Arbeit an privaten Schulen
Wunsch einer beruflichen Veränderung, um eigene pädagogische Vorstellungen zu realisieren
Werte der Schulkultur mit wertschätzenden Rahmenbedingungen
Individuelles und ganzheitliches Lernen
Gründerinitiative

Bei der Frage, welche Motive und Beweggründe zur Arbeit von Lehrpersonen in einer privaten Schule in freier Trägerschaft vorherrschen, war sehr auffällig, dass alle Befragten geantwortet haben, dass sie auf der Suche nach einer Veränderung sind, um die eigenen pädagogischen Vorstellungen realisieren zu können. (I1-Z:19; I2-Z:40; I3-Z:20; I4-Z:24; I5-Z:21)

Zentrale Elemente, die in der Befragung dazu genannt wurden, waren der Wunsch hinsichtlich der pädagogischen Vorstellungen, dass ganzheitliches Lehren und Lernen gegeben sein müssen – mit dem Hinweis, dass die Größe einer Lerngruppe ein wesentlicher Bestandteil ist, um individuelles und ganzheitliches Lernen zu ermöglichen.

Die befragte Person in Interviews 5 äußerte dazu wie folgt:

> *„Daher habe ich mich auch entschieden, aus der herkömmlichen Schule auszusteigen, denn es ist sehr schwer, dort eine Veränderung in der Schulentwicklung herbeizuführen, wenn die Einstellung eines Lehrkörpers und die Bereitschaft nicht gegeben sind. Ich durfte selbst miterleben, wie mühselig das ist, wenn nicht alle an einem Strang ziehen." (I5-Z:23)*

Auffällig war auch, dass alle Befragten die Wichtigkeit einer wertschätzenden Schulkultur betont haben. Begrifflichkeiten, wie respektvoller Umgang und Lernen als gemeinsamer Entfaltungsprozess (I3-Z:46), wurden erwähnt.

Bei dieser Frage war auch festzustellen, dass drei der befragten Personen gemeint haben, dass der Beweggrund, in einer privaten Schule in freier Trägerschaft zu arbeiten, durch eine Elterninitiative entstanden ist und der Vorschlag an die Lehrpersonen herangetragen wurde, bei einer Gründungsinitiative für eine private Schule dabei zu sein und daran mitzuwirken. (I1-Z:21; I3-Z:34; I2-Z:36)

Tabelle 9: Die wichtigsten Fähigkeiten von Lehrpersonen

Die wichtigsten Fähigkeiten von Lehrpersonen:
Berufung & Freude am Beruf
Experte, Begleiter und Beobachter sein
Empathie und hohe soziale Kompetenz
Ganzheitliche Lehrkompetenzen
Offenheit für Neues

Bei der Frage, welche wichtigsten Fähigkeiten eine Lehrperson besitzen sollte, war es auffällig, dass die befragte Person in Interview 1 genau alle diese Werte aufzählte: Der Lehrerberuf soll als Berufung gesehen und gelebt werden und eine Lehrperson ein Experte und Begleiter für seine Schülerinnen und Schüler (I1-Z:41; I2-Z:48) sein.

Auf der Suche nach den wichtigsten Kenntnissen, die eine Lehrperson mitbringen sollte, wurden Empathie und eine hohe soziale Einfühlsamkeit (I2-Z:49) sowie ganzheitliche Lehrkompetenzen (Methodenkompetenz) und die Offenheit für Neues im Lernprozess genannt, um den Schülerinnen und Schülern individuelles und ganzheitliches Lernen zu ermöglichen (I2-Z:50). Auffällig war auch, dass der Begriff Flexibilität im Zusammenhang mit der Methodenkompetenz, aber auch der Unterrichtsentwicklung genannt wurde.

Tabelle 10: Fundamentale Werte von Lehrpersonen

Wertevorstellung von Lehrpersonen
Klare Strukturen und Wertschätzung in der Schulkultur
Führungskultur
Wertschätzendes Miteinander und Vereinbarungen

Beim Item zur Frage, welche Wertevorstellung Lehrpersonen haben, um sich im Beruf entfalten zu können, standen bei den Antworten klare Strukturen in der Schul- und Lernorganisation, ein wertschätzendes Miteinander mit gemeinsamen ethischen Werten und Vereinbarungen, um ein harmonisierendes Schulklima zu erreichen, respektvoller Umgang und Sprache sowie Vereinbarungen und auch die Führungskultur im Schulalltag eindeutig an vorderster Stelle der Befragung. Begrifflichkeiten, wie Wertschätzung, Offenheit, Ehrlichkeit und klare Strukturen in der Zusammenarbeit, wurden bei allen Interviews erwähnt und sehr ausführlich erklärt. (I5-Z:36; I4-Z:58; I3-Z:95; I2-Z:63; I1-Z:67)

„Wie bereits erwähnt, ist das Grundlegendste für mich ein Miteinander in der Kollegenschaft – ein sich gegenseitiges Austauschen und auch Unterstützen. Es müssen gemeinsame Werte vorhanden sein, die wir im Miteinander pflegen, sowohl unter uns Lehrpersonen als auch mit den Schülerinnen und Schülern. Ehrliche Beziehungen, Wertschätzung und Zusammenarbeit auf Augenhöhe sind für mich in einer Schule wesentlich." (I4-Z:58)

„In der Teamarbeit oder in der Kollegenschaft ist es mir sehr wichtig, dass eine Vertrauensbasis in der Zusammenarbeit vorherrscht und jeder zum Wohle unseres Leitbildes, unserer Philosophie, tätig ist – eben nicht nur im Klassenverband, sondern vor allem im Kollegenkreis. Vertrauen, Ehrlichkeit, Wertschätzung und Offenheit sind für mich ganz wesentlich, damit ich professionelle Arbeit leisten kann." (I1-Z:67)

Tabelle 11: Bedeutung der Personalentwicklung durch die Schulleitung

Bedeutung der Personalentwicklung und Unterstützung der Schulleitung bei der Förderung der Professionalisierung von Lehrpersonen
Werte der Personalentwicklung
Unterstützung
Weiterentwicklung
Reflexion der eigenen Arbeit

Bei der Wertung, welche Bedeutung für Lehrpersonen die Personalentwicklung durch die Schulleitung hat, um die Professionalisierung zu ermöglichen, waren wiederum Werte, wie Respekt und Wertschätzung, Offenheit und Ehrlichkeit in der Zusammenarbeit zwischen den Lehrpersonen und der Schulleitung, zu hören.

Die befragte Person in Interview 3 brachte es kompakt auf den Punkt:

> *„Grundsätzlich vertrete ich die Einstellung, dass Personalentwicklung in einer Schule das Um und Auf ist, denn in einer Schule hängt alles an den handelnden Personen. Für mich persönlich bedeutet das, dass es klare Strukturen und Grenzen zwischen den Lehrpersonen und der Schulleitung sowie der Aufgabenbereiche der Eltern braucht und diese auch gegeben sind. Das Ziel in der Personalentwicklung sollte sein, dass Lehrpersonen so unterstützt werden, dass der Fokus ihrer Arbeit auf der pädagogischen Ebene liegt." (I3-Z:110)*

Zugleich betonten die Lehrpersonen auch die Wichtigkeit der Personalentwicklungsmaßnahmen, um Professionelle Lerngemeinschaften in einer Schule installieren zu können (I1-Z:86; I1-Z:77). Es wurde auch die Unterstützung durch die Schulleitung eingefordert. (I3-Z:104)

Die Person in Interview 5 brachte es sehr präzise zum Ausdruck:

> *„Praxisbezogene Tipps und Anleitungen zu erhalten, das sehe ich als Bereicherung."* (I5-Z:65)

Auffällig war, dass eine bewusste Einstellung zur laufenden Weiterentwicklung bei allen Befragten gegeben war. Es dominierte die Äußerung, dass nur durch regelmäßiges Reflektieren der eigenen Unterrichtsarbeit das Bewusstsein geschärft, aber auch die Professionalität in der Unterrichtsarbeit gesteigert wird. (I1-Z:86)

Tabelle 12: Perspektiven und Wahrnehmungen zur Personalentwicklung

Perspektiven und Wahrnehmung zur Personalentwicklung
Forderung von regelmäßigem Einsatz
Begleitung
Teamfähigkeit und Reflexionsbewusstsein schärfen
Professionelle Lerngemeinschaften

Alle Befragten waren sich einig, dass eine zielführende und konsequente Personalentwicklung mehr Bedeutung an den Schulstandorten gewinnen sollte. Der Wunsch nach regelmäßigen pädagogischen Nachmittagen, Mitarbeitergesprächen sowie wiederholten Teamteachings wurde in den Interviews ausgesprochen und es wurde geäußert, dass die Teamfähigkeit im Lehrkörper und dessen Professionsbewusstsein geschärft werden. Die Lehrperson in Interview 1 brachte es wie folgt zum Ausdruck:

> *„Zielführende Personalentwicklung ist ein wichtiger Eckpfeiler der Schulentwicklung"* (I2-Z:100) und in Interview 2 wurde dies im Zusammenhang mit einer Notwendigkeit der Personalentwicklung begründet, *„um so die Unterrichtsentwicklung zu professionalisieren, aber auch die Teamentwicklung zu steigern"* (I5-Z:67)

Alle Befragten äußerten in diesem Zusammenhang, dass zielführende Personalentwicklung noch keinen festen Bestandteil in der Führungskultur hat, und vertraten die Meinung, dass eine konsequente Umsetzung und ein erfolgversprechender Einsatz von Personalentwicklungsmaßnahmen das Professionsbewusstsein erhöhen, aber auch die Motivation zur eigenen Arbeit steigern können.

Tabelle 13: Zukunftsblick, Wünsche und Erwartungen zur Personalentwicklung

Zukunftsausblick, Wünsche und Erwartungen zur Personalentwicklung
Teamentwicklung steigern
Harmonisierung der Schulkultur und des Arbeitsklimas
Teamfähigkeit und Reflexionsbewusstsein schärfen
Etablierung Professioneller Lerngemeinschaften
Elternarbeit

Auf der Suche nach Zukunftschancen, Erwartungen und Wünschen zur Personalentwicklung gab es wiederholte Aussagen zum vorigen Item (Tabelle 13). Diese werden hier nicht mehr angeführt, um Doppelnennungen zu vermeiden. Grundsätzlich äußerten die befragten Lehrpersonen den Wunsch, von der Schulleitung in der pädagogischen Arbeit unterstützt zu werden, und begründeten dies damit, dass eine zielführende Personalentwicklung eine echte Zukunftschance in Schulen ist – eine Chance, um Qualifikationen von Lehrpersonen bewusst zu erkennen, deren Stärken gezielt einzusetzen, aber auch, um deren Schwächen zu besprechen und zu lernen, damit umzugehen. (I4-Z: 98)

Als bedeutend stellte sich heraus, dass auf die Frage, welche Erwartungen Lehrpersonen zur Personalentwicklung haben, regelmäßige Zielvereinbarungsgespräche, kollegiale Hospitation sowie auch pädagogische Nachmittage zur Etablierung Professioneller Lerngemeinschaften genannt wurden, um so die Schul- und Unterrichtsentwicklung zu professionalisieren, aber auch die Teamfähigkeit sowie das Reflexionsbewusstsein von Lehrpersonen und -teams zu stärken. Hierzu wurde auch das berufsbegleitende Coaching für Lehrpersonen in der pädagogischen Praxis als Zukunftsmodell und auch Erfolgschance zur Steigerung der Schulqualität gesehen und als eine zielführende Personalentwicklungsmaßnahme vorgeschlagen. (I1-Z:113; I2-Z:123; I3-Z:152; I4-Z:102; I5-Z:81)

Zugleich kam eindeutig die Antwort, dass die Unterstützung durch die Schulleitung im Schulalltag, vor allem bei der Elternarbeit, an vorderster Stelle der Befragung stand (I3-Z:150). Das Argument in Interview 2 dazu lautet:

> *„Damit das jedoch funktionieren kann, muss ich als pädagogische Leiterin von der Unterrichtsarbeit entlastet werden, damit ich meinen Fokus auf die Personalentwicklung in meiner Position als Leiterin richten kann. Eine zielführende Umsetzung scheitert allerdings, weil die Zeit und somit auch das Geld für zusätzliche Stunden fehlen. Es ist mein Ziel, meine Kollegen in Zukunft auf diese Weise zu unterstützen und zu begleiten, um ein professionelles Team – zum Wohle unserer Schüler – zu etablieren."* (I2-Z:157)

4.2 Fragebogenergebnisse

In diesem Kapitel werden die Fragebogenergebnisse von den 78 befragten Lehrpersonen in privaten Schulen in freier Trägerschaft vorgestellt. Die aussagekräftigsten Items werden in diesem Kapitel zur Auswertung herangezogen. Die Fragebogenergebnisse werden in drei Bereiche (Teile) gegliedert. Im ersten Teil werden Informationen zu den demografischen Daten zum Schulerhalter, zur pädagogischen Positionierung sowie zu den Lehrpersonen ausgewertet, der zweite Abschnitt umfasst die Aspekte der pädagogischen Arbeit von Lehrpersonen und der dritte betrachtet die Perspektiven zur Personalentwicklung.

Der letztgenannte Bereich untergliedert die Auswertung in drei Themenabschnitte:

Es wird vorgestellt,

- welche Personalentwicklungsinstrumente zum Einsatz kommen,
- welche Wünsche Lehrpersonen diesbezüglich haben,
- wie die Wahrnehmung und die Akzeptanz von Lehrpersonen hinsichtlich Personalentwicklung sind.

Teil 1: Demografische Daten

Bei der Erhebung des Items, wie der Träger der Schule organisiert ist, ergab die Befragung ein sehr einheitliches Bild. Von den befragten Lehrpersonen gaben 90% an, dass der Träger der Schule (der Schulerhalter) ein Verein ist, und 10% teilten mit, dass der Schulerhalter eine andere Organisationsform aufweist. Von den 10% der Befragten führten zur anderen Organisation 100% an, dass

der Träger der Privatschule eine gemeinnützige Gesellschaft mit beschränkter Haftung ist.
Bei der Erhebung der Kennzahl zu Struktur und Aufbau der Privatschule erklärten 75%, dass die Privatschule die 1. bis 4. Schulstufe umfasst, und 24% gaben an, dass ihre Institution die 1. bis 8. Schulstufe umschließt.

Aus der Befragung lässt sich schließen, dass A) die meisten Lehrpersonen in einer privaten Volksschule (1.–4 Schulstufe) tätig sind und B) knapp ein Viertel auch in einer durchgängigen Form (1.–8. Schulstufe) beschäftigt ist sowie C), wie nur 1% der Befragten kundgegeben hat, die Minderheit in einer reinen NMS bzw. AHS-Variante (5.–8. Schulstufe) unterrichtet.

Zum pädagogischen Schwerpunkt haben mehr als die Hälfte – genau 65% – angeführt, dass sich die pädagogische Arbeit an ihren Privatschulen an der Montessori-Pädagogik orientiert. 4% der Befragten nannten einen Waldorf Schwerpunkt. Es gab keine Nennungen zur Reformlinie nach Célestin Freinet. 31% der Befragten erwähnten, dass sie einen anderen pädagogischen Schwerpunkt praktizieren.

Die Befragung zeigt, dass sich einige Privatschulen nicht auf einen bestimmten Gründer berufen, sondern in sogenannten Mischformen Elemente aus unterschiedlichen pädagogischen Konzepten verwenden. Dazu haben 31% der Befragten einen anderen pädagogischen Schwerpunkt angegeben und genannt.

Tabelle 14: Nennungen anderer pädagogischer Schwerpunkte

Mischform
Moderne Pädagogik und Hirnforschung
Moderne Hirnforschung
Weiterentwicklung der Montessori-Pädagogik

Bei der Erhebung der Geschlechterverteilung zeigte sich ein sehr scharf umrissenes Bild: Von den Befragungsteilnehmern – Lehrpersonen in den Privatschulen in freier Trägerschaft – sind 91% Lehrerinnen und 9% Lehrer.

Bei der Betrachtung der pädagogischen Grundausbildung von Lehrpersonen, die in privaten Schulen in freier Trägerschaft arbeiten, gaben 33% an, dass sie das Bachelorstudium für die Volksschule, 23% das Sonderschullehramt, 19% eine sonstige Lehrbefähigung, 12% das Lehramt für Volksschule und 9% das Lehramt für die Hauptschule sowie 4% das Bachelorstudium für die Neue Mittelschule haben.

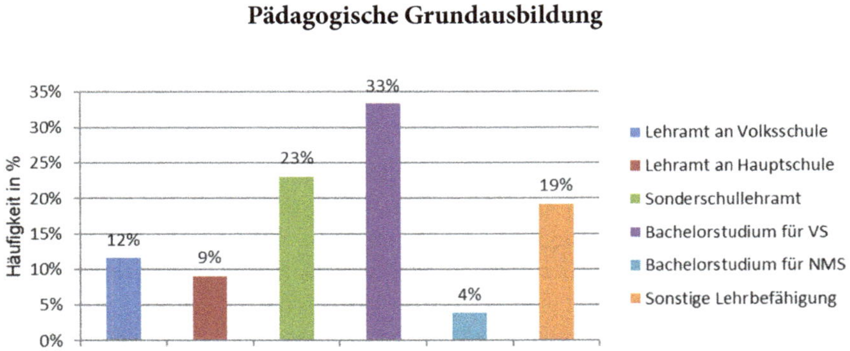

Diagramm 1: Pädagogische Grundausbildung von Lehrpersonen

Von den 19% der Befragten wurden zum Item der sonstigen Lehrbefähigung folgende Nennungen genannt (Tabelle 20).

Tabelle 15: Nennungen sonstiger Lehrbefähigungen

Antworten zur sonstigen Lehrbefähigung	**Anzahl**
HS Montessori-Pädagogin	1
HS & Montessori-Diplom	1
Lehrbefähigung an der Hochschule für Agrar- und Umweltpädagogik	1
Lernbegleitung ganzheitliches Lernen	1
Lernbegleiterin	1
Lernbegleiterin nach Montessori	2
Montessori-Pädagogin/Pädagoge	1
Montessori-Pädagogin	1
Montessori-Ausbildung	1
Montessori-Ausbildung/Lernbegleitung	1
Montessori-Diplom ÖMG	1
Montessori-Lernbegleitung	2
VS & Montessori-Pädagogik	1
Gesamt	**15**

Legende

Tabelle 16: Legende zur Tabelle 15

HS = Hauptschule; VS = Volksschule
ÖMG = Österreichische Montessori-Gesellschaft

Bei der Betrachtung des Umstands, ob Lehrpersonen seit Anbeginn an einer Privatschule in freier Trägerschaft arbeiten oder einen bzw. mehrere Schulwechsel hatten, teilten 74% mit, dass sie keinen Schulwechsel und 21%, dass sie einen Schulwechsel von einer öffentlichen Schule in eine Privatschule in freier Trägerschaft hatten. 5% der Befragten gaben an, dass sie mehrmals die Schule wechselten.

Teil 2: Aspekte von Lehrpersonen

Zur Betrachtung der Merkmale und Aufgabenfelder in der pädagogischen Arbeit gaben 62% der Befragten an, dass es eher zutrifft, dass ein wertschätzendes Arbeitsklima an der Privatschule gegeben ist – dazu teilten 36% mit, dass das genau zutrifft.

Ein sehr einheitliches Bild zeigt sich hinsichtlich der individuellen Arbeit mit den Schülern: 54% meinten, dass das genau zutrifft.

Als sehr interessantes Bild der Befragung zeigte sich, dass 46% der Interviewten kundgaben, dass ihre Hauptaufgabe die pädagogische Arbeit (das pädagogische Wirken) ist. Im Gegenzug dazu führten 42% der Befragten an, dass zur pädagogischen Tätigkeit auch Betreuungs- und Organisationsleistungen dazugehören.

5% der befragten Lehrpersonen sagten auch aus, dass sie nicht nur die Rolle als Lehrperson haben, sondern auch in der pädagogischen Leitung tätig sind. Ein interessantes Bild stellt das Item zum schulstufenübergreifenden Unterricht dar: Hierzu gaben 79% der Lehrpersonen an, dass diese Form eher zutrifft.

Merkmale und Aufgabenfelder der pädagogischen Arbeit

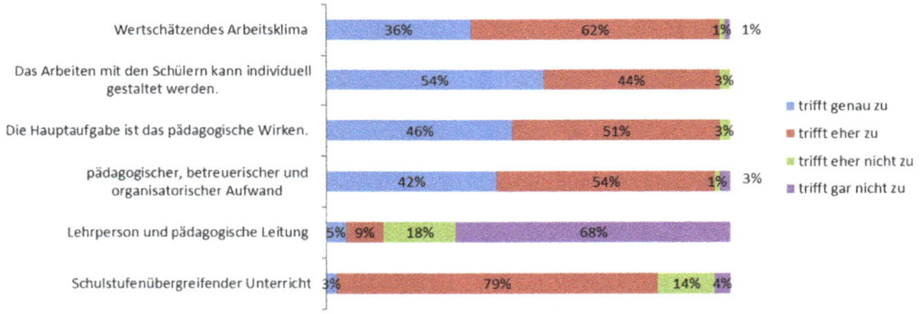

Diagramm 2: Merkmale und Aufgabenfelder der pädagogischen Arbeit

Bei der Betrachtung der Herausforderungen in der Tätigkeit von Lehrpersonen hat ein sehr einheitliches Bild der Elternarbeit ergeben. 50% der Befragten sagten, dass es eher zutrifft, dass diese sehr intensiv ist, und 46% führten aus, dass dies genau zutrifft. Interessant ist, dass 55% der Lehrpersonen meinten, dass die Eltern die pädagogische Richtung vorgeben.

Herausforderungen von Lehrpersonen

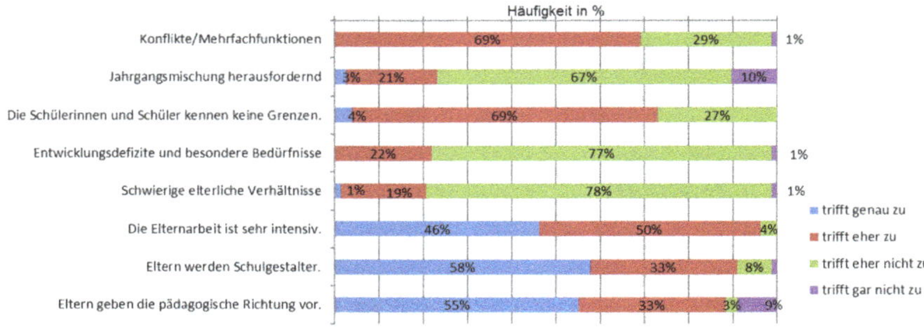

Diagramm 3: Herausforderungen von Lehrpersonen bei der pädagogischen Arbeit

Zur Betrachtung des Items, auf welche Schwierigkeiten Lehrpersonen in ihrer Tätigkeit stoßen, wird im Diagramm 9 eine gesonderte Auswertung dargestellt. Mehr als die Hälfte der Befragten – genau 69% – gab an, dass dies „eher zutrifft", dass der Schulalltag oft viele Konflikte mit sich bringt, weil die Lehrpersonen durch ihre Mehrfachfunktionen an den Schulen überarbeitet sind.

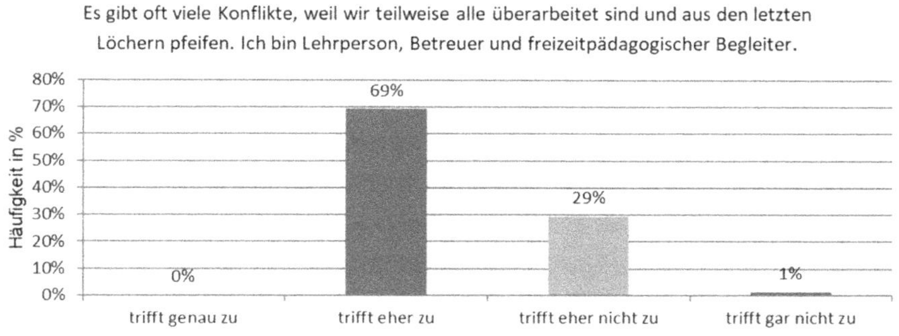

Diagramm 4: Konflikte aufgrund von Mehrfachbelastung

Teil 3: Perspektiven zur Personalentwicklung

- **Personalentwicklungsinstrumente, die zum Einsatz kommen**

Bei der Ermittlung der tatsächlich zum Einsatz kommenden Personalentwicklungsinstrumente ergab sich beachtlicherweise ein homogenes Bild, das auch die ursprüngliche Einschätzung bestätigte.

Von den befragten Lehrpersonen bezogen sich 78% auf das eher beratende Mitarbeitergespräch und 69% auf das Zielvereinbarungsgespräch (Angabe: trifft eher zu).

Personalentwicklungsinstrumente, die kaum verwendet werden, sind die kollegiale Hospitation, das Mentoring, das Coaching sowie die Professionelle Lerngemeinschaft (PLG).

Dazu haben 56% der befragten Unterrichtenden mitgeteilt, dass die kollegiale Hospitation an ihren Schulstandort gar nicht durchgeführt wird. Zu Professionellen Lerngemeinschaften gaben 74% der Teilnehmer an, dass dieses Personalentwicklungsinstrument gar nicht zutrifft. Zugleich wurde auch geäußert, dass das Coaching bei 86% der Befragten keine Anwendung in der Personalentwicklung findet und gar nicht zutrifft.

Ein relativ konträres Bild zeigte die Auswertung des Classroom Walkthrough. Hierzu haben 31% der Lehrpersonen kundgegeben, dass dieses Instrument eher an den Schulstandorten betrieben wird, und im Gegenzug dazu meinten 31% der befragten Lehrer, dass dieses Personalentwicklungswerkzeug gar nicht gebraucht wird.

Personalentwicklungsinstrumente, die zum Einsatz kommen

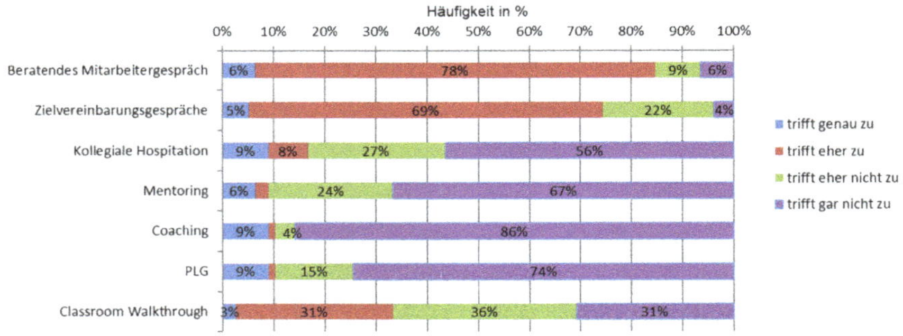

Diagramm 5: Personalentwicklungsinstrumente, die zum Einsatz kommen

- **Wünsche von Lehrpersonen nach Personalentwicklungsinstrumenten**

Bei der Betrachtung der Wünsche nach Personalentwicklungsinstrumenten zeigte sich, dass an erster Stelle das Coaching steht. 97% der Befragten äußerten dazu ihr Bedürfnis, dass dieses an ihrem Schulstandort etabliert sein sollte. An zweiter Stelle kam das Anliegen einer kollegialen Hospitation, die sich 94% der befragten Lehrpersonen wünschten. Und an dritter Position (90%) wurde dem zugestimmt, eine Professionelle Lerngemeinschaft an ihrem Schulstandort ins Leben zu rufen. 71% der Teilnehmer gaben kund, dass das beratende Mitarbeitergespräch, und 67%, dass das Zielvereinbarungsgespräch eher präferiert wird, was hiermit ein unscharfes Bild im Vergleich zur vorigen Auswertung (Personalentwicklungsinstrumente, die zum Einsatz kommen) aufwirft. Die Befragung bestätigt, dass Lehrpersonen den gezielten Einsatz von Personalentwicklungsinstrumenten wünschen und immer ähnliche Maßnahmen zur Anwendung kommen. Wenn Personalentwicklung betrieben wird, zeigt die Befragung, dass es eher zutrifft, dass das beratende Mitarbeitergespräch und das Zielvereinbarungsgespräch zum Einsatz kommen.

Wünsche von Lehrpersonen nach Personalentwicklungsinstrumenten

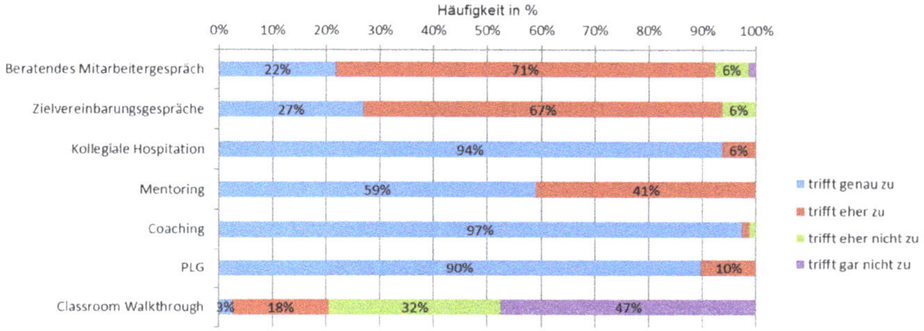

Diagramm 6: Wünsche von Lehrpersonen nach Personalentwicklungsinstrumenten

- **Akzeptanz und Wahrnehmungen von Lehrpersonen zur Personalentwicklung**

Die Befragung bestätigte ein ziemliches einheitliches Bild in der ursprünglichen Einschätzung. Hierzu gaben 69% der Teilnehmer an, dass es eher nicht zutrifft, dass sie Personalentwicklung an ihrem Schulstandort als positiv wahrnehmen. Zugleich teilten 99% der Lehrpersonen mit, dass sie Feedback sehr gerne annehmen. 86% der Befragten sagten aus, dass sie sehr gerne ihre Wünsche zum Einsatz von Personalentwicklungswerkzeugen kundgeben möchten. Die Befragung ergab, dass 99% der Lehrpersonen in den Privatschulen in freier Trägerschaft, die an diesem Projekt teilnahmen, der Personalentwicklung einen hohen Stellenwert beimessen. Die Interviews ergaben weiters, dass Lehrpersonen in Privatschulen sehr gerne Feedback annehmen und auch gerne kundgeben würden, welche Personalentwicklungsinstrumente verwendet werden sollen. Ein sehr einheitliches Bild von Lehrpersonen in Privatschulen in freier Trägerschaft ist und wird in der durchgeführten Befragung bestätigt: 99% der Lehrpersonen sind offen für Personalentwicklung und sehnen sich auch danach, damit ihre berufliche Performance sowie das Professionsbewusstsein gestärkt werden.

Akzeptanz und Wahrnehmung zur Personalentwicklung von Lehrpersonen

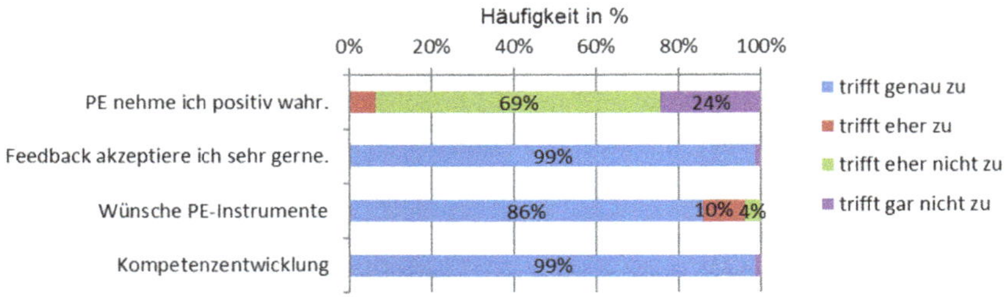

Diagramm 7: Akzeptanz und Wahrnehmung von Lehrpersonen zur Personalentwicklung

Im Fragebogen hatten die Lehrpersonen die Möglichkeit, eigene Einträge zum jeweiligen Thema zu machen. Grundsätzlich haben 18% der Befragten diese Möglichkeit in Anspruch genommen. Diese gaben an, dass es an Zeit und Geld fehlt, und stellten diesen Aspekt grundsätzlich infrage, indem sie meinten: „Wer kennt sich mit Personalentwicklung aus?"

Eigene Eintragungen

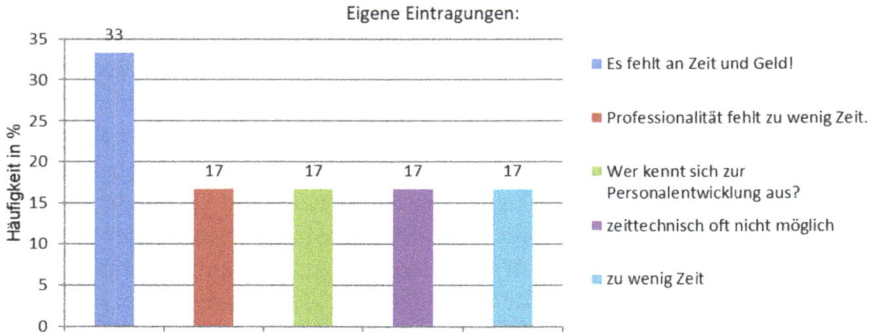

Diagramm 8: Eigene Eintragungen

Resümee

Die Befragung bestätigt, dass Lehrpersonen den gezielten Einsatz von Personalentwicklungsinstrumenten wünschen und immer ähnliche Maßnahmen zum Einsatz kommen. Wenn Personalentwicklung betrieben wird, zeigt die Befragung, dass es eher zutrifft, dass die beratende Mitarbeiterunterredung und das Zielvereinbarungsgespräch zum Einsatz kommen.

5. Interpretation, Resümee und Ausblick

5.1 Zusammenfassende Interpretation der Untersuchungsergebnisse

Die Informationen aus den Befragungen der Vor- und Hauptstudie sind sehr ausführlich und weit gefasst. Grundsätzlich kann gesagt werden, dass weit mehr Informationen mitgeteilt wurden als erwartet. Es konnte eine umfassende Bestandsaufnahme der Bedingungen, Einstellungen und Wahrnehmungen von Lehrpersonen analysiert werden. Diese Daten lieferten mehr Informationen und Indikatoren, als die Grundannahme der Untersuchung formulierte, was wiederum ein interessantes Datenmaterial für zentrale Fragen sein und Anknüpfungspunkte an eine zukünftige wissenschaftliche Auseinandersetzung bieten könnte. Aus dieser Untersuchung erwuchs auch die Erkenntnis, dass es noch viele offene Fragen und Phänomene im Privatschulwesen gibt, die zu erforschen wären, um relevante Antworten zu finden und zu diskutieren.

5.1.1 Allgemeine Aspekte

Grundsätzlich zeigen sich vier Parameter, die im Zusammenhang der Befragungen (aus der Vor- und Hauptstudie) ermittelt werden konnten, um einerseits eine Bestandsaufnahme, Perspektiven und demografische Daten über die privaten Schulen zu erhalten und andererseits Bedingungen, Motive, Einstellungen und Wahrnehmungen von Lehrpersonen zu beschreiben, die an einer Privatschule in freier Trägerschaft arbeiten.

Mischformen in der Organisation und pädagogischen Arbeit herrschen vor. Die meisten Privatschulen in freier Trägerschaft sind als gemeinnützige Vereine organisiert.

Wie bereits erörtert, gibt es unterschiedlich angewandte Organisationsformen der privaten Schulen in freier Trägerschaft. Die angewandte Organisationsform prägt unter anderem auch die Maßnahmen, Aktivitäten und Methoden in der Schul- und Personalentwicklung. Die meisten Schulinitiativen sind in der Organisationsstruktur als Mischformen ausgerichtet und die privaten Schulen durch einen Trägerverein als gemeinnützige Vereine organisiert. *„Dieser trägt vor dem Gesetz die Verantwortung für den Betrieb der Schule.“ (Eberhart & Kapelari, 2010, S. 16)*

Dies konnte durch die Untersuchung bestätigt werden. Schulen in freier Trägerschaft sind durch die Vielseitigkeit ihrer Aufgaben sehr komplex. Der Wechsel zwischen hierarchischen, basisdemokratischen und partizipativen

Strukturen kann für die Beteiligten in diesen Organisationen sehr anstrengend sein (vgl. Eberhart & Kapelari, 2010, S. 165).

Private Schulen in freier Trägerschaft sind in ihrer Organisation, Struktur und ihrem Aufbau – so wie die pädagogischen Ansätze – sehr vielfältig und facettenreich. *„Es handelt sich um eine in sich recht heterogene Gruppe." (Eberhart & Kapelari, 2010, S. 21)*

Zusammenfassend lässt sich darauf schließen, dass sich die Säulen der Schulorganisation für private Schulen in freier Trägerschaft durch ein „Dreieckssäulen-Modell" darstellen lassen. *„Die drei Säulen sind die Pädagogik, die Organisation und die Beziehung." (Eberhart & Kapelari, 2010, S. 170)* Diese dienen als Basis für das sinnbildliche Dach, um so Entfaltungs- und Entwicklungsprozesse in der Privatschule zu ermöglichen sowie die Schul- und Organisationsentwicklung vorwärtszubringen.

Es wurde bestätigt, dass ethische Werte in der Schul- und Organisationskultur grundlegende Motive von Lehrpersonen sind, um an einer privaten Schule zu arbeiten.

Gleichberechtigung von Kindern, Lehrpersonen und Eltern sowie eine wertschätzende Schulkultur, die Gruppengröße der Lerngruppen/Klassen, das individuelle Lehren und Lernen sowie die Verwirklichung von eigenen pädagogischen Idealen sind Motive, Einstellungen und Perspektiven von Lehrpersonen, um in einer Privatschule in freier Trägerschaft zu arbeiten (vgl. Eberhart & Kapelari, 2010, S. 14f).

> *„Zur Entfaltung von normativen Standards der Schulgestaltung gibt es im deutschsprachigen Raum eine lange Tradition, die ihren Höhepunkt in Konzepten der Reformpädagogik hatte. (…) In gewissem Sinne hat die Reformpädagogik „Kinder" und „Jugendliche" als eigenständige Persönlichkeiten erst erfunden. (…) Deren pädagogisches Programm kann hier nur in Stichworten angedeutet werden: Selbstständigkeit, Leben in freier Natur, bewusste Ernährung, Betonung der sittlichen Erziehung, Sport und Körperertüchtigung, erziehender Unterricht, Öffnung der Schule nach außen, Verbindung des Unterrichts mit den Interessen der Schüler, Erziehung zur Verantwortung und zur aktiven Teilnahme am Schulleben, praktische Arbeit, Spiel, künstlerische Tätigkeiten." (Fend, 2008, S. 212)*

Lehrpersonen in privaten Schulen in freier Trägerschaft sehen das Lehren und Lernen als gemeinsame und ganzheitliche Entfaltungsprozesse. *„Außerdem sollen alle an der Schule sichtbar den Einfluss erkennen, den sie auf das schulische Lernen (der Schülerinnen und Schüler, der Lehrpersonen und der Schulleitenden) haben." (Hattie, 2016, S. 1)*

Auch Vertreter der neuen Hirn- und Intelligenzforschung fordern, den Menschen in seiner Ganzheit zu fördern, mit all seinen Anlagen und Bedürfnissen, seinen Interessen und Gefühlen (vgl. Liebertz, 2007, S. 9).

Das Phänomen der Ganzheitlichkeit wurde schon recht früh von Pädagogen, Philosophen und Psychologen erkannt und diese argumentierten in ihrer Zeit schon, wie bedeutend die vielfältigen Sinneserfahrungen für die kindliche Entwicklung sind (vgl. Liebertz, 2007, S. 24).

Diese Untersuchung bestätigte, dass ganzheitliches und individuelles Lehren und Lernen im Kontext der Sinnesschulung keine Erfindungen der neuzeitlichen Pädagogik sind. *„Lernen mit allen Sinnen ist eine wiederentdeckte Forderung. (…) Die damaligen Vermutungen, dass Kopf, Herz und Hand eine Lerneinheit bilden könnten, ist heute zur wissenschaftlich fundierten Gewissheit geworden." (Liebertz, 2007, S. 25)*

Die Rollen, Aufgabenfelder der und Herausforderungen an Lehrpersonen in Privatschulen in freier Trägerschaft sind umfassend.

Durch die Untersuchung konnte erhoben werden, dass die Rollen, die Aufgabenfelder der Lehrpersonen sehr unterschiedlich und auch umfassend sind. Durch den demokratischen Anspruch der privaten Schulen in freier Trägerschaft, die intensive Elternarbeit und das Ziel, den Schülerinnen und Schülern ein ganzheitliches und individuelles Lernen zu ermöglichen, sind die Anforderungen an die Lehr- und Begleitpersonen sehr vielseitig und auch hoch. Die Rolle und Bedeutung von Lehrpersonen liegen nicht nur in der Vermittlung von Wissensinhalten. Sie stehen im Brennpunkt der Sozialisation der Heranwachsenden (vgl. Eberhart & Kapelari, 2010, S. 113).

Der Auftrag der Lehrpersonen ist nicht in erster Linie, mit sich selbst gut zurechtzukommen, sondern sich auf Bildung, Erziehung und Wertevermittlung im Umgang mit den Schülerinnen und Schülern zu konzentrieren und daher im Mittelpunkt des Lehrens und Lernens zu stehen – mit dem Ziel, Fach- und Selbstkompetenzen sowie die soziale Fähigkeit von Schülerinnen und Schülern aufzubauen, auszubauen oder zu fördern (vgl. Fend, 2008, S. 174).

Die intensive Elternarbeit erzeugt Herausforderungen im Schulalltag.

Je mehr Personen in der Schulorganisation direkt beteiligt sind, umso komplexer und auch anfälliger ist diese für Missverständnisse, Einstellungen und Wahrnehmungen sowie im schlimmsten Fall auch Abspaltungen in der Organisation. *„In keinem anderen Reformschulstrang nehmen die Eltern eine so zentrale Rolle ein wie in den Freien Alternativschulen." (Eberhart & Kapelari, 2010, S. 51)*

Eine Herausforderung für die Schulorganisation ist es, dass beteiligte Personen auf Vorstandsebene des Trägervereins eine Entscheidungsmacht haben und keine pädagogische Qualifikation nachweisen – im Speziellen, dass der Vorstand aus Eltern besteht, also die Obfrau eine Mutter oder der Obmann ein Vater ist. Diese intensive Mitarbeit der Eltern ist oft die Ursache für Konflikte innerhalb der Organisation, was natürlich dann auch die pädagogische Arbeit beeinflusst. Die verschiedenen Vorstellungen der Beteiligten unter einen Hut zu bringen, erzeugt Spannungsfelder, weil häufig auch persönliche Interessen in die Schule einfließen (vgl. Eberhart & Kapelari, 2010, S. 67).

Der hohe Selbstanspruch von Basisdemokratie und auch der Mitbestimmung aller Personen in der Organisation (speziell der Eltern) und auch der finanzielle Druck führen nicht selten zu massiven Krisen und auch Spaltungen. Zu den erschwerten Situationen kommt in einigen Fällen auch der finanzielle Druck hinzu. Diese Erfahrungen können einerseits in schweren Zeiten und Krisen wichtig für eine Weiterentwicklung sein, aber andererseits bei Nichtbewältigung zu einem schmerzhaften Ende führen. Abspaltungen sind meistens auf Leiterebene zu finden (vgl. Eberhart & Kapelari, 2010, S. 137 f).

Die Steuerung nimmt aber ebenso wie die Schulentwicklung eine zentrale Bedeutung in der Schulgestaltung ein. Sie bewirkt, dass

> *„Menschen auf Menschen einwirken, dass Menschen andere Menschen zu einem bestimmten Handeln bringen wollen, sollen und müssen. Steuerung darf deshalb im Humanbereich nicht analog zum technischen Handeln verstanden werden. Einwirkung auf andere bedeutet immer nur, dass jemand für den anderen eine Umwelt herstellt, die dieser nach seiner eigenen Wahrnehmungen, seiner Fähigkeiten, etwas zu begreifen sowie seinen Motivationen und Kompetenzen im eigenen Handeln berücksichtigt." (Fend, 2008, S. 29)*

Ganzheitliche Konzepte und private Bildungseinrichtungen werden als wichtige Teile der österreichischen Bildungslandschaft gesehen.

Neue Bildungskonzepte sowie Innovationen durch private Bildungseinrichtungen sollten nicht die Rolle des „Provokateurs und Angreifers des öffentlichen Schulsystems" (Eberhart & Kapelari, 2010, S. 197) einnehmen, sondern auch die Chance erhalten, wichtige Teile der österreichischen Wissenslandschaft zu sein. Neue Entwürfe im Lehrwesen sind meist nur über private Organisationen zu realisieren, also von sogenannten Pionieren in der Reformarbeit. Diese sind und waren immer schon die Antriebsmotoren für Neuentwicklungen – Motoren für neue Ideen und Reformen (vgl. Eberhart & Kapelari, 2010, S. 197).

Eine zukunftsweisende Schule ist ständig gefordert, eine wachsende Vielfalt an Aufgabenstellungen zu bearbeiten. Das bedeutet, dass das Schulleben ein laufender Entwicklungsprozess ist. Immer wieder wird betont, dass die Personalentwicklung ein essenzieller Parameter für die weitere Schulentwicklung, -qualität und das Qualitätsmanagement ist. Daher ist die Personalentwicklung eine wichtige Aufgabe der Schulleitung. Das heißt: Der Schulleitung wird eine große Bedeutung beigemessen und immer wieder wird betont, dass es bei der Personal- und Schulentwicklung sowie der Qualitätssicherung gerade auf die Person der Schulleitung ankommt. *„Sie gilt als entscheidender Faktor um Reformen zu implementieren und Innovationen anzustoßen." (Eschborn-Müller 2008, S. 2)*

Die Suche nach dem geeigneten Personal, um die entsprechenden Stellen adäquat zu besetzen, sollte nach Möglichkeit in einer Schule beginnen – und das sollte eine wichtige Führungsaufgabe der Schulleitung sein. Die Analyse von Potenzialen und die Weiterentwicklung der Lehrpersonen sollten in der Verantwortung der Schulleitung liegen. Privatschulen sind „bildungspolitisch unabhängige Schulen". Schulen im Privatschulbereich, sogenannte Statutschulen, sind befähigt, die Lehrpersonen selbst auszuwählen. Das Organisationsstatut definiert die Grundlage für die Personal- und Schulentwicklung (vgl. Schmolmüller, 2017, S. 61 ff).

Bereits Helmut Fend ging der Frage nach: „Wie wichtig ist Geld für die Qualität des Bildungswesens?" In seiner Untersuchung gab er kund, dass die Frage nach den wirksamen Investitionen in der Tat sehr komplex ist. Hierzu verwendet er einen Vergleich mit einer internationalen Untersuchung im Kontext der Humanressourcen. Er kam zu dem Schluss, dass wirksame Investitionsziele der Zukunft sein sollen, dass die Relation der Lehrpersonen zu den Schülerinnen und Schülern, die Klassengröße, die Qualifizierung von Lehrpersonen und die Lehrerfortbildung berücksichtigt werden sollen (vgl. Fend, 2008, S. 129f).

Diese Kernaussage war speziell im Leitfadeninterview ein Thema.

5.1.2 Bestandsaufnahme und Perspektiven der Personalentwicklung

In den privaten Schulen in freier Trägerschaft wird Personalentwicklung in unterschiedlicher Ausführung betrieben. Die Bestandsaufnahme durch die Befragung im Zuge der Hauptstudie in den privaten Schulen in freier Trägerschaft, die dem Bundesdachverband mit dem Namen „Förderverband Freier Schulen" in Zusammenarbeit mit der Interessenvertretung privater, nicht konfessioneller Bildungs- und Betreuungseinrichtungen Österreichs, abgekürzt „PBÖ", angehören, ermöglichte es, eine Analyse der vorherrschenden, praktizierten und akzeptierten Personalentwicklungsinstrumente zu machen.

Personalentwicklung wird nachrangig behandelt. Personalentwicklung wird von Lehrpersonen als sehr positiv und signifikant wahrgenommen.

Grundsätzlich zeigt die Untersuchung, dass Personalentwicklung in unterschiedlicher Ausführung betrieben und von den Lehrpersonen auch gewünscht wird, in der Praxis mit zielführenden Personalentwicklungsinstrumenten in ihrer pädagogischen Arbeit unterstützt zu werden. Lehrpersonen sehen die Möglichkeit zum kollegialen Erfahrungsaustausch als essenziell für den eigenen Lernprozess und die Professionalisierung der eigenen Arbeit. *„Neben dem formellen Lernen in didaktisch aufbereiteten Fortbildungsveranstaltungen wird allerdings auch hier der Erfahrungs- und Lernwert des informellen Lernens durch den Erfahrungsaustausch mit den Kollegen hervorgehoben." (Haeffner, 2012, S. 409)*

Privatschulen in freier Trägerschaft besitzen eine Gestaltungsautonomie in der Personal- und Schulentwicklung. Als besonders zielführend werden Aktivitäten zur Personalentwicklung im Kontext der Schulentwicklung dann erlebt, wenn zum einen Lehrpersonen zu einem Tandem oder als *„möglichst großer Teil des Kollegiums daran teilnehmen können" (Haeffner, 2012, S. 409)* und zum anderen Aktivitäten in einem kontinuierlichen Zeitraum (Wochenzyklus) angelegt werden. Das Ziel soll sein, dass eine systematische Personalentwicklung in der Schule betrieben wird, um Lehrpersonen zielführend zu unterstützen und somit die pädagogische Arbeit sowie die Entwicklung der Lehrpersonen zu mehr Professionalität zu fördern (vgl. Haeffner, 2012, S. 19; S. 409).

Folgende Paradoxie und Umstände haben sich aus der Untersuchung ergeben. Einerseits besteht der klare Wunsch, dass Personalentwicklung betrieben wird, doch andererseits müssen aufgrund zeittechnischer und auch finanzieller Ressourcen Einschränkungen gemacht werden. Neben den Möglichkeiten der Personal- und Schulentwicklung sind kollegialer Erfahrungsaustausch, kollegiale Hospitation zur Weiterentwicklung und Professionalisierung der eigenen Arbeit sehr bedeutend und wesentlich. Es wurde auch thematisiert, dass es signifikant ist, dass die Trägerressourcen unterstützend tätig sein und die Ermöglichungsbedingungen erfüllen müssen. Als Ressourcen wurden in der Untersuchung u. a. auch die finanziellen Mittel genannt, um schulwirksame förderliche Bedingungen zur Personalentwicklung, wie z. B. in Form von Beratung, Coaching und Mentoring, am Standort zu realisieren. Andererseits wurde auch erwähnt, dass es wesentlich ist, dass zusätzliche Lehrerstunden zur Verfügung stehen, damit förderliche Bedingungen für Beratung, Kooperation und Kommunikation bzw. Erstellung von Schulleitbildern als

„normativ-verbindliche Grundlagen für Unterrichts-, Personal- und Organisationsentwicklung gegeben sind.“ (Haeffner, 2012, S. 409)

Das Coaching oder die Etablierung von Professionellen Lerngemeinschaften bietet zum Beispiel die Chance, unentdeckte Talente sichtbar zu machen und die Persönlichkeitsentwicklung der einzelnen Lehrpersonen zu fördern, damit diese für die Schule, im Lehrprozess mit Schülern, genutzt werden können (vgl. Schley & Schley, 2010, S. 94 ff).

Zusammenfassend zeigt die Untersuchung, dass Personalentwicklung von den Lehrpersonen eingefordert wird. Grundsätzlich muss betont werden, dass es zwar eine Unschärfe in der Wahrnehmung von Personalentwicklung bei den Lehrpersonen gibt, aber die Einstellungen der Lehrpersonen zur Personalentwicklung im Kontext der Schulentwicklung überraschend positiv waren. Charakteristisch war, dass die Lehrpersonen als wichtiges Unterstützungsinstrument einforderten, dass sie in ihrer Weiterentwicklung und Professionalisierung in der pädagogischen Arbeit unterstützt werden. Es wurde dahin gehend einerseits vermutet, dass es an der konsequenten Umsetzung und auch der fehlenden Professionalität mangelt, und andererseits wurde kundgegeben, dass die Lehrpersonen und auch die Schulleitung aufgrund der vielfältigen Rollen und Funktionen, die sie in einer privaten Schule haben und denen sie nachgehen müssen, aus zeittechnischen Gründen eine kontinuierliche Personalentwicklung nicht durchführen können.

Es lässt sich aus der Untersuchung ableiten, dass für Lehrpersonen eine systematische Personalentwicklung und ihre eigene Professionalisierung wichtig sind. Die Untersuchung bestätigt, dass in Zukunft Selbstreflexion im Unterricht und begleitende Führungsmodelle als fundamentale Prinzipien zur Erhaltung, Sicherung und Steigerung der Schulqualität zu sehen sind. Eine wichtige Aufgabe und auch Führungsmaxime der Schulleitung sollte sein, dass die Einführung und konsequente Umsetzung von direkten, unterrichtsbezogenen Feedbacks bestehen, und daher sollten „reflexionsstarker Unterricht“ (Hattie, 2016, U 4) und Führungsmodelle eingefordert werden. Der Einsatz von Feedbacks ist ein sehr großer Wunsch von Lehrpersonen. Kompetente Führungskräfte sollten daher diese Rückmeldungen persönlich und als eigenständige Personen geben (vgl. Malik, 2006, S. 223).

Stetige Professionalisierung ist entscheidend. Personalentwicklung wird als ein bedeutendes Element der Schulentwicklung und als Schlüssel zur Qualitätsentwicklung gesehen.

Die Performance der Dynamik ist in der Erwachsenenbildung – auch zur Etablierung Professioneller Lerngemeinschaften im Lehrerkollegium und ebenso der Schulleitung gesehen – zum „Strukturprinzip" in einer Schule geworden. Die Formel vom „lebenslangen Lernen" wird damit zum Legitimationsfundament zur Professionalisierung von Lehrpersonen (vgl. Haeffner, 2012, S. 287).

Damit Professionelle Lerngemeinschaften und Arbeitsgruppen in einer Schule und Organisation etabliert werden können, ist es notwendig, dass die Führungskräfte und Schulleitungen darin geschult werden (vgl. Becker, 2009, S. 484).

Durch die Untersuchung wurde bestätigt, dass Lehrpersonen eine professionelle Unterstützung wünschen und Personalentwicklung eine wichtige Aufgabe – ein substanzielles Element – der Schul- und Organisationsentwicklung sein muss, um eine nachhaltige, professionelle und ganzheitliche Wirkung in einem Kollegium und auch in der Schule zu erzeugen. Auch das Fazit des McKinsey-Berichts lautet, *„dass sich die Qualität des Lehrpersonals auf das schulische Leistungsgefälle ursächlich auswirke. Dieser Befund stellt keine neue Erkenntnis dar. (…) In leistungsstarken Systemen bediene man sich zur Gewinnung und festen Bindung qualifizierter Lehrkräfte." (Schratz, 2011, S. 47)*

Lehrpersonen sollten ihre Rolle und Verantwortung als *„Professionelle in der Schule wahrnehmen, um alle Schülerinnen und Schüler gleichwertig auf die Partizipation in einer demokratischen Gesellschaft vorzubereiten." (Schratz, 2011, S. 65)*

Die zielführende Personalentwicklung und den wirksamen Einsatz von Personalentwicklungsinstrumenten kann jeder für sich praktizieren, aber auch im Zusammenwirken untereinander – von Schülerinnen und Schülern, Lehrpersonen, Schulleitung und den Eltern. Dies ist der Qualität einer Schule dienlich. Personalentwicklungsinstrumente bilden die Basis für Qualitätsmerkmale einer Schulorganisation, die den potenziellen Interessen aller Beteiligten Rechnung trägt und gleichzeitig die Möglichkeit bietet, professionell zusammenzuarbeiten und mit einer positiven inneren Haltung und Flexibilität den zukünftigen Herausforderungen zu begegnen und diese gemeinsam zu meistern (vgl. Müller, 2007, S. 153).

Personal-, Schul- und Unterrichtsentwicklung können nur dann schulweit und nachhaltig realisiert werden, wenn das systematisch im Sinne eines Qualitätsmanagements geschieht und der Fokus permanent auf das Handeln der Schulakteure – der Lehrpersonen und der Schulleitung – gerichtet ist (vgl. Daschner & Rolff, 2011, S. 5).

Somit wird Personalentwicklung als wichtiges Element der Schulentwicklung gesehen, um Lehrpersonen in ihrer Professionalisierung zu unterstützen, was wiederum einen Einfluss auf die pädagogische Arbeit und somit auf die Lernleistung und ganzheitlichen Fortschritt der Schülerinnen und Schüler in der Schule hat. *„Es genügt nicht mehr, Lehrpersonen über Aus- und Fortbildungen zu qualifizieren.“ (Schratz & Westfall-Greiter, 2010, S. 173),* sondern es braucht die Weiterentwicklung und Unterstützung on and near the job, damit sich Schule zu einer lernenden, lebendigen und gesunden Institution entwickeln kann (vgl. Schratz & Westfall-Greiter, 2010, S. 166).

Und damit dieser Anspruch realisiert werden kann, ist es wichtig, *„Lehrerinnen und Lehrer als Profis von Schule und Unterricht bei ihrer Entwicklungsarbeit zu unterstützen, ist es erforderlich, vorhandene Potenziale und Talente, Innovationsgeist, Kreativität, Wissen und andere Schlüsselqualifikationen zu entwickeln und zu fördern“ (Schratz & Westfall-Greiter, 2010, S. 138)* sowie Qualitätsindikatoren in einer Schule zu erzeugen. Somit ist es maßgeblich, dass die Säule der Personalentwicklung ein essenzielles Element der Schulentwicklung ist. Professionelle Personalentwicklung und zielführende Personalförderung machen nur Sinn und bewegen sich nur dann am Erfolgsweg, wenn sich qualifizierte Mitarbeiterinnen und Mitarbeiter mit einer motivierten Grundhaltung zum Lehrerberuf am Arbeitsplatz befinden und offen dafür sind, dass eine laufende Weiterentwicklung für Lehrpersonen und auch die Schulleitung in einer Schule unabdingbar ist, um die eigene Professionalität – das Personal Mastery – zu fördern und aber auch Schule im Kontext der Ganzheitlichkeit zu gestalten und zu realisieren. Ganzheitlichkeit bedeutet, dass alle Akteure in jede Arbeitseinheit in einer privaten Schule einbezogen werden, um potenzielle Handlungen in der Personal- und Schulentwicklung zu erreichen (vgl. Daschner & Rolff, 2011, S. 4f).

Personalentwicklung braucht ethische Werte.

„Nicht Werte verändern sich, sondern der Wert, den Personen und Organisationen Sachverhalten, Ideen, Beziehungen zumessen, ändert sich.“ (Becker, 2009, S. 129) Die Untersuchung deutet darauf hin, dass es für Lehrpersonen bei der Öffnung für eine zielführende Personalentwicklung unverzichtbar ist, dass gemeinsame ethische Werte, Beziehungsarbeit, Aufgabenfelder von Lehrpersonen und der Schulleitung sowie Prinzipien zum Führungsverhalten und auch ein reflektiertes Führungsverständnis seitens der Lehrpersonen, aber auch der Schulleitung vorhanden sein müssen. Dabei sind Prädikate, wie Wertschätzung, Gleichwürdigkeit, Vertrauen, Ehrlichkeit und Offenheit, für Lehrpersonen unverzichtbare Komponenten. Diese Analyse deutete darauf hin, dass diese genannten Werte elementar für Lehrpersonen sind, um eine systematische Personalentwicklung, die sowohl die individuelle Entwicklung und Fortbildung der Lehrpersonen als auch die gemeinsame Entwicklung des Kollegiums in einer Schule umfasst, zu fördern (vgl. Buhren & Rolff, 2009, S. 11).

Auch Manfred Becker (vgl. 2009, S. 539) nennt diese Werte als Grundvoraussetzungen für eine erfolgreiche Personalentwicklung: die Zusammenarbeit auf Augenhöhe, die gegenseitige Akzeptanz, Vertrauen sowie die Bereitschaft zu offener und ehrlicher Zusammenarbeit und zur Reflexion. *„Begleitende Beratung sollte das Selbstbild klären, personelle Stärken offen legen [sic!], Schwächen abbauen und Erfolgspotenziale aktivieren." (Becker, 2009, S. 539)*

Personalentwicklung im Kontext der Mitarbeiterförderung geht nur gemeinsam – und in einer Schule sind es Lehrpersonen, *die „schlussendlich die Welt von Schule und Unterricht verändern werden, indem sie sie verstehen." (Schratz & Westfall-Greiter, 2010, S. 138)*

Im Rahmen dieser Untersuchung waren zwei Phänomene auffällig. Einerseits haben private Schulen in freier Trägerschaft die Personalautonomie in der Schul- und Personalentwicklung und trotz dieser Freiheit wird die Personalentwicklung immer noch nachrangig behandelt. Auf diese Weise sollen Anreize für Lehrpersonen in der Personalentwicklung geschaffen werden, um die Selbstwirksamkeit jeder einzelnen (der Lehrpersonen) voranzubringen. Die damit verbundene persönliche Entfaltung fördert auch zugleich die gesamte Reifung eines Kollegiums – mit der Botschaft, dass die finale Verantwortung für seine Entwicklung der Mitarbeiter selbst trägt (vgl. Oppermann-Weber, 2011, S. 113).

Wenn Schulleitungen für Unterstützung und Zusammenarbeit sorgen, förderliche Arbeitsstrukturen für Teams und fach- bzw. fächerübergreifende Gruppen schaffen und ebenso die zeitlichen Freiräume bereitstellen, kann kollegiale Zusammenarbeit funktionieren (vgl. Buhren & Rolff, 2009, S. 51).

Ein Schulteam verinnerlicht eine Vision und gemeinsame Werte. In der Schule wird somit eine Zusammenarbeit zwischen Lehrpersonen, Schülerinnen und Schülern, Schulleitung, aber auch Eltern gelebt. Der Wertewandel in einer Gesellschaft wirkt sich auch auf die Lebens- und Arbeitswelt aus. Personalentwicklung ist dann integriert, wenn die personalpolitischen Ziele, Strategien und Instrumente aus dem ganzheitlichen Schulleitbild hergeleitet werden. Im operativen Betrieb übernimmt die Schulleitung eine Teilaufgabe der Personalentwicklung – mit der Funktion und der Aufgabe der Personalführung und -förderung (vgl. Buhren & Rolff, 2009, S. 21).

Diese abgeleiteten Konsequenzen der Schul- und Organisationsentwicklung sowie das ganzheitliche pädagogische Verständnis im Lehren und Lernen sollten in einer privaten Schule in freier Trägerschaft unübersehbare Komponenten der Qualitätssicherung sein. Personalentwicklung muss ein unverzichtbares Element in der Schulentwicklung sein, denn das Potenzial des „Personals" ist entscheidend für die Schulqualität. Daher sind beteiligte Personen in der Schule aufgefordert, sich laufend weiterzuentwickeln, ihre Arbeit zu reflektieren und somit Prozesse dahinter sichtbar zu machen und darauf die Unterrichtsarbeit aufzubauen, um die Aufgaben, Tätigkeiten und Pflichten der pädagogischen Arbeit an der Schule zu erfüllen (vgl. Hattie, 2016, S. 73).

Es gibt drei bevorzugte Personalentwicklungsinstrumente.

Betrachtet man die Personalentwicklung im Kontext der Schulentwicklung im Hinblick auf diese Untersuchung, kann zugrunde gelegt werden, dass ein Verständnis dafür vorhanden ist, dass eine kontinuierliche, prozessorientierte und zielgerichtete Weiterentwicklung der Einzelschule notwendig ist und eine *„bewusste Steuerung, Lernbereitschaft, -prozesse und Entwicklung der beteiligten Lehrpersonen voraussetzt“ (Haeffner, 2012, S. 415)*, um einen permanenten Austausch mit dem schulischen Umfeld zu ermöglichen, aber auch die Ressourcen der Schule produktiv zu nutzen – mit dem *„Ziel, organisatorische und unterrichtliche Lernbedingungen und -ergebnisse zu verbessern sowie die schulischen Arbeitsbedingungen für alle, die am Schulleben beteiligt sind, zu optimieren.“ (Haeffner, 2012, S. 415)* Nur dann lassen sich Personalentwicklungsprozesse zunächst als reflektierte Wandlungsvorgänge von Lehrpersonen begreifen. Die Analyse dieser Untersuchung legt dar, dass Lehrpersonen dazu bereit sind und es wünschen, dass sie durch zielführende, kontinuierliche und systematische Personalentwicklung in ihrer Professionalisierung unterstützt werden. Voraussetzung dafür ist, dass ein harmonisierendes Klima zwischen Lehrpersonen und Schulleitung vorherrschen muss, um eine Weiterentwicklung in der Unterrichtsarbeit zu realisieren sowie die Persönlichkeitskompetenz zu fördern. Grundsätzlich ist aus der Untersuchung abzuleiten, dass neben dem beratenden Mitarbeitergespräch und den Zielvereinbarungsgesprächen der Wunsch vorhanden ist, dass eine Weiterentwicklung und Professionalisierung von Lehrpersonen durch folgende Personalentwicklungsinstrumente erwünscht sind: die kollegiale Hospitation, die Etablierung Professioneller Lerngemeinschaften (PLG) in der Schule sowie ein berufsbegleitendes Coaching in der pädagogischen Praxis. Um die Weiterentwicklung und Professionalisierung von Lehrpersonen zu begünstigen, können aus der Untersuchung diese drei Personalentwicklungsinstrumente generiert werden. Wie genau Personalentwicklung in den privaten Schulen in freier Trägerschaft betrieben wird und welche Instrumente im Schulleben Gebrauch finden, kann nicht vereinheitlicht werden. Hierzu ist eine Zusammenschau notwendig, um die rechtlichen und organisatorischen Vorgaben des Schulträgers (Schulerhalters) zu analysieren, um daraus konkret zu erfahren, wie die Organisationsstruktur und -form verankert sind und inwieweit diese Parameter in den Vereins- und auch

Schulstatuten definiert und verankert sind. Eine kontinuierliche Reflexion und der konsequente Austausch zwischen Schulleitung und der Lehrpersonen, aber auch innerhalb der Kollegenschaft nehmen laut dieser Untersuchung eine signifikante Funktion in der Gestaltung der Personal- und Schulentwicklung ein. Im Rahmen dieser Untersuchung war eine wesentliche Botschaft von Lehrpersonen in privaten Schulen in freier Trägerschaft, dass ein ausreichendes Zeitfenster notwendig ist und die Reflexionen und Rückmeldungen zur eigenen Arbeit auf der Basis eines wertschätzenden Feedbacks gegeben werden, denn jeder hat seine eigene Wirklichkeit und Wahrnehmung von einer Situation. Ein wesentlicher Punkt ist, dass Lehrpersonen das Recht auf eine Rückmeldung haben und es daher auch die Pflicht der Schulleitung ist, eine authentische Kritik zu formulieren (vgl. Becker, 2009, S. 506).

5.2 Ausblick und kritische Würdigung

In diesem Forschungsbericht wurde den Bedingungen, Motiven, Wahrnehmungen und Einschätzungen der Arbeit in einer privaten Schule in freier Trägerschaft nachgegangen, um daraus eine Bestandsaufnahme (Ist-Analyse) und Perspektiven der Personalentwicklung als Element der Schulentwicklung zu erfahren. Die Verfasserin hat dabei den Fokus auf Lehrpersonen in privaten Schulen in freier Trägerschaft, die aufgrund ihrer Schulstandorte Mitglieder zweier Bundesdachverbände in Österreich sind, gerichtet. Um flächendeckend alle Lehrpersonen in den privaten Schulen in freier Trägerschaft einzubinden, wäre es interessant, eine Erweiterung des Blickfelds zu machen und *fünf Richtungen* zu erheben:

- Flächendeckende Perspektive aller Lehrpersonen österreichischer Bundesdachverbände der privaten Schulen in freier Trägerschaft mit Öffentlichkeitsrecht: In einem weiteren Forschungsfeld könnte geklärt werden, wie die Situationen in den weiteren Privatschulen in freier Trägerschaft sind, die einem anderen Bundesdachverband angehören. Hierzu wäre das Netzwerk Freier Schulen zu erweitern und mit dem „Bundesdachverband für selbstbestimmtes Lernen" dieses Forschungsprojekt durchzuführen, um Vergleiche ziehen und Interpretationen gegenüberstellen zu können.
- Perspektive auf Dachverbandsebene: Bundesdachverbände wirken als Interessenvertreter für Privatschulen in freier Trägerschaft wirken und somit auch auf politischer und bildungspolitischer Ebene tätig sind, wäre ein interessantes Forschungsfeld zu erkunden, welche Maßnahmen und Aktivitäten gesetzt werden, um Privatschulen in freier Trägerschaft in der Schul- und

Personalentwicklung zu unterstützen und Erfolgschancen für private Schulen in freier Trägerschaft zu generieren.

- Perspektive auf Schulleiterebene: Diese Forschung hat die Lehrpersonen im Blickfeld. Hierzu wäre es sinnvoll, sich auf die Leiterebene zu konzentrieren, um abzuklären, wie Personalentwicklung im Kontext der Schulentwicklung auf Leiterebene wahrgenommen wird, und daraus Bedingungen, Motive, Wahrnehmungen und Einschätzungen zu generieren, aber auch eine Bestandsaufnahme und Perspektiven zu erfahren, welche Personalentwicklungsinstrumente seitens der Schulleitung betrieben werden und welche Maßnahmen in den Schulen auf Schulleiterebene gesetzt werden, um auch die Professionalität in der Umsetzung zu erreichen.
- Perspektive auf Schulstufenebene: Dass Privatschulen in freier Trägerschaft von Heterogenität in der Gestaltung und Vielfalt in der Pädagogik geprägt sind, bestätigte sich auch im demografischen Teil der Befragung. Die Diversität in der Organisation (z. B. in Aufbau, Struktur und Lehrplänen) und der Pädagogik könnte aus der Untersuchung generiert werden. Ein weiterer signifikanter Ansatz wäre, auf Schulstufenebene eine Untersuchung zum Thema Personalentwicklung durchzuführen – bzw. eine Bestandsaufnahme von Lehrpersonen und auch der Schulleitung in der Grundstufe (1. bis 4. Schulstufe) und im Anschluss dazu von jenen in der Sekundarstufe (5. bis 8. Schulstufe).
- Perspektive auf Elternebene: Um Wahrnehmungen, Einschätzungen und auch Motive von Eltern zu erhalten, wäre ein interessantes Forschungsfeld, Eltern einzubeziehen. Hier würde es mehrere Optionen für ein Forschungsinteresse und das Verfolgen von Forschungsfragen geben: A) Die Motive und Determinanten zu erfahren, warum Eltern ihre Kinder in private Schulen in freier Trägerschaft geben. B) Wie Eltern die Maßnahmen und Aktivitäten der Schul- und auch Personalentwicklung wahrnehmen. C) Wie das Lehren und Lernen sowie die Führungs- und Leiterfunktion von Eltern wahrgenommen werden.

Mit diesem Forschungsvorhaben wurde eine Grundlage gelegt, um den Forschungsfundus zu erweitern, aber auch offene Fragen für ein weiteres Forschungsinteresse zu eröffnen. Die Verfasserin hat in diesem Zusammenhang sieben Ansatzpunkte angeführt, die sie im Nachhinein beschäftigten, um einen Anschluss und Impuls für weitere Forschungsfelder zu geben. Diese Perspektiven sind als Anregungen für Diskussionen zu sehen, um Zukunftsthesen und -chancen zu ermitteln.

- Welche Perspektiven und Maßnahmen setzt die Schulleitung im Kontext der Personalentwicklung, um Lehrpersonen in ihrer Professionalität zu fördern?
- Welche Personalentwicklungsinstrumente werden eingesetzt, damit die Weiterentwicklung von Lehrpersonen unterstützt wird und auch die Schulleitung Professionelle Lerngemeinschaften in einer privaten Schule in freier Trägerschaft etabliert?
- Welche Qualitätsentwicklungsmaßnahmen werden seitens der Schulleitung eingesetzt und realisiert?
- Welche Organisationsstrukturen, Leiter- und Führungsprinzipien sowie Führungsaufgaben herrschen in Privatschulen, um mehr Qualität und Professionalität auf Führungs- und Leiterebene zu gewähren?
- Wie erreichen Privatschulen in freier Trägerschaft und auch ihre Interessenvertreter in den Bundesdachverbänden den Ausbau ihrer Plätze in der österreichischen Bildungslandschaft?
- Ist es möglich, die Forderung nach finanzieller Gleichstellung zu erfüllen?
- Wie erreichen Privatschulen in freier Trägerschaft, dass der Wissenschaft und Forschung mehr Aufmerksamkeit geschenkt wird, um in Zukunft verstärkt Evaluationen durchzuführen und sich für Forschungen mehr zu öffnen?

Diese Forschungsarbeit zeigt, dass die Komplexität und die Heterogenität, die in den einzelnen Schulen gegeben sind, im wissenschaftlichen Interesse sehr herausfordernd, spannend, aber auch interessant sind. Zugleich konnte auch wahrgenommen werden, dass Wissenschaft und Forschung teilweise wenig Aufmerksamkeit erfahren. Dies gibt Anlass zu der Vermutung, dass in einzelnen Initiativen doch noch Vorbehalte gegenüber diesen Bereichen bestehen. Trotzdem sind heute und werden in Zukunft verstärkt Evaluationen, Schulrecherchen und wissenschaftliche Untersuchungen notwendig sein, um die Existenz und auch die Qualität auf Führungs- und Organisationsebene in diesen Bildungseinrichtungen zu legitimieren – mit dem Fokus darauf, sich in Zukunft mehr der Forschung zu öffnen.

Privatschulen in freier Trägerschaft sind aufgrund der basisdemokratischen oder partizipativen Ausrichtung auch Orte, Gemeinschaften, Zentren mit neuen Organisations- und Kommunikationsstrukturen. Die pädagogische Ausrichtung auf ganzheitliches Lehren und Lernen sowie die Stärkung des individuellen und sinnstiftenden Lernens bedingen eine Tendenz zur Schaffung qualitativ ähnlicher Organisationssysteme und Kommunikationsstrukturen. Die Zusammenarbeit auf Augenhöhe, wertschätzende Vereinbarungen und die Anpassung an Gliederungen nach den persönlichen und kollektiven

Bedürfnissen der Beteiligten in einer Schulgemeinschaft in Verbindung mit der pädagogischen Ausrichtung im Sinne des ganzheitlichen Lehrens und Lernens sind Motoren und auch Schlüssel zur Entwicklung neuer Strukturen. Freie Privatschulen werden auch in Zukunft in diesem Bereich Impulse für Personal-, Schul- und Organisationsentwicklung geben. Ganzheitlichkeit bedeutet, dass alle beteiligten Personen in jede Arbeitseinheit einbezogen werden (vgl. Daschner & Rolff, 2011, S. 4f).

Zielführende Personalentwicklung zu betreiben, könnte eine Zukunftschance in diesen privaten Organisationen sein, um die pädagogische Arbeit, die Aktivitäten der Unterrichts- und Schulentwicklung und die Organisations- und Führungsebene allumfassend zu analysieren und auszurichten. Schule kann dann als ganzheitliches System betrachtet und wahrgenommen werden und bietet die Chance für alle Beteiligten, Schule als Ganzes und lernende Organisation zu leben.

Zusammenfassend lässt sich aus der Theorie der Wissenschaft und aus der Erkenntnis dieser Untersuchung ableiten, dass es essenziell ist, dass eine bewusste Einstellung und Wahrnehmung aller beteiligten Personen vorhanden sein müssen, damit eine Schule in ihrer Entwicklungsarbeit eine in sich prosperierende Institution ist. Daher ist sie ständig gefordert, Antworten auf wandelnde Bedingungen und Anforderungen zu finden und daraus neue Entwicklungsansätze oder eine Weiterentwicklung zu gestalten. Diese bewusste Einstellung ist unabdingbar, wenn sich eine Schule qualitativ, professionell und nachhaltig weiterentwickeln soll. Um in Schulen Professionelle Lerngemeinschaften zu etablieren, braucht „Schule" Freiraum, Freiheit, ausreichende finanzielle und personelle Ressourcen, wertschätzende und reflektierende Rahmenbedingungen und Strukturen in der Organisation – mit dem Fokus, dass auch die Schule die Verantwortung für Beobachtungen, Kritik, Verständigung, Vereinbarungen, Werte sowie Weiterentwicklung pädagogischer Ansätze übernimmt. Das zentrale Ziel sollte dabei sind, dass die Entwicklungsarbeit in der Schule und deren Ergebnisse im Kontext der Schulqualität reflektiert und evaluiert werden. Wie heißt eine bekannte Weisheit: *„Es ist nicht genug zu wissen, man muss es auch anwenden; es ist nicht genug zu wollen, man muss es auch tun." (Johann Wolfgang von Goethe)*

Die Kunst in einer Schule ist, dass sie sich in ihrer Entwicklungsarbeit und ihren Werten treu bleibt. Die signifikante Kernaussage lautet: Das größte Kapital einer Schule sind die Beschäftigten. Die Schulleitung und die Lehrpersonen sind die tragenden Säulen der Schulgemeinschaft und Hüter des Schulklimas sowie Treiber der Personal- und Schulentwicklung, um Kindern einen Entfaltungsraum zu geben (vgl. Schmolmüller, 2017, S. 47 ff).

Grundvoraussetzung dafür ist, dass zielführende Personalentwicklungsinstrumente betrieben werden, damit die Personen (Lehrpersonen und Schulleitung) in der Schule erfolgreich arbeiten und auch gesund bleiben. Einigkeit herrscht in allen Studien darüber, dass der Erfolg fruchtbringender Bildungsprozesse und entsprechende Schülerleistungen von einer hohen Selbstwirksamkeitsüberzeugung, also der Schul- und Personalentwicklung des Kollegiums abhängen (vgl. Schratz & Westfall-Greiter, 2010, S. 136), um so *„sinnvolle Prozesse von Qualitätssicherung" (Schratz & Westfall-Greiter, 2010, S. 10)* zu ermöglichen.

Kritische Würdigung

Abschließend wird – als sogenanntes Pflichtenheft in Anlehnung an Rolf Dubs (vgl. 2011, S. 85 ff) – im letzten Abschnitt ein möglicher Forderungskatalog vorgestellt. Darin sind Ideen und Gedanken enthalten, in welcher Weise Personalentwicklung als ein fester Bestandteil der Schulentwicklung gesehen und an den jeweiligen Schulstandorten umgesetzt werden kann.

Das Pflichtenheft von Rolf Dubs sieht die Verfasserin dieser Arbeit als Zukunftschance, um zielführende Personalentwicklung zu betreiben. Er argumentiert darin, dass die gesamte Verantwortung für die Funktionstüchtigkeit und die stetige Fortentwicklung einer Schule bei der Schulleitung liegen müssen, um eine Schule autonom zu führen (vgl. Dubs, 2011, 86 ff).

Daher ist neben der pädagogischen Arbeit und Verwaltung einer Schule der Aspekt der Personalentwicklung zu schärfen. Wie bereits im Kapitel 3 skizziert, haben Privatschulen in freier Trägerschaft die Autonomie in der Organisationsgestaltung sowie der Schul- und Personalentwicklung. Damit Personalentwicklung ein fester Bestandteil der Schulentwicklung ist und im Sinne der Qualitätsentwicklung steht, muss die Grundvoraussetzung sein, dass bestimmte Kernfragen geklärt werden, damit die zuvor genannten zentralen Ideen umgesetzt werden können. Um vom Denken ins Handeln zu gelangen, ist es unabdingbar, dass genannte Punkte im Vorfeld an den jeweiligen Schulstandorten geklärt werden, um diese erfolgreich in der Personalentwicklung zu realisieren.

Elementare Details dazu sind:

- Welches Personal wird an den jeweiligen Standorten gebraucht?
- Was ist die Aufgabe des Schulerhalters, der Schulleitung und der Lehrpersonen?
- Wer hat die Kompetenz und Qualifikation zur Personalentwicklung?

- Wie sieht der Handlungsplan aus, um zielführende Personalentwicklung zu verwirklichen?
- Wo müssen die ersten Schritte gesetzt werden?
- Welche Maßnahmen sind geeignet, um die pädagogische Professionalität zu steigern?
- Was kann gemacht werden, um die Führungs- und Leitungsaufgabe zu professionalisieren und zu stärken?
- Welche Ressourcen der Personalentwicklung sind da und werden zusätzlich gebraucht (personell und finanziell)?
- Was sollen der Vorstand des Schulerhalters, die Schulleitung, die Lehrpersonen und auch Eltern unter Personalentwicklung verstehen, um diese wirksam und aussichtsreich zu betreiben und als festen Bestandteil in die Schulentwicklung zu integrieren?
- Welchen Handlungsplan gibt es, um die Ziele in der Personalentwicklung zu erreichen?
- Wie werden die Maßnahmen in der Praxis evaluiert, reflektiert und welche Forschungsschritte werden unternommen?
- In welcher Form ist Personalentwicklung im Organisationsstatut verankert?

Erst wenn diese elementaren Kernfragen geklärt sind, ist es sinnvoll, dass schrittweise daran weitergearbeitet wird, um gezielte Ergebnisse zu erreichen. Dies muss jedoch vor dem Hintergrund passieren, dass kurzfristige und langfristige Handlungen in der Personalentwicklung parallel gesetzt werden. Zugleich ist es essenziell, dass die vereinbarten Maßnahmen zur Personalentwicklung auch im Organisationsstatut sowie Schulentwicklungsprofil in Form einer schulinternen Geschäftsordnung verankert sind, um die Umsetzung im operativen Betrieb zu garantieren.

Das Pflichtenheft als Grundlage für ein Personalentwicklungskonzept

Rolf Dubs hat zur teilautonomen Schule ein sogenanntes Pflichtenheft erstellt, um die Verantwortung und Delegation der Schulakteure festzuhalten. In Anlehnung an dieses Modell kann ein Pflichtenheft für den Schulerhalter, die Schulleitung und Lehrpersonen erstellt werden und als Leitfaden in der Umsetzung herangezogen werden. Das vorliegende Konzept umfasst die Delegation und Verantwortung, die erstens der Trägerverein, zweitens die Schulleitung und auch drittens die Lehrpersonen wahrnehmen sollen, damit die vorgegebenen Ziele im Kontext der Personalentwicklung erreicht werden.

- **Pflichtenheft für den Schulerhalter**

Tabelle 17: Pflichtenheft für den Schulerhalter in Anlehnung an Rolf Dubs (2011)

Juristische und geschäftsführende Aspekte: • Organisationsstatut in der Zusammenarbeit mit der Schulleitung überarbeiten und Personalentwicklungsmaßnahmen verankern. • Dienstverträge erstellen und ethische Geschäftsordnung integrieren
• Finanzielle und personelle Ressourcen, die für Schul- und Personalentwicklungsmaßnahmen gebraucht werden, kalkulieren und zur Verfügung stellen
• Überwachung, Controlling und Evaluierung • Forschung in der Entwicklungspraxis

- **Pflichtenheft für die Schulleitung**

In der autonomen Schule kommen der Schulleitung zwei bedeutende Aufgaben zu: 1. die Schulleitung (das Management) zur Sicherstellung der Funktionstüchtigkeit der Schule inklusive der damit verbundenen Managementaufgaben als „managerial leadership" und 2. die Schulentwicklung sowie die Personalentwicklung zur Sicherstellung der Innovation und der Qualitätsverbesserung als „transformational leadership" (vgl. Dubs, 2011, S. 88 ff).

Das Pflichtenheft kann dazu dienen, eine präzise Abgrenzung zwischen dem Schulerhalter und der Schulleitung vorzunehmen. Neben der Verantwortung für die Zielrichtung der Schule (Vision, Leitbild und Maßnahmen zur Stärkung der Schulkultur), der pädagogischen Leitung und der Erstellung eines schulinternen Budgetierungskonzepts sollte die Personalentwicklung im Kontext der Schulentwicklung in der Führungs- und Handlungsverantwortung der Schulleitung liegen. Diese führt die Schule operativ und hat die Kompetenz im Umgang mit und in der laufenden Weiterentwicklung von Lehrpersonen.

Neben der traditionellen Leiteraufgabe ist es signifikant, dass es neben einem praxisorientierten Personalaufnahmeverfahrenskonzept einen praxistauglichen Personalführungs- und Personalentwicklungsentwurf gibt, um die Umsetzung zu garantieren und somit für die Privatschule in freier Trägerschaft eine adäquate Methodik zur Personalentwicklung im laufenden Betrieb zu erhalten. Dieser Plan soll die Schulleitung unterstützen und dient als „roter Faden", um Personalentwicklung gewinnbringend zu betreiben.

Tabelle 18: Pflichtenheft für die Schulleitung in Anlehnung an Rolf Dubs (2011)

Vorschlag für ein Personalentwicklungsk*onzept im laufenden Schulbetrieb:* • Personaleinschulung und Mentoring für neu einsteigende Lehrpersonen installieren • Berufsbegleitendes Coaching für Lehrpersonen (auch in Zusammenarbeit mit einem schulexternen Partner) • Regelmäßiges Zeitfenster einplanen, um kollegiale Hospitation in der pädagogischen Praxis zu realisieren • Etablierung regelmäßiger pädagogischer Nachmittage, um Professionelle Lerngemeinschaften am jeweiligen Schulstandort zu etablieren
Übergreifendes Angebot in der Zusammenarbeit mit dem Dachverband: • Qualifizierungsnetzwerk über den Dachverband installieren – mit dem Fokus darauf, dass über dieses Netzwerk erfolgversprechende Schulungsangebote für die jeweiligen Schulstandorte angeboten werden, um diese für den operativen Betrieb einzuschulen, damit zielführende Personalentwicklung an den Standorten betrieben wird und dabei die Schulleitung vor Ort unterstützt wird.

- **Pflichtenheft für Lehrpersonen**

Die Lehrpersonen unterrichten, begleiten und betreuen in eigener Verantwortung und führen ihre Arbeit im Rahmen der Vorschriften des Organisationsstatuts aus. Je nach Organisationskultur kann dies in einer schulinternen Geschäftsordnung und auch im Dienstvertrag zwischen Schulerhalter und Lehrpersonen verankert sein. Das Ziel besteht darin, das Verantwortungs- und Pflichtbewusstsein zu schärfen sowie die Anforderungen und das Ausmaß der laufenden Weiterentwicklung im Sinne der Personalentwicklung und -qualifizierung auch schriftlich festzuhalten.

Die Aufgabe der Lehrpersonen ist es, dass sie die Beschlüsse der Konferenzen, der pädagogischen Nachmittage sowie die Weisungen und Maßnahmen zur Personalentwicklung von der Schulleitung, die im Sinne der Qualitätssicherung der Schule und des Unterrichts agiert, gewährleisten (vgl. Dubs, 2011, S. 91 ff).

Resümee

Privatschulen in freier Trägerschaft sind verantwortlich für die Verwirklichung ihres Bildungsauftrages, ihres Leitbildes und ihrer pädagogischen Arbeit sowie für die Organisation, Finanzierung, Verwaltung, Schulentwicklung und Personalentwicklung. Dabei sind sie verpflichtet, die ihnen gewährten Freiräume wirksam zu nutzen (vgl. Dubs, 2011, S. 102).

Für Privatschulen in freier Trägerschaft werden in Zukunft neue Qualitätsstandards der Fort- und Weiterbildung im Sinne der Personal- und Schulentwicklung immer wichtiger (vgl. Eberhart & Kapelari, 2010, S. 199).

Zusätzlich können im Rahmen zielführender Personalentwicklungsmaßnahmen die *„Kontakte unter den Schulen verstärkt und eine bessere Vernetzung bzw. Austausch erreicht werden." (Eberhart & Kapelari, 2010, S. 199)*

Literaturverzeichnis

Altrichter, H. (2010). *Schul- und Unterrichtsentwicklung durch Datenrückmeldung.* In H. Altrichter, & K. Maag Merki, *Handbuch Neue Steuerung im Schulsystem* (S. 210 – 254). Wiesbaden: VS Verlag für Sozialwissenschaften.

Altrichter, H., & Helm, H. (2011). *Schulentwicklung und Systemreform.* In H. Grunder, K. Kansteiner-Schänzlin, & H. Moser, *Akteure & Instrumente der Schulentwicklung. Professionswissen für Lehrerinnen und Lehrer.* (S. 13–36). Baltmannsweiler: Schneider.

Altrichter, H., & Langer, R. (2008).*Thesen zu einer Theorie der Schulentwicklung.* In *journal für schulentwicklung 2/08 Theorie (S. 40–47).* Innsbruck, Wien, Bozen: Studien.

Altrichter, H., & Posch, P. (2007). *Lehrerinnen und Lehrer erforschen ihren Unterricht.* Bad Heilbrunn: Julius Klinkhardt.

Altrichter, H., & Posch, P. (1996). *Mikropolitik der Schulentwicklung. Förderliche und hemmende Bedingungen für Innovationen in der Schule.* Innsbruck: Studien.

Altrichter, H., & Posch, P. (1999). *Wege zur Schulqualität – Studien über den Aufbau von qualitätssichernden und -entwickelnden Systemen in berufsbildenden Schulen.* Innsbruck: Studien.

Altrichter, H., Schley, W. & Schratz, M. (1998). *Handbuch zur Schulentwicklung.* Innsbruck-Wien: Studien.

Atteslander, P. (2010). *Methoden der empirischen Sozialforschung.* Berlin: Erich Schmidt Verlag. 13. überarbeitete und erweiterte Auflage.

Avenarius, H., & Füssel, H.-P. (2008). *Schulrecht im Überblick.* Darmstadt: WBG.

Arbeitsgruppe EPIK (2017). Domänen der Professionalität von Lehrern/-innen. *Abgerufen am 18. April 2017 von* http://www.epik.schule.at.

Bauer, J. (2008). *Lob der Schule. Sieben Perspektiven für Schüler, Lehrer und Eltern.* Hamburg: Hoffman und Campe.

Becker, M. (2009). *Personalentwicklung. Bildung, Förderung und Organisationsentwicklung in Theorie und Praxis.* Stuttgart: Schäffer-Poeschel.

Böhm, A. (2000). *Theoretisches Codieren: Textanalyse in der Grounded Theory.* In U. Flick, E. von Kardorff, & I. Steinke, *Qualitative Forschung. Ein Handbuch.* (S. 475–484). Hamburg: Rowohlt.

Bonsen, M. (2003). *Schule, Führung, Organisation. Eine empirische Studie zum Organisations- und Führungsverständnis von Schulleiterinnen und Schulleitern.* München, Berlin: Waxmann.

Bonsen, M. (2010). *Einführung: Schule leiten.* In T. Bohl, W. Helpser, W. Holtappels, & C. Schelle, *Handbuch Schulentwicklung: Theorie – Forschung – Praxis* (S. 189–199). Bad Heilbrunn: Julius Klinkhardt.

Bonsen, M. (2011). *Kooperative Unterrichtsentwicklung.* In H.-G. Rolff, (Hrsg.), *Qualität mit System. Eine Praxisanleitung zum unterrichtsbezogenen Qualitätsmanagement* (UQM). Köln: Carl Link (S. 97–118).

Bonsen, M., & Rolff, H.-G. (2006). *Professionelle Lerngemeinschaften von Lehrerinnen und Lehrern.* In *Zeitschrift für Pädagogik.* Jahrgang 52 – Heft 2. März/April, Kooperation im Lehrberuf (S. 167–184). Weinheim und München: Beltz Juventa.

Brühlmann, J., & Gather-Thurler, M. (2012). *Arbeitskulturen in Schulen.* In *journal für schulentwicklung. Arbeitskulturen in Schulen.* 1/2012 (S. 4–9). Innsbruck, Wien, Bozen: Studien.

Buchmann, F. (2009). *Schulentwicklung verstehen: Die soziale Konstruktion des Wandels.* Münster: Waxmann.

Buhren, C., & Rolff, H.-G. (2012). *Handbuch Schulentwicklung und Schulentwicklungsberatung.* Weinheim und Basel: Beltz.

Buhren, C.-G., & Rolff H.-G. (2008). *Das neue Interesse an Theorie. In journal für schulentwicklung.* Theorie. *2/2008 (S. 4–6). Innsbruck, Wien, Bozen: Studien.*

Buhren, C.-G., & Rolff, H.-G. (2009). *Personalmanagement für die Schule. Ein Handbuch für die Schulleitung und das Kollegium.* Weinheim und Basel: Beltz Verlag. (2. erweiterte und vollständig überarbeitete Auflage).

Buhren, C.-G. (2011). *Hospitation, Schüler-Lehrer-Feedback und Rückmeldung an die Schulleitung.* In H.-G. Rolff (Hrsg.), *Qualität mit System. Eine Praxisanleitung zum unterrichtsbezogenen Qualitätsmanagement (UQM).* Carl Link: Köln. (S. 67–96).

Bundesgesetzblatt Nr. 244 (1962). *RIS – Rechtsvorschrift für Privatschulgesetz.* Abgerufen am 21. August 2015 von https://www.ris.bka.gv.at/GeltendeFassung.

Bundeskanzleramt der Republik Österreich: *RIS – Rechtsvorschriften.* Abgerufen am 21. August 2015 und 21. Jänner 2017 von https://www.ris.bka.gv.at/GeltendeFassung.

Bundeskanzleramt der Republik Österreich (2017). *RIS – Rechtsvorschriften.* Abgerufen am 14. Jänner 2017 von https://www.ris.bka.gv.at/GeltendeFassung.wxe?Abfrage=Bundesnormen&Gesetzesnummer=10009576.

Bundesministerium für Bildung und Frauen Abt. III/3 (2012). *Rundschreiben. Anforderungen an das Organisationsstatut für Privatschulen mit Öffentlichkeitsrecht.* Abgerufen am 19. November 2016 von https://www.bmb.gv.at/ministerium/rs/2004_16.html.

Bundesministerium für Bildung und Frauen Abt. III/3 (2004). *Rundschreiben Nr. 16/2004. Verleihung des Öffentlichkeitsrechts.* Abgerufen am 19. Jänner 2012 von https://www.bmb.gv.at/ministerium/rs/2004_16.html.

Bundesministerium für Bildung und Frauen (2004). *Rundschreiben Nr. 16/2004.* Abgerufen am 19. November 2016 von https://www.bmb.gv.at/ministerium/rs/2004_16.html.

Bundesministerium für Bildung und Frauen (2014). *Antwortschreiben. Befähigungsnachweis zur Schulleitung und zu den Lehrerinnen und Lehrern. Geschäftszahl: BMBF-24.264/0026-III/3/2014. (S. 1–3).* Erhalten am 14. Mai 2014 vom BMBF, Sachbearbeiter Dr. Peter Rumpler.

Carey, B. (2015). *Neues Lernen. Warum Faulheit und Ablenkung dabei helfen.* Hamburg: Rowohlt.

Casale, R., Tröhler, D., & Oelkers, J. (2006). *Methoden und Kontexte. Historiografische Probleme der Bildungsforschung.* Göttingen: Wallstein.

Chott, P. O. (2013). *Schulentwicklung.* Abgerufen am 13. November 2011 von http://www.schulpaed.de/de/schulentwicklung.html.

Daschner, P., & Rolff, H.-G. (2011). *Qualität mit System.* In journal für schulentwicklung. *Qualitätsmanagement.* 1/2011 (S. 4–5). Innsbruck, Wien, Bozen: Studien.

Dedering, K. (2012). *Steuerung und Schulentwicklung. Bestandsaufnahme und Theorieperspektiven.* Wiesbaden: VS Verlag für Sozialwissenschaften.

Dubs, R. (1997). *Evaluationen an der Universität St. Gallen. In Qualität von Lehren und Lernen: Eine Herausforderung für unsere Universität.* Referate und Diskussionsprotokolle zum Symposium der Universität Basel, Rektorat Ressort Lehre. Basel.

Dubs, R. (2005). *Die Führung einer Schule. Leadership und Management* (2. Aufl.). Zürich: SKV.

Dubs, R. (2011). *Die teilautonome Schule. Ein Beitrag zu ihrer Ausgestaltung aus politischer, rechtlicher und schulischer Sicht.* Berlin: Edition Sigma.

Eberhart, F., & Kapelari, B. (2010). *Handbuch. Freie Alternativschulen. Berichte von Eltern. Aussagen von Lehrpersonen. Befragung von Absolventen.* Wolkersdorf: Renate Götz.

Eder, F. (2002). *Qualitätsentwicklung und Qualitätssicherung im österreichischen Schulwesen.* Innsbruck/Wien/München: Studien.

Eschenborn-Müller, C. (2008). *Schulleitung – eine Führungsaufgabe.* Abgerufen am 2. Mai 2012 von http://www.ilf- mainz.de/public/SLEIT/SchulleitungEineFuehrungsaufgabe.pdf

Fend, H. (2006). *Neue Theorie der Schule. Einführung in das Verstehen von Bildungssystemen. Lehrbuch.* Wiesbaden: VS Verlag für Sozialwissenschaften.

Fend, H. (2008). *Schule gestalten. Systemsteuerung, Schulentwicklung und Unterrichtsqualität.* Wiesbaden: VS Verlag für Sozialwissenschaften.

Fend, H. (2008). *Dimensionen von Qualität im Bildungswesen. Von Produktindikatoren zu Prozessindikatoren am Beispiel der Schule.* In E. Klieme, & R. Tippelt, (Hrsg.), *Qualitätssicherung im Bildungswesen. Zeitschrift für Pädagogik,* Beiheft; 53. (S. 190–209). Weinheim: Beltz.

Flick, U. (2002). *Qualitative Sozialforschung. Eine Einführung.* Hamburg: Rowohlt Verlag

Flick, U. von Kardorff, E., & Steinke, I. (2000). *Qualitative Forschung. Ein Handbuch.* Hamburg: Rowohlt.

Glaser, B., & Strauss, A. (1998). *Grounded Theory. Strategien qualitativer Forschung.* Bern, Göttingen, Toronto, Seattle: Huber.

Gläser, J., & Laudel, G. (2009). *Experteninterviews und qualitative Inhaltsanalyse. Wiesbaden: VS Verlag für Sozialwissenschaften.* (3. überarbeitete Auflage).

Gläser, J., & Laudel G. (2010). *Experteninterviews und qualitative Inhaltsanalyse.* Wiesbaden: VS Verlag für Sozialwissenschaften. (4. Auflage).

Hackl, A. (2011). *Schule personalisieren – ein Plädoyer für eine neue Schulkultur* (S. 39–47). In KARG-Heft 3/Dezember 2011. *Werte schulischer Begabtenförderung – Begabungsbegriff und Werteorientierung.*

Haeffner, J. (2012). *Professionalisierung durch Schulentwicklung. Eine subjektwissenschaftliche Studie zu Lernprozessen von Lehrkräften an evangelischen Schulen.* Münster: Waxmann.

Hattie, J. (2016). *Lernen sichtbar machen für Lehrpersonen. Überarbeitete deutschsprachige Ausgabe von „Visible Learning for Teachers"* besorgt von Wolfgang Beywl und Klaus Zierer. Hohengehren, Baltmannsweiler: Schneider Verlag (2. korrigierte Auflage).

Hattie, J. (2013). *Lernen sichtbar machen.* Baltmannsweiler: Schneider.

Hattie, J. (2014). *Lernen sichtbar machen für Lehrpersonen.* Baltmannsweiler: Schneider.

Helfferich, C. (2011). *Die Qualität qualitativer Daten. Manual für die Durchführung qualitativer Interviews.* Wiesbaden: VS Verlag. 4., Auflage.

Hengstschläger, M. (2012). *Die Durchschnittsfalle. Gene – Talente – Chancen.* Salzburg: Ecowin-Verlag.

Hentig, H. (2003). *Die Schule neu denken. Eine Übung in pädagogischer Vernunft.* Weinheim, Basel: Beltz.

Hüther, G. (2015). *Etwas mehr Hirn, bitte. Eine Einladung zur Wiederentdeckung der Freude am eigenen Denken und der Lust am gemeinsamen Gestalten.* Vandenhoeck & Ruprecht: Göttingen.

Hüther, G. (2011). *Was wir sind und was wir sein könnten. Ein neurobiologischer Mutmacher.* Frankfurt am Main: Fischer.

Inhelder, O. (2002). *Kollegiales Hospitieren.* Abgerufen am 22. März 2017 von http://www.beratungspool.ch/fileadmin/autoren/dossiers/schulberatung/Koll.Hospitieren_Inhelder.pdf.

Jünke, E. (2011). *Unterrichtsentwicklung durch Personalentwicklung.* In H.-G. Rolff, (Hrsg.), *Qualität mit System. Eine Praxisanleitung zum unterrichtsbezogenen Qualitätsmanagement (UQM).* Köln: Carl Link (S. 243–258).

Klieme, E. (2005). *Bildungsqualität und Standards.* In G. Becker, A. Bremerich-Vos, K. Maag Merki, B. Priebe, K. Schwippert, L. Stäudel, & K.-J. Tillmann (Hrsg.), *Friedrich Jahresheft XXIII. Standards. Unterrichten zwischen Kompetenzen, zentralen Prüfungen und Vergleichsarbeiten.* Seelze: Friedrich. (S. 6–7).

Klinger, U. (2005). *Mit Bildungsstandards Unterrichts- und Schulqualität entwickeln. Eine Curriculumwerkstatt für Fachkompetenzen, Steuergruppen und Schulleitungen.* In G. Becker, A. Bremerich-Vos, K. Maag Merki, B. Priebe, K. Schwippert, L. Stäudel, & K.-J. Tillmann (Hrsg.), *Friedrich Jahresheft XXIII. Standards. Unterrichten zwischen Kompetenzen, zentrale Prüfungen und Vergleichsarbeiten.* Seelze: Friedrich. (S. 130–143).

König, E. & Volmer, G. (2014). *Handbuch. Systemische Organisationsberatung.* Weinheim und Basel: Beltz Verlag. (2., komplett überarbeitete Auflage).

Kraler, C., & Schratz, M. (2008). *Wissen erwerben, Kompetenzen entwickeln. Modelle zur kompetenzorientierten Lehrerbildung.* Münster: Waxmann.

Lamnek, S. (2010). *Qualitative Sozialforschung.* Weinheim und Basel: Beltz Verlag.

Lenzen, D. (Hrsg.) (2004). *Pädagogische Grundbegriffe.* Band 1. Aggression bis Interdisziplinarität. Reinbek bei Hamburg: Rowohlt Taschenbuch. (7., Auflage).

Lenzen, D. (Hrsg.) (2005). *Pädagogische Grundbegriffe.* Band 2. Jugend bis Zeugnis. Reinbek bei Hamburg: Rowohlt Taschenbuch. (7., Auflage).

Liebertz, C. (2007). *Das Schatzbuch ganzheitlichen Lernens. Grundlagen, Methoden und Spiele für eine zukunftsweisende Erziehung.* München: Don Bosco/Spectra.

Malik, F. (2006). *Führen Leisten Leben. Wirksames Management für eine neue Zeit.* Frankfurt/Main: Campus.

Malik, F. (2014). *Führen Leisten Leben. Wirksames Management für eine neue Zeit.* Frankfurt/Main: Campus.

Mayring, P. (2000). *Qualitative Inhaltsanalyse.* In U. Flick, E. Kardorff, & I. Steinke, (Hrsg.), *Qualitative Forschung. Ein Handbuch.* (S. 468–475). Hamburg: Rowohlt.

Mayring, P. (2010). *Qualitative Inhaltsanalyse. Grundlagen und Techniken.* Weinheim/Basel: Beltz. (11., aktualisierte und überarbeitete Auflage).

Mentzel, W. (1997). *Unternehmenssicherung durch Personalentwicklung. Mitarbeiter motivieren, fördern und weiterbilden.* Freiburg: Haufe.

Michl, W. (2009). *Erlebnispädagogik.* München-Basel: Reinhardt.

Müller, A. (2007). *Lernen steckt an.* Bern: hep-Verlag.

OECD-STUDIE TALIS. (2013). *Zusammenfassung. Teaching and Learning International Survey.* Abgerufen am 13. Juli 2016 von http://www.oecd.org/edu/school/TALIS-2013-Executive-Summary.pdf.

OECD (2005). *Teachers matter. Attracting, developing and retaining effective teachers.* Paris: OECD Publishing (o. E.).

Oppermann-Weber, U. (2011). *Mitarbeiterführung. Führungsansätze passend auswählen – Führungsinstrumente richtig einsetzen.* Mannheim: Cornelsen Scriptor Verlag.

Österreichische Gesellschaft für Schule und Recht/ÖGSR (2008). *Newsletter Tagungsverband zum Symposium Privatschulen – Ergänzung oder Konkurrenz?* Abgerufen am 21. August 2015 von http://www.oegsr.at/downloads/newsletter-2008-symposium.pdf

Paseka, A., Schratz, M., & Schrittesser, I. (2011). *Professionstheoretische Grundlagen und thematische Annäherung. Eine Einführung.* In M. Schratz, A. Paseka, & I. Schrittesser, (Hrsg.), *Pädagogische Professionalität quer denken – umdenken – neu denken. Impulse für Next Practice im Lehrberuf.* (S. 8–45). Wien: Facultas.

Perrenoud, P. (2008). *Was den Wandel im Bildungswesen bremst.* In journal für schulentwicklung. *Failing Schools. 1/2008 (S. 20–30). Innsbruck, Wien, Bozen: Studien.*

Rahm, S. (2008). *Theorie der Schulentwicklung – ein komplexer Theorieverbund zur Schulreform.* In journal für schulentwicklung. *Theorie. 2/2008 (S. 14–21).* Innsbruck, Wien, Bozen: Studien.

Radatz, S. (2012). *Der Relationale Ansatz in der Praxis. Lernende Organisation.* Abgerufen am 10. Dezember 2013 von http://lo.irbw.net/images/stories/lospziel-2012.pdf.

Raithel, J. (2008). *Quantitative Forschung. Ein Praxiskurs.* Wiesbaden: VS Verlag für Sozialwissenschaften. (2., durchgesehene Auflage).

Rolff, H.-G. (2007). *Studien zu einer Theorie der Schulentwicklung.* Weinheim Basel: Beltz.

Rolff, H.-G. (2013). *Schulentwicklung kompakt. Modelle, Instrumente, Perspektiven.* Weinheim und Basel: Beltz.

Rolff, H.-G. (Hrsg.) (2011). *Qualität mit System. Eine Praxisanleitung zum unterrichtsbezogenen Qualitätsmanagement (UQM).* Köln: Carl Link Verlag.

Rolff, H.-G. (2011). *Das System des UQM im Überblick.* In H.-G. Rolff, (Hrsg.), *Qualität mit System. Eine Praxisanleitung zum unterrichtsbezogenen Qualitätsmanagement (UQM).* Carl Link: Köln. (S. 1–16).

Rolff, H.-G., & Schratz, M. (2013). *Schulentwicklungsforschung.* In journal für schulentwicklung. *Schulentwicklungsforschung.* 2/2013 (S. 4–6). Innsbruck, Wien, Bozen: Studien Verlag.

Salcher, A. (2010). *Der talentierte Schüler und seine Feinde.* München: Goldmann.

Schley, V., & Schley, W. (2010). H*andbuch. Kollegiales Teamcoaching. Systemische Beratung in Aktion.* Innsbruck: Studien.

Schley, W., Schratz, M. & Hartmann, M. (2010). *Schule wirksam leiten: Analyse innovativer Führung in der Praxis.* Berlin Waxmann.

Schley, W., & Schratz, M. (2006). *Leadership – eine vernachlässigte Dimension in der Führungsdebatte.* In journal für schulentwicklung. *Next Practice.* 1/2006 (S. 86–95) Innsbruck, Wien, Bozen: Studien.

Schley, W., & Schratz, M.(2010). *System Leadership: Schöpferische Kraft der Schulreform.* In journal für schulentwicklung. *Neue Konzepte von Schulleitung. 2/10* (S. 22–30). Innsbruck, Wien, Bozen: Studien.

Schley, W., Schratz, M. & Hartmann, M. (2010). *Schule wirksam leiten: Analyse innovativer Führung in der Praxis.* Berlin Waxmann.

Schmolmüller, S. (2017). *Frau macht Schule.* Munderfing: Innsalz.

Schönig, W. (2000). *Schulentwicklung beraten. Das Modell mehrdimensionaler Organisationsberatung der einzelnen Schule.* Weinheim und München: Juventa.

Schratz, M. (2011): *Professionalität und Professionalisierung von Lehrerinnen und Lehrern in internationaler Perspektive.* In M. Schratz, A. Paseka, & I. Schrittesser, (Hg.), *Pädagogische Professionalität: quer denken – umdenken – neu denken. Impulse für Next Practice im Lehrberuf.* (S. 46–94). Wien: Facultas.

Schratz, M. (2009). *Die Zieldimensionen von Schulentwicklung.* In S. Blömeke, T. Bohl, L. Haag, G. Lang-Wojtasik, & W. Sacher, *Handbuch Schule: Theorie, Organisation, -Entwicklung* (S. 567–571). Regensburg: Klinkhardt.

Schratz, M. (2009). *„Lernseits" von Unterricht. Alte Muster, neue Lebenswelten – was für Schulen?* In Lernende Schule 46/47 09. *Lernen in einer lernenden Schule* (S. 16–21). Seelze: Erhard Friedrich Verlag GmbH.

Schratz, M. (1996). *Die neue Qualität von Schulleitung, Schule als lernende Organisation.* In W. Specht, & J. Tonhauser, (Hrsg.), *Schulqualität. Entwicklungen, Befunde, Perspektiven.* (S. 173 ff) Innsbruck, Wien: Studien.

Schratz, M. (2001). *Personalentwicklung. Ein Begriff macht Schule.* In Lernende Schule. Personalentwicklung in der Schule – aber wie? 16/2001 (S. 14 ff). Seelze: Friedrich.

Schratz, M., Paseka, A. & Schrittesser, I. (Hrsg.) (2011). *Pädagogische Professionalität: quer denken – umdenken – neue denken. Impulse für Next Practice im Lehrberuf.* Wien: Facultas.

Schratz, M., Schrittesser, I., Forthuber, P., Pahr, G., Paseka, A., & Seel, A. (2008). In C. Kraler & M. Schratz (Hrsg.). *Wissen erwerben, Kompetenzen entwickeln. Modelle zur kompetenzorientierten Lehrerbildung.* Münster: Waxmann (S. 123–137).

Schratz, M., & Westfall-Greiter, T. (2010). *Schulqualität sichern und weiterentwickeln.* Seelze: Friedrich Verlag GmbH.

Schwarz, J. (2011). *Über den Classroom Walkthrough mit dem Kollegium ins Gespräch kommen.* In Lernende Schule. Schule leiten lernen. 53/2011 (S. 28 ff) Seelze: Friedrich.

Schwarz, J. (2013a). *Unterrichtsbezogene Führung durch „Classroom Walkthrough". Schulleitung als Instructional Leaders.* Innsbruck, Wien, Bozen: Studien.

Schwarz, J. (2013b). *Wirkmächtiges Lernen durch den Classroom Walkthrough – Leadership for Learning. Eine lernseitige Perspektive zum Lernen und Leiten am Schulstandort.* In E. Christoph, & J. Schwarz, (Hrsg.), *Lernseits des Geschehens. Über das Verhältnis von Lernen, Lehren und Leiten.* (S. 169–182). Innsbruck, Wien, Bozen: Studien Verlag.

Senge, P. M. (1998). *Die fünfte Disziplin. Kunst und Praxis der lernenden Organisation.* Stuttgart: Klett Cotta.

Senge, P. (2011). *Die fünfte Disziplin. Kunst und Praxis der lernenden Organisation.* Stuttgart: Schäffer-Poeschel Verlag. 11. völlig überarbeitete und aktualisierte Auflage.

Seyr, B. F. (2006). *Integratives Management und Wissensbilanzierung in der Hochschulforschung. Einführung und Umsetzungen von Universitätsreformen im deutschsprachigen Raum.* Frankfurt am Main: Peter Lang.

Spitzer, M. (2009). *Lernen. Gehirnforschung und die Schule des Lebens.* Spektrum Heidelberg: Akademischer Verlag.

Stangl, W. (2011). *Die Befragung.* Abgerufen am 3. Oktober 2011 von http://www.Arbeitsblätter. stangl-taller.at.

Stangl, W. (2007). *Werner Stangls Arbeitsblätter.*

Abgerufen am 13. März 2017 von http://paedpsych.jk.unilinz.ac.at/INTERNET/ARBEITSBLAETTERORD/Arbeitsblaetter.html

Stangl, W. (2017). *Onlinelexikon für Psychologie und Pädagogik.* Abgerufen am 31. März 2017 von http://lexikon.stangl.eu/617/schulentwicklung/.

Stangl, W. (2017). *Fünf Domänen der Professionalität.* Abgerufen am 19. April 2017 von http://paedagogiknews.stangl.eu/fuenf-domaenen derprofessionalitaetvonlehrerinnen.

Stern, T. (2008). *Förderliche Leistungsbewertung.* Wien: ÖZEPS. BMUKK.

Suter, P. (2013). *Determinanten der Schulwahl. Elterliche Motive für oder gegen Privatschulen.* Wiesbaden: Springer VS.

Watzlawick, P. (2010). *Wie wirklich ist die Wirklichkeit? Wahn, Täuschung und Verstehen.* München: Piper.

Watzlawick, P., BEA v. J., & Jackson, D. (1969). *Menschliche Kommunikation. Form, Störungen, Paradoxien.* Bern: Huber.

Willke, H. (2005). *Systemtheorie II: Interventionstheorie.* Stuttgart: UTB Lucius & Lucius. (4. Auflage).

Sonstige Informationsquellen

Bundesdachverband Förderverband Freier Schulen (2017). *Netzwerk des Dachverbands.* Abgerufen am 4. Jänner 2017 von http://www.foerderverband.at.

Förderverband Freier Schulen. *Expertengespräch mit der Verbandsleitung* am 20.03.2017. 13:45 Uhr.

Initiative Freie Schulwahl (2017). *Freie Schulwahl.* Abgerufen am 24. Februar 2017 von http://www.freieschulwahl.at.

Schmolmüller, S. (2012). *Portfolio, Entwicklungsstudie und Organisationsstatut Verein MeineSchule1* 2012 (unveröffentl. Portfolio zur Schulgründung und -leitung). Linz.

Schmolmüller, S. (2012). *Organisationsstatut MeineSchule1* (unveröffentl. Organisationsstatut). Linz.

Statistik Austria. Abgerufen am 04.01.2017 von http://www.statistik.at.

Leitfadeninterview

(Vermerk zur Gestaltung des Interviewleitfadens als Gesprächsbogen)

Im Original besteht dieser Beispielleitfaden aus vier querformatigen Blättern in einer großen, aus der Entfernung lesbaren Schrift – pro Frage eine Seite. Dadurch wird nicht nur eine gute Übersicht ermöglicht, sondern auch Platz für Notizen gelassen, um diese dann ergänzend in Reinschrift übertragen zu können (vgl. Helfferich, 2011, S. 189).

Einleitung und allgemeine Informationen zum Interview

Die Interviews wurden im Rahmen von Bewerbungs- und Informationsgesprächen mit Lehrpersonen geführt. Der Zweck des Interviews wurde im Vorfeld vorgestellt. Die Informationen und Daten werden absolut vertraulich behandelt. Zugleich wurde den Lehrpersonen, die sich dazu bereit erklärt haben, Anerkennung und Dank ausgesprochen. Alle Fragen beziehen sich auf private Schulen in freier Trägerschaft. Damit der Kommunikationsfluss nicht zerstört wird, wird der Begriff „private Schule in freier Trägerschaft" nach der ersten Fragestellung nicht mehr gesondert angeführt.

Informationserhebungsphase

1. Erzählen Sie mir, warum Sie in einer privaten Schule in freier Trägerschaft arbeiten?
2. Was sind die wichtigsten Fähigkeiten, die eine Lehrperson besitzen sollte?
3. Welche Werte sind für Sie als Lehrperson fundamental?
4. Was bedeutet für Sie Personalentwicklung? Wie werden Sie an Ihrer Schule von Ihrer Schulleitung in Ihrer Professionalisierung gefördert?
5. Wie haben Sie bisher Personalentwicklung erlebt?
6. Ich ersuche Sie, Ihrer Fantasie freien Lauf zu lassen: Was würden Sie alles machen, um Ihre Mitarbeiter bestmöglich zu unterstützen?

Anhang: Fragebogen

Quantitative Forschung
Fragebogen für Lehrpersonen in privaten Schulen in freier Trägerschaft
Personalentwicklung als Element der Schulentwicklung
Bestandsaufnahme und Perspektiven in privaten Schulen in freier Trägerschaft

1. Grunddaten:

1.1. Schulträger/Schulerhalter:

Gemeinnütziger Verein

☐ ja
☐ nein ______________(Organisationsform eintragen)

1.2. Struktur und Aufbau Ihrer Schule:

☐ 1.–4. Schulstufe
☐ 5.–8. Schulstufe

1.3. Gesamtschüleranzahl Ihrer Schule: _________ (bitte hier eintragen)

1.4. Ihre Schule hat folgenden pädagogischen Schwerpunkt:

☐ Montessori ☐ Waldorf ☐ Freinet
☐ Einen anderen pädagogischen Schwerpunkt: ________________ (diesen hier angeben)

1.5. Lehrperson:

1.5.1. Geschlecht ☐ weiblich ☐ männlich

1.5.2. Anzahl der Dienstjahre:

❍ Ich arbeite seit______Jahr/Jahren/Monaten in einer privaten Schule in freier Trägerschaft.

1.5.3. Ich unterrichte:

☐ 1.–4. Schulstufe ☐ 5.–8. Schulstufe

1.5.4. Die Schüleranzahl in Ihrer Klasse beträgt ____________ (bitte hier eintragen)

1.5.5. Pädagogische Grundausbildung:

- ☐ Lehramt an Volksschule (Primarstufe)
- ☐ Lehramt an Hauptschule (Sekundarstufe)
- ☐ Sonderschullehramt

Bachelorstudium für:

- ☐ Volksschule
- ☐ Neue Mittelschule
- ☐ Sonstige Lehrbefähigung______________________(bitte hier eintragen)

1.6. Schulwechsel

Hatten Sie einen/mehrere Schulwechsel?

- ❍ Nein, ich arbeite seit Anbeginn meiner Lehrertätigkeit an einer privaten Schule in freier Trägerschaft.
- ❍ Ja, ich arbeitete vorher im öffentlichen Schulwesen und hatte <u>einen Schulwechsel</u>.
- ❍ Ja, ich arbeitete vorher im öffentlichen Schulwesen und hatte <u>mehrere Schulwechsel</u>.

Wenn Sie von einer öffentlichen Schule gewechselt haben, bitte nachfolgenden Punkt (1.6.) ausfüllen! Wenn nicht, einfach überspringen.

1.6. Schulwechsel von Lehrpersonen:
Wenn Sie einen Schulwechsel hatten, füllen Sie bitte Teil 1 des Fragebogens aus!

Teil 1: Was war(en) Ihr(e) Motiv(e) für den Schulwechsel?		trifft genau zu	trifft eher zu	trifft eher nicht zu	trifft gar nicht zu
1.6.1	Ich habe mich pädagogisch nicht entfalten können.				
1.6.2	Weil die private Schule näher beim Wohnsitz ist als die öffentliche Schule.				

1.6.3	Weil ich eine persönliche Beziehung zur Schule und Schulleitung habe.				
1.6.4	Weil mein Kind die Schulreife hat und ich eine alternative und freie Schule wünschte, daher habe ich die freie Stelle angenommen.				
1.6.5	Weil ich selbst eine private Schule gründen wollte.				
1.6.6	Es war zufällig eine Stelle frei.				
1.6.7	Die Schule und die Eltern bilden eine Einheit.				
1.6.8	Die Gruppengrößen in den Klassen prägten meine Entscheidung.				
1.6.9	Eigene Eintragungen:				

Teil 2: Was sind konkrete Merkmale und Aufgabenfelder der pädagogischen Arbeit an Ihrer Schule?		trifft genau zu	trifft eher zu	trifft eher nicht zu	trifft gar nicht zu
2.1	Das Arbeitsklima ist von einem wertschätzenden Miteinander geprägt.				
2.2	Das Arbeiten mit den Schülern kann individuell gestaltet werden.				
2.3	Meine Hauptaufgabe ist die pädagogische Arbeit mit den Schülern (das Unterrichten).				
2.4	Es gehören neben der pädagogischen Tätigkeit die Betreuungs- und Organisationsarbeit dazu!				
2.5	Ich bin Lehrperson und in der pädagogischen Leitung tätig.				
2.6	Ich unterrichte schulstufenübergreifend.				

Teil 3: Was sind konkrete Herausforderungen an Ihrer Schule?		trifft genau zu	trifft eher zu	trifft eher nicht zu	trifft gar nicht zu
3.1	Es gibt oft viele Konflikte, weil wir teilweise alle überarbeitet sind und aus den letzten Löchern pfeifen. Ich bin Lehrperson, Betreuer und freizeitpädagogischer Begleiter.				
3.2	Die Jahrgangsmischung ist für mich herausfordernd. Ich würde lieber in der Schulstufenform unterrichten!				
3.3	Die Schülerinnen und Schüler kennen keine Grenzen. Die Eltern praktizieren eine antiautoritäre Erziehung und das macht es oftmals sehr schwer.				
3.4	Unsere Schülerinnen und Schüler haben viele Entwicklungsdefizite und besondere Bedürfnisse.				
3.5	Unsere Schülerinnen und Schüler kommen aus sehr schwierigen elterlichen Verhältnissen.				
3.6	Die Elternarbeit ist sehr intensiv. Das heißt, wir betreuen nicht nur die Kinder, sondern auch die Eltern.				
3.7	Eltern werden Schulgestalter und das macht es oftmals schwierig.				
3.8	Eltern sind im Vorstand der Schule und geben die pädagogische Richtung vor – das wirkt sich natürlich auch auf die pädagogische Arbeit aus.				
3.9	**Eigene Eintragungen:**				

Teil 4: Welche unten angeführten Personalentwicklungsinstrumente für Lehrpersonen gibt es an Ihrem Schulstandort?		trifft genau zu	trifft eher zu	trifft eher nicht zu	trifft gar nicht zu
4.1	Beratendes Mitarbeitergespräch				
4.2	Zielvereinbarungsgespräche				
4.3	Kollegiale Hospitation				
4.4	Mentoring				
4.5	Coaching				
4.6	Professionelle Lerngemeinschaften				
4.7	Classroom Walkthrough				
4.8	**Eigene Eintragungen:** **Welche sonstigen PE-Instrumente bietet Ihre Schule noch an?**				

Teil 5: Welche Personalentwicklungsinstrumente wünschen Sie sich zur Unterstützung und Begleitung Ihrer Arbeit?		trifft genau zu	trifft eher zu	trifft eher nicht zu	trifft gar nicht zu
5.1	Beratendes Mitarbeitergespräch				
5.2	Zielvereinbarungsgespräche				
5.3	Kollegiale Hospitation				
5.4	Mentoring				
5.5	Coaching				
5.6.	Professionelle Lerngemeinschaften				
5.7	Classroom Walkthrough				
5.8	**Eigene Eintragungen:** **Welche würden Sie sich noch wünschen?**				

Teil 6: Wie sehen Sie Personalentwicklung an Ihrer Schule?		trifft genau zu	trifft eher zu	trifft eher nicht zu	trifft gar nicht zu
6.1	Personalentwicklung nehme ich an unserer privaten Schule positiv wahr.				
6.2	Feedback nehme ich sehr gerne an.				
6.3	Ich würde sehr gerne kundtun, welche Personalentwicklungsinstrumente für mich wertvoll sind.				
6.4	Meine berufliche Kompetenzentwicklung sowie das Professionsbewusstsein zu stärken, hat einen hohen Stellenwert.				
6.5	**Eigene Eintragungen:**				

Abbildungsverzeichnis

Teil II: Forschungsbericht aus der Praxis

Sonja Maria Schmolmüller
Ein Fundament für innovatives Wissensmanagement im Bildungswesen für das 21. Jahrhundert: Personalentwicklung als Element der Schulentwicklung

Tabellenverzeichnis

Teil II: Forschungsbericht aus der Praxis

Sonja Maria Schmolmüller
Ein Fundament für innovatives Wissensmanagement im Bildungswesen für das 21. Jahrhundert: Personalentwicklung als Element der Schulentwicklung

Innovatives Wissensmanagement
Innovative Knowledge Management

Herausgegeben von Prof. Dr. Dr. Dr. habil. Bernhard F. Seyr

Band 1 Bernhard F. Seyr (Hrsg.): Innovations- und Wissensmanagement in der Praxis: Konzepte, Forschungsergebnisse und Fallstudien. Innovation and Knowledge Management in Practice: Concepts, Research and Case Studies. 2020

Band 2 Bernhard F. Seyr (Hrsg.): Multidisziplinäre Perspektiven im Innovations- und Wissensmanagement. Multidisciplinary Perspectives in Innovation and Knowledge Management. 2021

www.peterlang.com

www.ingramcontent.com/pod-product-compliance
Ingram Content Group UK Ltd.
Pitfield, Milton Keynes, MK11 3LW, UK
UKHW021822290926
8980IPUK00004B/222

9 783631 844571